PASTOR:

ARQ. JOSÉ RAFAEL MALLÉN MALLA

Sanabacoa #36, Los Cacicazgos,

Santo Domingo, República Dominicana

Tel: +1 (809) 670-6700 y +1 (809) 535-7022

E.mail: josemallenmalla@convertidosacristo.org

Edición general: Julio César Peredo Peruque

Diseño de portada e interiores: Víctor Hugo Saavedra Ríos

Librería Desarrollo Cristiano

Calle Independencia #365

Teléfono: 591-3-3378797

Santa Cruz de la Sierra, Bolivia

UNA FAMILIA BAJO LA CRUZ

JOSÉ R. MALLÉN MALLA

4 - Una familia bajo la Cruz

FAMILIA MALLÉN LIZARDO

6 - Una familia bajo la Cruz

DEDICACIÓN

Desde el 4 de octubre del 1979 Dios comenzó a gobernar mi vida cuando un día por su gracia infinita y su misericordia sin límite usó a mi mejor amigo, Atilio Santiago León Lebrón (quien prologa esta obra) para que se me predicara el evangelio de Jesucristo al traer a través del Espíritu Santo convicción de pecado, justicia y juicio a mi alma, haciéndome ver mi verdadera condición de hombre pecador y la maravillosa obra hecha por Jesús en la cruz del calvario al derramar su sangre a favor de aquellos que habíamos de ser salvos.

Es por esta razón que en primer lugar dedico este trabajo a nuestro gran Dios, señor y salvador Jesucristo quien por su tan grande gracia infinita también me apartó para ser un siervo suyo y pastor de su grey, a la cual sirvo con gozo y alegría y oro al Dios de los cielos que me mantenga fiel hasta el día de su venida.

En segundo lugar, tengo que dedicar este trabajo a mi única, entrañable y verdadera compañera, camarada y aliada esposa Yoli, un verdadero regalo de Dios luego de mi salvación, y a mis hijos Dioracy y Saulyn Vicioso, Josué y Laura Mallén, Rubén y Clary Castillo y Josías y Alexandra Mallén, taller de inspiración y fuente de experiencia en quien pude poner en práctica los principios de la Palabra de Dios que aquí comparto con cualquiera de los Padres que quieran ver a sus hijos bendiciendo a Dios.

Tampoco puedo dejar atrás a esas 9 coronas, Paulo, Gael Josué, Marco Andrés, Valeria Marie, Adrián Josué, Luca, Matías, Felipe y Emma Jolie quienes han coronado a este viejo dando crédito a Proverbios 17:6 que reza así: *"Corona de los viejos son los nietos, y la honra de los hijos, sus padres"*. Nietos en quienes he podido cumplir Deuteronomio 6:1-2 donde nos dice: *"6:1 Estos, pues, son los mandamientos, estatutos y decretos que Jehová vuestro Dios mandó que os enseñase, para que los pongáis por obra en la tierra a la cual pasáis vosotros para tomarla; 6:2 para que temas a Jehová tu Dios, guardando todos sus estatutos y sus mandamientos que yo te mando, tú, tu hijo, y el hijo de tu hijo, todos los días de tu vida, para que tus días sean prolongados"*.

También quiero dedicar esta obra a tantos pastores que, como yo, iniciamos nuestro servicio al Señor sin tener todos los recursos que el tiempo y el trabajo de tantos años nos proveen para poder hacer la obra pastoral y en especial al pastor Julio César Peredo Peruque quien nos aconsejó para que lleváramos a cabo la edición de este libro, así como a mi amada y especial hermana Florilena Paredes de Martínez por su trabajo de revisión y corrección del texto de esta obra.

Y para finalizar con acción de gracias, a mi amada Iglesia de Convertidos a Cristo, la cual ha sido testigo vivencial de que lo que aquí presento es parte de nuestra vida y al mismo tiempo ha sido el campo de batalla en el cual Dios me ha puesto para forjar a Cristo en cada una de nuestras familias.

ÍNDICE

Dedicación   7
Índice   9
Prólogo   11
Introducción   13

PARTE I - EL MATRIMONIO Y SUS IMPLICACIONES

1. El diseño original del matrimonio   17
2. Dios establece el primer hogar   25
3. El maravilloso plan divino   33
4. La amenaza del divorcio por cualquier causa   43
5. La opinión de Dios sobre el divorcio y el nuevo
   matrimonio   53
6. Los matrimonios mixtos   63

PARTE II – RESPONSABILIDADES BÍBLICAS DE LOS CÓNYUGES

7. El patrón bíblico para las relaciones   73
8. El patrón bíblico para los maridos   83
9. El patrón bíblico para las esposas   89
10. Cabeza del hogar   99
11. Ayuda idónea   109
12. Amante excepcional   117
13. Amante y ejemplo de sumisión   127
14. Proveedor   137
15. Administradora del hogar   147
16. Protector   159
17. Modelo de belleza femenina   167
18. Padre que instruye   175

19. Madre y maestra   185
20. Pastor de la familia   195

PARTE III – RESPONSABILIDADES BÍBLICAS DE LOS PADRES

21. Dirigir el corazón de nuestros hijos a Cristo   207
22. Amar a nuestros hijos   217
23. Disciplinar y amonestar a nuestros hijos   225
24. Métodos de disciplina   233
25. Preparar a nuestros hijos en su etapa de crecimiento   241
26. Doblegar la voluntad firme de nuestros hijos   249
27. Cultivar el dominio propio desde la niñez   257
28. Fortalecer el ambiente en nuestro hogar   265
29. Cuidar a nuestros hijos de las malas compañías   275
30. Ayudar a nuestros hijos a dominar las pasiones juveniles 287

Conclusión general   297

Bibliografía   299

PRÓLOGO

Una noche cenando en el jardín, la pregunta fue, ¿Cómo puedo estar seguro de no equivocarme? entonces escuchó: "Para eso tenemos la Biblia, lo que dice es la verdad, sólo tenemos que llevarnos de ella". Desde ese día José Rafael Mallén Malla asumió el estudio de las sagradas escrituras, con la pasión que caracteriza todo lo que emprende, la calificación de fanático del evangelio de Jesucristo le quedaba corta, la pieza principal de lo que llamaba "el rompecabezas de mi vida" había sido hallada y colocada correctamente en su lugar, ahora Yoli, sus hijos, madre y hermanos, socios y profesión, trabajo, anhelos y aspiraciones, tenían un propósito definido, la gloria de Dios, y para eso no habría restricciones, exclusiones, ni excepciones.

Han pasado más de tres y media décadas desde esa noche, y lo que nos lega el Pastor Mallén en esta obra que con satisfacción prologamos, no es otra cosa que el testimonio personal de la fidelidad de Dios a sus promesas corroboradas en su propia familia, testimonio irrebatible de que cuando Jesucristo rige en los corazones y hogares de sus hijos, es decir, cuando ofrendamos nuestras familias ante el altar del Calvario, la gracia infinita y suficiente derramada desde los cielos, generará brotes, retoños, ramas y troncos robustos en las "familias postradas bajo la cruz".

Este libro de seductora lectura nos conduce a través de los aspectos fundamentales que conforman una verdadera familia, núcleo primigenio de la sociedad, establecido por el Creador en el Edén y a partir de la cual se estructuran las naciones, siempre remitiéndonos al diseño original cuyas características se delinean claramente en las Sagradas Escrituras.

Algunos aspectos de este recuento de argumentos bíblicos sobre la familia son la relación marital, parangonada por el Espíritu Santo con el matrimonio de Cristo con su iglesia, los rasgos definitorios del hombre de Dios y padre cristiano, así como su misión y responsabilidad, los roles diferenciados de los cónyuges, la invaluable dádiva en que se constituye la esposa y madre virtuosa, la crianza bajo la disciplina y temor de Dios, el ministerio intercesor de los padres cristianos, el señorío de Jesucristo en el seno del hogar, las responsabilidades de los progenitores, la forja del carácter de los hijos en el crisol del Evangelio, el manejo bíblico de los conflictos, la actitud en los tiempos de crisis, la supremacía del amor y la vida Cristo-céntrica, en fin "la supremacía de todo el consejo de Dios", los cuales han sido expuestos con la pericia de un maestro consejero, corroborados por la propia experiencia de su autor y avalados con las promesas de Dios, por lo que esta obra debe ser considerada tanto por los jóvenes que se inician en la vida matrimonial, como por todos aquellos que desean ser eficaces en la ingente tarea de conducir a los suyos a los pies del crucificado.

Encontrar en una sola obra un compendio explicativo de los aspectos bíblicos que atañen a la familia cristiana, es sin lugar a duda un tesoro que Dios pone a nuestro alcance en un momento que como nunca la familia está siendo desmembrada por el sajo recurrente del pecado, la inmoralidad y la impiedad, por lo que agradecemos y glorificamos a Dios por darnos tan precioso regalo por medio de su siervo.

Atilio León Lebrón
Pastor Iglesia Evangélica Bautista Cristiana
Santo Domingo, República Dominicana.

INTRODUCCIÓN

En un mundo tan deteriorado y tan lejos de los principios divinos nos ha tocado la oportunidad de pastorear una muy pequeña parte de la iglesia de Dios; tan pequeña que pudiésemos decir que es algo así como una especie de ensayo de laboratorio el aplicar fielmente la Palabra de Dios en esta iglesia que crece y se desarrolla en un mundo que trata día tras día de alejarse más de los mandatos que Dios da con respecto a lo que es la vida de familia y lo que debe ser un verdadero hogar cristiano colocado bajo la cruz de Cristo.

Colocar nuestra familia bajo la cruz de Cristo implica que llevemos a cada miembro de nuestra familia a obedecer el mandato de Dios revelado en Su Palabra. El mismo Jesús nos dijo en Mateo 16:24 acerca de lo que Él espera de los que le siguen: *"Entonces Jesús dijo a sus discípulos: Si alguno quiere venir en pos de mí, niéguese a sí mismo, y tome su cruz, y sígame"*. Tomar la cruz evidentemente es colocarse bajo obediencia al Padre Dios de los cielos. Jesús mismo tomó su cruz cuando dijo: *"Padre mío, si es posible, pase de mí esta copa; pero no sea como yo quiero, sino como tú"*. Por esta razón entendemos que cuando decidimos someternos a Dios estamos colocando nuestra familia bajo la cruz de Cristo.

Este libro tiene como objetivo edificar a través de la enseñanza bíblica a las familias que desean que sus hogares sean transformados entendiendo que la familia es parte esencial de la iglesia de Cristo, pues cada día que pasa está siendo más bombardeada por un mundo manejado por las huestes de maldad.

No pretendemos a través de este libro compartir todo lo que hay que saber de la familia, como tampoco es original en todo lo que se diga en este material, ya que son muchos los hermanos colegas que han escrito sobre este tópico y de los cuales he aprendido, copiado y puesto en práctica muchas enseñanzas, lo cual corrobora las palabras del Predicador cuando dice: "No hay nada nuevo debajo del sol". Lo que sí aseguramos es que en la fuente verdadera de inspiración todavía hay más por comentar y mucho más por obedecer.

Las posturas asumidas en este trabajo representan puntos de vistas en los que no todos estaremos en el mismo acuerdo; sin embargo, al exponerlas pretendo mostrar mi amor, mi tolerancia y mi respeto por las ideas de los demás.

Dios les bendiga.

Parte I

EL MATRIMONIO
Y
SUS IMPLICACIONES

16 - Una familia bajo la Cruz

1

EL DISEÑO ORIGINAL DEL MATRIMONIO

Para toda pareja que ha fundamentado su vida matrimonial bajo los términos de Dios, es esta institución lo más grandioso que Dios ha diseñado para el hombre, por supuesto, después del plan de redención. Ciertamente la relación matrimonial desarrollada en el completo cumplimiento del consejo de Dios trae satisfacción plena y permanente en la vida íntima de ambos cónyuges.

Los seres humanos tenemos un gran problema, es que queremos el beneficio de los resultados que Dios promete en su Palabra para aquellos que la obedecen, pero no queremos aplicar y mucho menos someternos a las demandas que Dios reclama de nosotros para que tengamos la seguridad de obtener la felicidad que anhelamos.

La misma Palabra de Dios manifiesta que la vida de pareja es para dos, es una vida compartida, es una vida dentro de la cual cada uno tiene que aportar, sembrar, ceder, compartir, ayudar, entregar de sí, y más que todo saber que necesitamos hacer todo cuanto esté a nuestro alcance para hacer feliz a nuestra pareja.

Todo lo antes dicho parecería ser como una tremenda utopía de alguien que oscila entre lo melancólico y lo imposible, pero sabemos que no; No es algo intangible lo que Dios plantea, ni algo imposible de alcanzar, sino que tenemos que entender que, si no hacemos lo que Él nos ordena, nunca conoceremos el tesoro escondido que Él ha diseñado para nosotros y que es inalcanzable por causa de nuestra simiente caída, mayormente por nuestro egoísmo.

Es necesario saber dentro de este planteamiento que todo intento de individualidad será un arma en contra de la unidad y la felicidad de la pareja y esta es la gran causa por lo cual el diseño de Dios pareciera haber fracasado ya que el egoísmo humano alterca contra el diseño original del matrimonio, el cual fue concebido, diseñado y ordenado por el Creador para la satisfacción de sus hijos y solo cuando crucificamos esta mala actitud, podemos probar la felicidad conyugal.

DIOS ES EL QUE DISEÑÓ A UN HOMBRE Y A UNA MUJER

Él diseñó la pareja para procrear

Desde el inicio Dios diseñó al hombre y a la mujer para cumplir sus propios y buenos propósitos. Génesis 1:27 dice: *"...y creo Dios al hombre a su imagen, a imagen de Dios lo creo; varón y hembra los creo"*. La idea de diseñar la pareja tuvo un gran objetivo divino y es manifestado por el Creador en el próximo verso, cuando dijo: *"...y los bendijo Dios, y les dijo; fructificad y multiplicaos; llenad la tierra y sojuzgadla"*.

Si leemos Génesis 2:18-22 notaremos que Dios en su sabiduría y amor para con el hombre proveyó una solución perfecta para que éste no estuviera solo, le diseñó una compañera para que fuese su ayuda idónea. Le diseñó una mujer, de sexo femenino y complemento perfecto para lograr lo que él se había propuesto. Es por esta la razón por la cual Dios condena toda clase de homosexualismo o aberración sexual, ya que esta práctica quebranta las leyes divinas del diseño original.

Dios diseñó la pareja para que se ayudaran mutuamente

Dios declara que no era bueno para el hombre estar solo (2:18), él necesitaba compañía y ayuda con la cual pudiese compartir su corazón, sus pensamientos, sus planes, sus bienes, su cuerpo, su espiritualidad y todo cuanto él sería. Esta compañera la diseñó Dios para que fuese ayuda idónea para el hombre, alguien con quien compartir y cumplir el propósito divino y a su vez, ella debía ser apreciada, considerada por él como un hermoso y valioso regalo de su Creador.

Dios diseñó la pareja para que fuesen felices

Cuando hablamos de la relación de pareja queremos referirnos a una relación beneficiosa para ambos cónyuges, en que ambos son para ambos y de ambos para que se sostengan uno a otro como compañeros, amigos y aliados que trabajan, viven y persiguen un fin común.

Génesis 2:23 representa el primer piropo de amor escuchado en la tierra y es cuando Adán dice: *"Esto es ahora hueso de mis huesos y carne de mi carne"*. Esta fue una expresión eufórica de Adán al ver a su mujer, lleno de felicidad diría, ¡por fin tengo la que me corresponde!, mostrando satisfacción en su declaración.

Es indiscutible el hecho de que Dios diseñó la pareja para el mutuo deleite y gozo así lo declara el apóstol Pablo en 1 Corintios 7:3-5, y es por esto por lo que Dios condena la infidelidad dentro de la relación de la pareja (He. 13:4). Este propósito no cambiará nunca, porque es el propósito de Dios. Es por la desobediencia del hombre que viene su degeneración y esto solo ocurre cuando tratamos de ir en contra del diseño divino por lo cual recibe de parte de Dios la retribución debida a su extravío (Ro. 1:26-27).

DIOS DISEÑÓ CÓMO DEBÍAN RELACIONARSE

Dios declaró las reglas desde el principio

Es importante notar lo que Dios les indicó a Adán y a Eva sin que ellos tuviesen padres, lo que nos deja dicho que todo lo que les había demandado era para que ellos, como padres, pudieran enseñar a sus hijos a que lo cumplieran y lo pusieran por obra. Este consejo tripartito de Génesis 2:24 con sus 21 palabras resume toda la base de la enseñanza que la Biblia desarrolla para que un matrimonio sea perfecto:

a. Dejará el hombre a su padre y a su madre,
b. Y se unirá a su mujer,
c. Y serán una sola carne".

Está demostrado que cuando una pareja viola estos principios comienza a tener problemas y si no retorna al plan original, esta desobediencia será el principio del descalabro de cualquier matrimonio y no podrá echarle la culpa a Dios de su fracaso. Si queremos matrimonios para toda la vida, entonces oigamos al Creador.

Las reglas comienzan con un dejar

Cuando un hombre y una mujer deciden unirse en matrimonio y forman una pareja como Dios establece, debe entender que cualquier relación individual tiene que ser puesta en segundo plano después de la relación de pareja. Relación paternal, amigos, negocios, carreras, pasatiempos, etc., deben ser colocados en un plano inferior al de la pareja.

Dios dice: *"Por tanto: dejará el hombre a su padre y a su madre"*. Esto nos indica que toda relación familiar tiene que ponerse en su correcto orden de prioridad; esto no quiere decir que no se amará a los padres como los amaba antes; lo que quiere decir es que a partir del matrimonio no se dependerá de los padres, ni económica ni emocionalmente, sino que su prioridad es su pareja. Dios quiere que la pareja esté sola, se desarrolle sola y muera sola, ya que el matrimonio es sólo para dos (varón y hembra), como lo ordenó y diseñó desde el principio. A partir del matrimonio se cambiará el carácter de la relación con los padres y ya ellos no deberán interferir en la relación matrimonial de sus hijos.

Las reglas continúan con la unión inseparable

Génesis 2:24 continúa diciéndonos, *"y se unirá a su mujer"*. Lo que nos plantea es que el hombre es parte de la mujer y la mujer es parte del hombre, hecho manifestado por el mismo Dios, al crear la compañera del hombre de su misma costilla (2:22). La expresión se unirá *"dabaq"* en hebreo, tiene sentido de acción y significa más que permanecer juntos.

    a. pegarse o adherirse a
    b. permanecer juntos
    c. mantenerse firmes
    d. sobrecoger
    e. proseguir con firmeza
    f. perseverar en
    g. tomar
    h. atrapar mediante persecución

Esta expresión en el griego tiene una explicación más directa y fácil de entender. Pegar como si fuera con cemento, pegamento o soldadura. Pegar de tal manera que no podrán separarse sin hacerse daño mutuamente. Lo que nos indica que esta unión implica una entrega de todo corazón de: lo espiritual, lo intelectual, lo emocional, lo físico, lo material, etc.

Las reglas terminan con la idea de unidad en el sentido más amplio de la palabra

Dios quiere que seamos uno, por lo cual plantea finalmente: *"y serán una sola carne"*. Esta expresión tiene que ser explicada y comprendida por todos aquellos que deseamos formar un matrimonio, pues son muchos los que mal interpretan este mandato de Dios. Dios requiere que en el matrimonio haya integración, consumación de propósitos tanto en el aspecto espiritual, como en el aspecto sexual. La palabra que se usa en Génesis 4:1 y en Mateo 1:24-25 para hablarnos de la consumación matrimonial es la palabra "conocer". Sabemos que Adán tenía conocimiento de Eva antes de Génesis 4 y que José lo tenía de María antes de Mateo 1 y, sin embargo, Dios utiliza la palabra "conocer" para indicarnos que tuvieron relaciones sexuales, o sea, un conocimiento de su pareja ya no superficial, sino más profundo, más amplio, esto es lo que nos da la idea de lo que es ser una sola carne.

DIOS DISEÑÓ EL MATRIMONIO PARA DEBERSE FIDELIDAD

Lo honroso en la relación de pareja

Como podemos notar, es imposible hablar del diseño de Dios y no citar a Hebreos 13:4 que dice: *"Honroso sea en todos el matrimonio, y el lecho sin mancilla; pero a los fornicarios y a los adúlteros los juzgara Dios"*. Es bueno identificar aquí que la fornicación es un pecado que implica el uso ilegítimo del sexo, mientras que el adulterio es el pecado de infidelidad contra el cónyuge. También es necesario entender que un hombre casado puede cometer pecado de adulterio sin cometer pecado de fornicación, ya que se puede adulterar con el pensamiento (Mt. 5:28). Es importante saber que para cometer pecado de fornicación tiene que haber unión sexual (1 Co. 6:16). Ahora, cuando se dice que un casado fornica (1 Co. 5:1), se debe entender que también cometió adulterio.

Dios declara que en el matrimonio se debe fidelidad absoluta, ya que de lo contrario la infidelidad acarrea muchos males, entre ellos el juicio de Dios. Y más aún es importante notar que la honra referida en el texto de Hebreos apunta directamente a la relación sexual de la pareja. Cuando el escritor usa la palabra traducida como lecho, está usando la palabra griega *"koite"* que se traduce al español como ayuntamiento, coito o relación sexual. Este acto es en sí mismo honroso para Dios cuando hay fidelidad.

Dios reclama detalles importantes para la pareja que mantiene su matrimonio en honra

Primeramente, Dios demanda que nuestro matrimonio sea monógamo, pues desde el principio Dios aborreció y condenó el adulterio el cual viola todos los principios de fidelidad conyugal dentro del matrimonio (Pr. 6:32 y 1 Co. 6:16-20). De igual manera establece para nosotros una fidelidad extrema, al punto del pensamiento. *"Oísteis que fue dicho; no cometerás adulterio, pero yo os digo que cualquiera que mira a una mujer para codiciarla, ya adulteró con ella en su corazón"* (Mt. 5:27-28). Esto nos indica que Dios quiere que estemos apercibidos ante la tentación. Reforzamos esta idea con la frase que dijo Martín Lutero: *"No podemos impedir que las aves se posen sobre las ramas de un árbol, pero si podemos impedir que hagan nido en ellas"*.

Dios ordena de igual manera que el matrimonio sea netamente heterosexual, y lo da a entender así ya que Él no le creó a Adán un compañero, sino que le creó a una mujer. Es importante recordar que, desde el tiempo de Sodoma, Dios condenó este pecado que ha traído tanto mal a la humanidad al contrarrestar su diseño (Gn. 19 y Ro. 1:26-27).

Dios promete que traerá juicio para el infiel

Como veremos en el transcurso de este libro, Dios no admite excusas o argumentos sobre aquellos que atenten contra la institución fundamental para la existencia del desarrollo de la humanidad, que Dios mismo diseñó para la felicidad y estabilidad del matrimonio. Notemos como concluye nuestro texto. *"...pero a los fornicarios y a los adúlteros los juzgara Dios"*.

Esto no es nada nuevo para el creyente que desde sus primeros pasos de la vida cristiana ha conocido los mandamientos de Dios, primeramente, porque su 7mo. mandamiento dice: *"No cometerás adulterio"* (Éx. 20:14), y Proverbios 6:32-33 lo corrobora: *"Mas el que comete adulterio es falto de entendimiento; corrompe su alma el que tal hace, heridas y vergüenza hallará y su afrenta nunca será borrada"*.

El juicio por la infidelidad para aquellos que no obedezcan el diseño maravilloso de Dios para el matrimonio no se hará esperar. Decidamos obedecer las Escrituras con sinceridad velando porque se cumpla el deseo de Dios y no nuestros propios deseos.

Dios quiere que tomemos en cuenta estos principios, y así veremos cómo la felicidad dominará nuestra vida matrimonial, felicidad como la que sentimos cuando pensamos en nuestra salvación, ya que la misma Palabra nos declara que esta relación amorosa tan profunda, pura e íntima, que Dios ha diseñado, está modelada en conformidad con la de Cristo y su iglesia (Ef. 5:31, 32). Este es el fundamento para el matrimonio verdadero conforme a Dios, que está lleno del amor de Cristo, el que nunca dejará de ser, y el cual conforme a nuestra obediencia será el firme fundamento sobre quien podremos edificar con seguridad para colocar nuestra familia bajo la cruz de Cristo.

2

DIOS ESTABLECE EL PRIMER HOGAR

La familia es la unidad fundamental de la sociedad. Según anda la familia, así anda la iglesia, la sociedad, la nación y aun el mundo. La familia o el hogar es la primera institución que Dios proveyó para beneficio de todos los hombres. La familia está formada por la pareja y el fruto de ella, los hijos, bajo el vínculo del matrimonio, el cual instituyó Dios desde antes de que el pecado entrara al mundo, el cual debe lograr los propósitos para los cuales Dios lo creó.

Como una institución divina, el matrimonio es provisto por Dios para que se desarrollara bajo una santidad especial. En el capítulo anterior citamos a Hebreos 13:4 que dice: *"Honroso sea en todos el matrimonio y el lecho sin mancilla; pero a los fornicarios y a los adúlteros los juzgará Dios"*. Dios bendijo al matrimonio desde el primer momento (Gn. 2:18, 20, 24) y nos augura las más ricas bendiciones en la medida en que nos apegamos a sus demandas.

Siendo el matrimonio una institución divina, todo hombre tiene que conocer cómo Dios lo planificó y cuáles fueron sus propósitos para actuar de acuerdo con Él, y lograr la felicidad. Dios ha sido el arquitecto diseñador de esta maravillosa idea y lo mejor de todo es que nos ha provisto en su Palabra todo lo necesario para que podamos llevar a cabo su perfecto plan, como hijos suyos y como ciudadanos del reino que ha de sojuzgar el mundo.

Recordemos que Dios es inmutable y jamás cambiará sus propósitos para el matrimonio. Es importante entonces, que entendamos que su inmutabilidad no le permite modificar sus decretos y mucho menos para acomodarlos a los deseos del hombre. Es por esto por lo que nadie podrá pretender que, porque viole los principios de Dios y no suceda nada, quedará libre de su juicio. Decidamos pues, investigar y escudriñar las Escrituras, de tal manera que no nos llevemos sorpresas o que incurramos en faltas que luego tengamos que lamentar.

EL MATRIMONIO COMO PRIMERA INSTITUCIÓN

La institución más santa y perfecta

Si el matrimonio fue instituido antes de que el pecado entrara en el mundo, significa que está basado en los preceptos santos de Dios. Esta declaración tiene su base en el hecho de que desde que Dios creó a Adán y Eva, en Génesis 2:24, les declaró los principios básicos para que su unión fuese perfecta.

La relación entre el hombre y su mujer tenía que ser tan sagrada como la relación entre las tres personas de la Trinidad. Es así como Dios concibió la relación hombre-mujer, a la cual llamó matrimonio. De hecho, antes de la caída, los perfectos propósitos de Dios se cumplían en esta primera pareja, a quienes dio el poder para regir y sojuzgar la tierra.

Es por tanto que Dios exige que la pareja sea una unidad indivisible como nos dice Génesis 2:24, en cuanto a sus pensamientos, en cuanto a sus deseos, en propósitos y en actitudes. Se entendía que ya no podían pensar individualmente sin tomar en cuenta los intereses de ambos, de tal manera que cada día se fortaleciera su unión.

Las amenazas de esta santa institución

Como toda institución divina, está amenazada por Satanás y por la concupiscencia de los hombres. Las amenazas provienen de:

- La falta de temor a Dios: Dios creó esta institución para que ambos se amaran y para mantenerse puros como se nos muestra en Hebreos 13:4. El hombre ha fallado por su falta de temor a Dios.
- La desobediencia de sus demandas: La falta de temor lleva a la desobediencia y un hombre sin temor al juicio de Dios no obedece. Dios requiere obediencia (Gn. 2:24; Ef. 5:22, 25).
- La dureza de corazón: La desobediencia lleva al pecado y esto lleva a endurecer el corazón, por esto se tuvo que hablar de separación y divorcio (He. 3:12, 13; Mt. 19:7, 8).

La relación sagrada de esta santa institución y lo que requiere

Génesis 2:24 nos declara que la relación de la pareja que forma el matrimonio tiene que ser tan estrecha que sean una sola persona. Lo que nos indica que cuando tomamos la decisión de casarnos no podemos pretender seguir pensando unilateralmente y actuando como solteros.

Esta unión indica que uno es completamente del otro, y que el uno está incompleto sin el otro. Es por esto por lo que debemos mostrar a nuestra pareja que la necesitamos, que separados estaríamos incompletos y que sin su ayuda no podríamos cumplir con el deseo expreso de Dios.

Esta unión requiere que se cumplan los tres elementos que componen un matrimonio bíblico:

1. Consentimiento de los contrayentes y de los padres (Gn. 21:21; 34:4-6, Jos. 15:16; Jue. 14:2-3; 1 Co. 7:37-38; Ef. 6:1-3).
2. Aval público que puede incluir un contrato matrimonial, y la observación de las costumbres legales y sociales (Gn. 29:25; 34:12; libro de Rut).

3. Consumación física con el propósito de formar una familia para siempre (Gen. 1:28).

EL MATRIMONIO COMO UN SÍMBOLO DE CRISTO Y LA IGLESIA

Implica una relación de amor perfecto (amor ágape)

El matrimonio es comparado con la relación de amor que tuvo Cristo con su iglesia, a por la cual Él murió, de igual manera la relación dentro del matrimonio debe ser con la misma calidad de amor.

Así como es desastroso pensar que Cristo puede separarse de su iglesia; de igual manera Dios prefiere unión permanente en la relación de cada pareja, ya que desde el principio demandó que el matrimonio debía perdurar para toda la vida. Esta relación no admite ninguna actitud de daño para la persona amada. Por el contrario, todo matrimonio debe desarrollarse teniendo como base el amor sacrificial, que da sin esperar (Ef. 5:28-29). Eva fue tomada de la costilla de Adán para ser amada y para ser su igual. Las normas del mundo han caído tan bajas, al punto tal que los matrimonios se maltratan sin recordar que deben amarse hasta el fin.

Implica una relación tan estrecha como la que tenemos con los miembros de nuestro propio cuerpo

Es inconcebible que un marido no reconozca a su mujer como a un miembro de su propio cuerpo y viceversa. Cada miembro de la pareja tiene que relacionarse con el otro como cada uno de nosotros nos relacionamos con nuestros miembros (Ef. 5:29-30) *"Porque nadie aborreció jamás a su propia carne, sino que la sustenta y la cuida, como Cristo a la iglesia, porque somos miembros de su cuerpo, de su carne y de sus huesos"*. En la segunda parte del libro explicaremos lo que la Palabra de Dios demanda a los cónyuges al reconocerse como miembros de su propio cuerpo.

Jesús mantiene una relación tan estrecha con su iglesia que debe ser tomado como ejemplo por todos los maridos, con el fin de que puedan relacionarse con sus esposas con la clase de amor con que Cristo amó y conoció a la iglesia.

Implica una relación segura e indisoluble

La misma seguridad que los creyentes, que son el Cuerpo de Cristo, tienen en Jesucristo de acuerdo con Juan 10:28-29, debe ser la misma seguridad que sienta una mujer de su marido o viceversa, entendiendo que Jesús nunca romperá su pacto con nosotros.

Dios no concibe la separación entre marido y mujer, a menos que uno de los dos rompa el pacto con el cual quedó unido a su cónyuge, el que solo era roto por el pecado de fornicación en su sentido más amplio, y esto traía la muerte por apedreamiento al cónyuge desleal (Mal. 2:14-16) (Dt. 22:20-22).

Aunque muchos no toman en cuenta esta demanda, los decretos de Dios permanecerán inmutables y por ellos juzgará a todo hombre, ya que lo que Dios establece no variará, aunque el hombre lo haya distorsionado.

EL DIVORCIO NO SE PROVEYÓ PARA EL MATRIMONIO

Dios lo diseñó sin esta salida

Como institución divina y dada antes de que el pecado fuera consumado, el matrimonio no tuvo como alternativa la provisión del divorcio, lo cual vino por causa del pecado del hombre, luego de la caída, cuando Dios estableció la pena de muerte por causa del pecado de fornicación (entiéndase todo tipo de acto sexual ilícito).

Dios instituyó el matrimonio antes de que el pecado fuera consumado, y su propósito es el que la pareja permaneciera unida hasta la muerte. Este ha sido, es y será el deseo de Dios de acuerdo con su diseño original para toda pareja que ha contraído matrimonio, pues para esto se creó esta institución. El pecado, por tanto, no cambiará el propósito divino de que la unión matrimonial solo debe concluir con la muerte de uno de los cónyuges, por lo que el divorcio no es, ni puede ser una parte del plan establecido por Dios y por tanto no debe ser una alternativa en la mente de alguna pareja cuando va a contraer matrimonio y mucho menos cuando ya lo ha contraído.

Dios no provee oportunidad para pecar

El pecado de fornicación fue la única causa que la ley justificó para una separación en el Antiguo Testamento. Pero sabemos que Dios nunca proveyó esto para el matrimonio, sino más bien condenó este pecado de manera drástica y determinante, ya que Moisés legisló en este sentido, condenando al cónyuge impenitente (Dt. 22:20-22), de igual manera nunca se admitió otro tipo de causa para la separación.

Admitir el divorcio implica variar el plan divino. Dios prefiere que haya arrepentimiento y reconciliación y no cambiará su mente, porque Él es inmutable, de tal manera que aún, en el caso de una "fornicación" (entiéndase cualquier tipo de pecado sexual ilícito), Dios desea que se busque el arrepentimiento y el perdón del cónyuge pecador.

Dios, inclusive, atestigua contra aquellos que han roto el pacto matrimonial por causas no bíblicas, ya que buscar una rotura del pacto sin que haya habido el deseo genuino de restauración, es muestra de corazones endurecidos y Dios nunca estará de acuerdo con esta actitud en una pareja (Mal. 2:10-16).

Dios establece seguridad y no ofrece la oportunidad de separación por cualquier causa

La misma seguridad que ofrece Romanos 8:35-39 en nuestra relación con Cristo debe ser la misma seguridad que deben ofrecerse un marido y una mujer. Como podemos ver, todo hombre y toda mujer deben ir al matrimonio ofreciéndose todo tipo de seguridad en cuanto a la fidelidad.

La misma promesa de 1 Tesalonicenses 4:13-18 de permanencia eterna con el Señor en el día de su venida, es símbolo de la seguridad que debe tener la esposa de su esposo y viceversa, ambos tienen que ir al matrimonio entendiendo que es para toda la vida y que nunca debe existir ningún tipo de causa por lo cual podamos ser desleales.

La esperanza dada por Jesús a su Iglesia es firme y estable y debe ser ejemplo para la pareja que confía en el Señor. De tal manera que, aunque sepamos que tendremos tentaciones en las cuales pudiéramos caer, debemos prepararnos espiritualmente para vivir por siempre unidos como es el deseo de Dios apelando siempre al poder de su Espíritu para ser fieles (Jn. 14:1-3).

Originalmente Dios diseñó el matrimonio como una institución que debe permanecer para siempre, por tanto, sólo Él es el único calificado para aprobar una separación. Es penoso ver cómo el pecado ha afectado la unión indisoluble planeada por el Creador, así como ha llevado al hombre a separar lo que Dios unió por causas antibíblicas.

Jesús confirmó en sus enseñanzas el diseño de Dios cuando dijo: *"El principio no fue así; varón y hembra los hizo, y lo que Dios unió, no lo separe el hombre"*. Esto nos indica que sólo Dios, y no el hombre, puede autorizar la separación en un matrimonio, (Dt. 22:20-22; Mt. 5:32; 19:9; 1 Co. 7:15). Pero la dureza que el pecado produce en los corazones los lleva a buscar una salida no aprobada por Dios, y a la vez los induce al deseo de escapar fácilmente del pacto hecho ante Dios con su pareja, por cualquier causa, y así no cumplir con su responsabilidad que contrajeron cuando se casaron.

Procuremos interpretar las Escrituras profunda y honestamente de tal manera que honremos a Dios y nos adaptemos a todo su consejo y no pretendamos que Él cambie lo que ya ha declarado para beneficiar a aquellos que no luchan por permanecer en el pacto matrimonial.

3

EL MARAVILLOSO PLAN DIVINO

Después de haber estudiado todo lo que conlleva el matrimonio y cuáles son las demandas divinas en cuanto a esta unión, es el momento en que debemos analizar si el matrimonio es una institución con posibilidad de éxito o de fracaso.

El hombre pecador, por definición y práctica, nunca toma en cuenta la opinión divina; ya que por su pecado está separado de Dios. En esta condición el hombre desecha el consejo divino y sigue sus propios razonamientos llegando al fracaso en todo lo que hace (Ro. 1:18-32).

A partir de las estadísticas mundiales confirmamos lo que plantea la Palabra con respecto a la separación matrimonial. Por ejemplo, en los Estados Unidos cada año alrededor de un millón de divorcios destrozan los hogares norteamericanos. Se ha pronosticado que anualmente, por lo menos el 50% de los matrimonios terminarán en el divorcio.

Es cierto que la tasa de divorcios de Latinoamérica está aumentando en casi todos los países, sin embargo, este aumento es más exagerado en el continente europeo. Según Business Insider, la tasa de divorcio en España es de 61%, Portugal, 68%; la República Checa, 66% y Hungría, 67%. Pero Bélgica se lleva la palma con una tasa del 70%. De igual manera, en Latinoamérica las estadísticas andan alrededor de en un 50% sin tomar en cuenta los que sólo se amanceban, que terminan separados sin que tengamos estadísticas.

¿Pudiéramos decir que estas estadísticas demuestran que el plan del Creador no ha funcionado? De ninguna manera. Esto sólo demuestra que el hombre, en su pecado, ha violado los parámetros divinos y ha desechado el consejo de Dios, con el cual podría hallar la felicidad. Lo peor es que al final cuando se ha fracasado, decidimos echarle la culpa a Dios y pretendemos luego justificar con el divorcio la solución a la problemática, cauterizando nuestra conciencia al pensar que Dios estará de acuerdo con ello.

El hombre piensa que con sus opiniones va a lograr que Dios cambie lo que ha establecido y propósitos, pero lo cierto es que su Palabra ya ha sido escrita, es inmutable y permanece para siempre; por lo que no importa qué pueda pensar o hacer el hombre ya que Jehová ha hablado. Siempre estaremos buscando argumentos para hacer nuestra voluntad y para justificar nuestro pecado, por esta razón es necesario que analicemos el tema de la indisolubilidad del matrimonio delante de Dios.

En Mateo 19:3-12 y Marcos 10:2-12 nuestro Señor Jesucristo responde con respecto a este tema que su voluntad para con el matrimonio es la misma que él estableció en el Edén. En esta porción, Jesús comunica el punto de vista divino sobre el matrimonio; ya que cuando leemos su Palabra, encontramos la verdad en una forma pura, no acompañada por la dureza de los corazones de los hombres que en su pecado buscan justificarse. Analicemos algunos aspectos importantes sobre este tema.

POSICIONES JUDÍAS SOBRE EL TEMA

Interpretación de Deuteronomio 24:1-4 y la carta de divorcio

En el tiempo de Jesús los fariseos habían acudido a Él con la esperanza de arrastrarlo hacia la tormentosa controversia en torno a las causas permitidas para el divorcio. Este día, los seguidores de tres escuelas diferentes de interpretación de la ley judía chocaron sobre la cuestión de las razones aceptables para el divorcio. El debate de ellos giró en torno a Deuteronomio 24, donde Moisés reguló la práctica existente del divorcio en cuanto a haber hallado en la pareja "la cosa indecente". Un estudio minucioso del Antiguo Testamento indica que solamente un acto de "fornicación" (entendido en su sentido más amplio) se consideraba como la única base legal para romper el pacto matrimonial, lo cual ocurría por la muerte del pecador (Lv. 20:10; Dt. 22:20-22).

En Deuteronomio 24:1-4 Moisés está legislando en cuanto a que, si uno encontraba en su pareja alguna cosa indecente y la repudiaba, luego de que esta se casara con otro y ese otro también la aborreciere o muriere, el primero no podía casarse con ella. Debemos entender que la cosa indecente no se refería a ningún tipo de fornicación ya que como vemos no se demandaba la muerte por ello como ocurría en el caso de Levítico 20:10 y Deuteronomio 22:20-22.

Los judíos del tiempo de Jesús interpretaban la declaración de Moisés, de diversas maneras y hacían énfasis más bien en la carta de repudio, tomando la expresión cosa indecente como cualquier causa para justificar la separación y el divorcio y no hacer énfasis en el hecho de que no podían tomar por mujer a aquella a quien habían repudiado por tal causa luego de que la mujer quedase libre por repudio o por viudez de sus segundas nupcias.

Los seguidores de la escuela de Shammai

Esta escuela sostenía que cualquier fornicación, definida en su sentido más amplio como uso ilegítimo del sexo, sea adulterio, sodomía, incesto, bestialismo, etc. era lo referido por Moisés en Deuteronomio 24 como cosa indecente.

Como sabemos, el pecado de fornicación traía juicio de muerte al pecador y libertad para la parte inocente, y se tomaba como válido lo que se había establecido en Levítico 20:10-17 y Deuteronomio 22 con respecto a la legislación de estos pecados. Ahora bien, Shammai entendía que si igualaba la cosa indecente a fornicación esto traería una forma justificada de dar carta de divorcio al cónyuge sin someter al culpable a la pena de muerte.

El problema de Shammai era el igualar la cosa indecente al pecado de fornicación para justificar un divorcio sin consecuencia de muerte, ya que la causa que se refiere a la cosa indecente permitía la carta de divorcio y un nuevo matrimonio, mientras que en el de fornicación se daba muerte. Debemos recordar que en tiempos de Jesús ejecutar la ley civil todavía estaba en manos las autoridades religiosas (Jn. 8:1-11).

Los seguidores de la escuela de Hillel
Estos definían la cosa indecente referida por Moisés en un sentido más amplio; ellos afirmaban que, si la mujer quemaba la comida, si había hablado demasiado alto, si había aparecido en público con la cabeza descubierta, esto era causa justificada para el divorcio. Esto significaba que, por cualquier falta simple, pero considerada por el esposo como cosa indecente se convertía en justificación para el repudio. La realidad era que los israelitas y en especial los de esta escuela, buscaban cualquier causa para cometer adulterio y no ser juzgados por medio de la ley.

Esta escuela de pensamiento rayaba en la injusticia total, ya que trataba de buscar cualquier causa conveniente y por tanto antibíblica para justificar dar carta de divorcio a la mujer, aprobando este tipo de legislación en beneficio solamente para el hombre al repudiar la mujer y no daba la misma oportunidad a la mujer para repudiar al hombre.

Los seguidores del rabino Akiba
Estos eran los más liberales de la época, y resolvían el asunto hábilmente al afirmar que cualquier esposa que no hallara gracia en los ojos de su esposo era considerada como una causa justificada para repudiarla, ya que para ellos esto era cosa indecente.

Si observamos el pasaje de Mateo, notaremos que los fariseos fueron un paso más adelante que lo que establecía Moisés en Deuteronomio 24 al preguntarle a Jesús: *"¿Es lícito al hombre repudiar a su mujer por cualquier causa?"* Mateo 19:3. Esto denotaba que sus parámetros estaban afectados por estas escuelas.

Aparentemente estos fariseos tenían en su corazón la filosofía de Akiba, aunque sabemos que su intención era tentar al Señor (Marcos 10:2). En tiempo de Jesús, como en nuestros días, la dureza del corazón era tal que hasta excluyeron en su pregunta la única causa por la cual Moisés les permitió dar carta de divorcio en Deuteronomio 24:1 - cosa indecente, regulando asimismo el hecho de volver a la primera mujer repudiada. [1]

OPINIÓN DE JESÚS SOBRE EL TEMA

Jesús estuvo por encima de ellos

La manera cómo Jesús respondió a los fariseos nos muestra cuál debe ser nuestra actitud hacia el matrimonio y hacia el divorcio. Vemos en el pasaje que Jesús pasó por alto las opiniones cauterizadas de las autoridades religiosas de sus días. Jesús sabía

---

[1] Estas posiciones rabínicas disidentes pueden ser confrontadas en el tratado talmúdico GITTIN, en donde – según la traducción de Leo Auerbach dice: "La casa de Shamai establece: Un hombre no puede repudiar a su mujer, a menos que ella le sea infiel; ya que se lee en Deuteronomio (24:1): 'porque descubre en ella algo vergonzoso e impuro'. La casa de Hillel dice: 'Puede repudiarla simplemente por un manjar mal hecho o por un plato solicitado y no servido; ya que fue dicho: todo es impuro o vergonzoso". Por otro lado, en el Talmud babilónico se encuentra el comentario del rabino Akiba, quien afirma al respecto que: 'Puede repudiarla si ha encontrado una mujer más hermosa que la suya, ya que fue dicho (Dt. 24:1): 'Si uno se casa con una mujer y luego no le gusta...' (The Babylonian Talmud in Selection, Nueva York, 1944, p.178.
Comentarios y notas citadas por: John Murray. El Divorcio. p. 28, nota n° 9, del primer capítulo.
Joachim JEREMIAS.

que a ellos no les interesaba saber la verdad, sino solamente les interesaba tentarle para acusarle y para justificar sus propias prácticas (Mt. 19:3), de tal manera que con sus expresiones acusaban a Jesús.

Estos religiosos deseaban mantenerse en su pecado y llevar a los demás tras ellos. En ningún momento manifestaban el deseo de hacer lo que Dios le había demandado con respecto a la fidelidad que debían dispensarse en el matrimonio, ni del concepto de permanencia que ellos mismos tenían que tener en sus corazones en cuanto a la unión matrimonial.

Jesús se concentró en la Escritura

Esta fue la única fuente usada por Jesús para sus enseñanzas y con la cual enseñó con autoridad: *"¿No habéis leído...?"* (Mt. 19:4 citando a Gn. 2:24) haciendo énfasis en lo que ya Dios mismo había declarado en su Palabra. Jesús nunca se salió del camino verdadero, ni se perdió en estas interminables discusiones. Sólo declaró: *"Escrito está...",* actitud que debemos nosotros copiar en cuanto a nuestra enseñanza sobre el matrimonio, y entender que aún el Señor determinó lo que había que hacer en el caso de las fornicaciones y esto es luchar para que los matrimonios permanezcan.

Jesús sabía que la Palabra no podía ser invalidada, ni ser contradicha, por tanto, él corroboró con lo que Dios había declarado en el principio, ratificando el propósito de permanencia con el cual Dios designó a esta maravillosa institución, mantenerse para toda la vida.

Jesús se concentró en el diseño original de Dios.

Jesús volvió al diseño original del matrimonio que se había dado en el Génesis y lo tomó como el único tema que venía al caso para la discusión y les contestó a los fariseos (parafraseando Mateo 19:4): "Ni siquiera han leído Génesis 1:27 y 2:24, ustedes que siempre se jactan acerca del conocimiento que tienen de las Escrituras". Dicho, en otros términos: ¿por qué no acuden a la enseñanza original sobre el matrimonio y hallan allí las respuestas a su discusión?

Jesús aseveró que la concesión legal de Moisés sobre el divorcio en Deuteronomio 24:1 no estuvo dada para justificar cualquier causa para repudiar a una esposa, sino que fue dada con un propósito específico de regular una mala práctica que los judíos de su tiempo llevaban a cabo pervirtiendo con esto la tierra que Dios les había dado por heredad, y todo esto por la dureza de su corazón.

Él les dijo: *"Por la dureza de vuestro corazón Moisés os permitió repudiar a vuestras mujeres; más al principio no fue así"* - Mateo 19:8. Con estas palabras, Jesús se dirige hacia el principio, donde aún hoy debemos hallar la instrucción para el matrimonio y las normas que debemos seguir. Pongamos atención a la declaración que el Hijo de Dios agrega a la ordenanza de Génesis: *"...por tanto, lo que Dios juntó, no lo separe el hombre"*. Mateo 19:6; Marcos 10:9.

CONCLUSIONES DIVINAS PARA NOSOTROS

Jesús recuerda que es Dios quien une y hace de dos uno

Con esta declaración anterior, Jesús agrega tres hechos importantes a nuestro entendimiento fundamental del matrimonio. Primeramente, podemos ver que Jesús declaró que en el momento en que Dios le entregó a Adán su mujer Eva, los unió para toda la vida. De hecho, no le dio a Adán otra opción.

En segundo lugar, declaró que en ese momento Dios puso un yugo sobre ambos, declarando que los que habían sido hasta ese día dos individuos ahora serían uno: *"...serán una sola carne"*, dando a entender que todo aquel que se une a una mujer se hace una sola carne con ella.

En tercer lugar, Jesús planteó esta verdad como doctrina fundamental nacida y creada en el huerto del Edén y como autoridad para el creyente de todos los tiempos, es por esto por lo que nosotros debemos defender siempre las enseñanzas originales sobre el tema del matrimonio.

Jesús recuerda que lo que Dios une es indisoluble a menos que Él lo disuelva

Jesús declara que según el punto de vista divino, el matrimonio es una unión que no puede ser disuelta por ningún hombre, solamente él, como Dios, puede determinar la separación de los cónyuges, como lo hizo por causa de las fornicaciones, dándole muerte al pecador (Lv. 20:10; Dt. 22:20-22), o como se establece en Mateo 5:32 y 19:9 dando opción, no un mandamiento, para romper el pacto por esta causa, dejando libre a la parte afectada, siempre y cuando la parte afectada obre en misericordia y amor.

Ningún tribunal humano o terrenal podrá disolver lo que Dios ha unido. Esto nos enseña que cualquier divorcio por una causa no bíblica es pecado y lleva a los que lo hacen a cometer adulterio en el caso de que se casen de nuevo.

Jesús dio a entender que solo la muerte, en el caso del Antiguo Testamento y la carta de divorcio por fornicación permitida por él en la cláusula de excepción de Mateo 5:32 y 19:9 podrán dar fin a la unión que Dios mismo ha declarado, ya que Él es el único que puede legislar con respecto al matrimonio.

Jesús recordó la soberanía de Dios en el tema

Como vemos en Mateo 19:6, Jesús recordó a los fariseos que era un acto de arrogancia, desafío y rebeldía a la inmutable y soberana voluntad de Dios, todo intento del hombre de separar lo que él ha unido tomando excusas humanas, sentimentales o emocionales para buscar un divorcio por cualquier causa o causas antibíblicas. Está claro que todo ser humano que atente contra la soberana voluntad de Dios, tendrá que sufrir en su propia vida las consecuencias de su desobediencia. Dios traerá a cada uno la retribución misma de su extravío y traerá serias consecuencias en la vida de aquellos que desobedecen.

Jesús recordó que la permanente fidelidad de ambos cónyuges es lo que desde el principio él ha decretado para el matrimonio y que todos los que estamos unidos en matrimonio debemos ser fieles al pacto hecho con nuestras esposas frente al Dios de los cielos, violar esto de manera injustificada es condenado por Dios (Mal. 2:15b-16).

A manera conclusiva podemos decir que la enseñanza de Jesús fue tan clara que por esto los mismos discípulos dijeron al oír su planteamiento: *"...Si así es la condición del hombre con su mujer, no conviene casarse"* (Mt. 19:10. Ellos ahora comprendían que para Dios la unión matrimonial era algo muy serio y que ellos no podrían seguir las enseñanzas humanas de quienes quisieran jugar con una institución tan seria y comprendieron que la fidelidad y la permanencia es lo que Dios desea de nosotros.

Hasta los discípulos creían que la responsabilidad de elegir una esposa era cosa simple, como muchos creen hoy, que no eligen conforme al consejo de Dios y cuando fracasan quieren que Dios les resuelva lo que ellos han cosechado de su misma siembra.

Está claro que, si alguien rechaza estas conclusiones por considerarlas fuera de sintonía en el mundo de hoy, sólo podemos citarle las palabras del Señor Jesús en Marcos 8:38 cuando declara: *"Porque el que se avergonzare de mí y de mis palabras en esta generación adúltera y pecadora, el hijo del hombre se avergonzará también de él, cuando venga en la gloria de su padre con los santos ángeles"*.

Si alguien está tratando de edificar la relación de amor en su vida matrimonial, o si está tratando de resolver los problemas de su vida conyugal, y aún admite la más leve posibilidad de divorcio bajo excusas humanas y no divinas, esto afectará adversamente sus esfuerzos de mantener su matrimonio unido para toda la vida. El hecho de retener la idea del divorcio por cualquier causa, en su vocabulario habitual, aun como la última opción, obstaculizará el esfuerzo total que de otro modo pudiera realizarse para salvar su matrimonio en cualquier crisis de su vida.

Considerar la opción de un divorcio anti bíblico sabotearía nuestros intentos de mejorar nuestra relación, manteniendo siempre una situación infeliz en nuestro hogar, es por esto que debemos apoyarnos en el amor de Dios, pues aunque en nuestros matrimonios, se den las causas justificadas por Dios para que demos carta de divorcio, debemos revestirnos de todo el amor de Dios y tratar de perdonar, siempre y cuando haya un deseo de arrepentimiento en el cónyuge pecador con el fin de no destruir esta unión, lo cual traería serias consecuencias.

El hecho de mantener el divorcio por cualquier causa, como una cláusula de escape en nuestra vida, indica una falla en nuestra dedicación del uno al otro, y una demostración de que lo que ha sido el diseño de Dios no es un éxito, sino un fracaso.

Las crudas estadísticas que citamos al inicio de este estudio se deben en parte al incesante esfuerzo de Satanás para socavar el hogar, la institución más valiosa de esta tierra ya que desde el Edén Satanás intentó traer desconfianza y desacuerdos en la pareja, presentándoles una opción distinta a la de Dios. Algunos dicen que si el matrimonio no funciona se podría siempre hacer otro intento, pero este consejo será siempre antibíblico, promovido por el sistema del mundo que está bajo la influencia misma de Satanás.

4

LA AMENAZA DEL DIVORCIO POR CUALQUIER CAUSA

Para continuar con el tema de si Dios permite o no el divorcio por cualquier causa, tenemos que apoyarnos sobre las bases del primer matrimonio dado en Génesis 2:23-24: *"Dijo entonces Adán: Esto es ahora hueso de mis huesos y carne de mi carne; ésta será llamada varona, porque del varón fue tomada. Por tanto, dejará el hombre a su padre y a su madre y se unirá a su mujer, y serán una sola carne"*.

Este pasaje establece el hecho de que Dios no tomó en cuenta el divorcio dentro de sus planes y propósitos para el matrimonio, ni tampoco proveyó salida alguna para cuando el matrimonio tuviera problemas, ya que dentro de este mandato están todas las reglas para que podamos salir adelante y logremos la felicidad plena. Cuando vienen los problemas al matrimonio es porque se ha violado uno de estos principios bíblicos y por tanto debemos aceptar las consecuencias provenientes de la desobediencia.

El pasaje citado contiene un mandato dado a Adán y a Eva, por tanto, a toda su descendencia, creyera o no en Dios, entendiendo que la institución del matrimonio fue dada desde el huerto del Edén y para todos los hombres que poblasen la tierra, descendientes de nuestros primeros padres. El matrimonio tiene que ser considerado por todos como una institución muy seria a la cual debemos de ir con todo el conocimiento de causa en cuanto a lo que se le demanda a cada cónyuge. Es penoso ver la ignorancia con que muchas parejas se presentan ante el altar, a hacerse toda clase de promesas sin tener el más mínimo concepto de la seriedad de este pacto.

LA INMUTABILIDAD DE DIOS

Su declaración

Si tomamos un poco de tiempo analizando las Sagradas Escrituras veremos lo que Dios ha declarado en cuanto a su inmutabilidad. Sólo en la Palabra de Dios podemos entender lo que significa este gran atributo de Dios. Podemos citar varios pasajes que nos hablan de este atributo:

- Números 23:19 - *"Dios no es hombre, para que mienta, ni hijo de hombre, para que se arrepienta (cambie). Él dijo, ¿Y no hará? Habló, ¿Y no ejecutará?"*
- Malaquías 3:6 - *"Porque yo Jehová no cambio".*
- Hebreos 6:17-18 - *"Por lo cual, queriendo mostrar más abundantemente a los herederos de la promesa la inmutabilidad de su consejo, interpuso juramento; para que por dos cosas inmutables, en las cuales es imposible que Dios mienta, tengamos un fortísimo consuelo los que hemos acudido para asirnos de la esperanza puesta delante de nosotros".*
- Hebreos 13:8 - *"Jesucristo es el mismo ayer, y hoy, y por los siglos".*
- Santiago 1:17 - *"Toda buena dádiva y todo don perfecto desciende de lo alto, del Padre de las luces, en el cual no hay mudanza, ni sombra de variación".*
- Salmos 33:11 - *"El consejo de Jehová permanecerá para siempre; los pensamientos de su corazón por todas las generaciones".*
- Salmos 119:89 - *"Para siempre, oh Jehová, permanece tu Palabra en los cielos".*

Todos los pasajes referidos nos declaran que Dios, al igual que su Palabra es inmutable, por tanto, también sus decretos son inmutables a menos que Él mismo sea el que los revoque o los cambie.

También a través del mismo Señor Jesucristo, quien es Dios encarnado, tenemos la corroboración de los decretos de Dios en cuanto al tema de la indisolubilidad del matrimonio.

Su intención

Tenemos que entender que la intención de Dios nunca ha sido variar o hacer ver como si Él hubiese variado sus propósitos. La única diferencia que podemos ver aquí es que en el período de la ley se les daba muerte a los fornicarios, porque el pueblo de Israel tenía potestad para ejecutar la ley civil, pero la iglesia no tiene esta potestad. La intención del Señor Jesucristo era que se entendiera que Dios juzgaba al pecador y dejaba libre a la parte inocente o contra la cual se pecaba, para que ésta tuviera la opción o no de rehacer su vida.

La intención primaria de Dios y su propósito en el huerto del Edén cuando el pecado no había sido cometido por el hombre, fue y es, que el matrimonio fuese para toda la vida, pero al venir el pecado, Dios estableció en la ley dada a su pueblo una única causa por la cual Él mismo aprobaba la disolución de un matrimonio. Dios fue drástico y demandó la muerte del que osara cometer pecado de fornicación (Lv. 20:10-17). De otra forma, no había permisibilidad para que el matrimonio se disolviera. El apóstol Pablo declaró por esto que su duración debe ser hasta que la muerte separe a los cónyuges (1 Co. 7:39; Ro. 7:2-3).

Debemos notar que el divorcio no es mencionado en la Biblia hasta mucho después de que la institución del matrimonio fuese dada, es ya, en el tiempo en que la ley fue entregada al pueblo de Israel cuando aparece la disolución del matrimonio por la aclamada "cosa indecente" y por la muerte de los que cometían algún pecado sexual. De hecho, el decálogo (Éx. 20:14 y 17); (Lv. 18:20) y (Lv. 20:10-17) nos da prohibiciones con respecto al adulterio y a las fornicaciones en sentido general y lo que había de hacerse con estos pecados. Ha pasado el tiempo y Dios no ha dado otra ley suplementaria que contradiga las que fueron dadas desde el principio por inspiración divina.

LA PERMISIBILIDAD DE DIOS HOY

La permisibilidad de Dios y los israelitas.

Como pudimos ver en el punto anterior, Deuteronomio 24:1-4 fue dado para regular el desorden que se había suscitado dentro del pueblo de Dios con respecto al matrimonio y la separación de los cónyuges. Vimos que Dios permitió, pero no aprobó ni ordenó el divorcio, sino que es Moisés que tiene que legislar para poner en orden el desorden imperante, declarando inclusive en este pasaje que lo importante era que cuando se diese esa "cosa indecente" por la cual se permitió repudiar a una mujer la noche de bodas, el repudiador no podía luego venir a casarse nuevamente con la repudiada, si ésta había sido ya tomada por otro hombre.

Este no fue el deseo de Dios, ni de Moisés, pero por causa de la dureza de corazón de los israelitas, Dios permitió esta regulación solo bajo causa de haber hallado en una mujer la llamada "cosa indecente" antes de la consumación del matrimonio, estos hombres podían despedirla y darle carta de divorcio (Dt. 24:1-4). Es bueno aclarar que aquí no se refiere al pecado sexual antes del matrimonio, pues este pecado se trataba con la muerte (Dt. 22:20).

Recordemos esto con claridad. Moisés no ordenó esto. Dios tampoco ordenó nada en la ley sobre esta causa de divorcio. Por la dureza del corazón del pueblo lo hicieron y Moisés tuvo que legislar para poner orden en esta situación. Asimismo, estaban las cosas en el tiempo de Jesús, tomaban la regulación de Moisés para divorciarse por cualquier causa. Pero el Señor Jesucristo habló claro y declaró que sólo "la fornicación" era causa permitida por Dios para la disolución del contrato matrimonial y la opción de un nuevo matrimonio de parte del cónyuge inocente (Mt. 5:32 y 19:9).

La permisibilidad de Dios y los creyentes

Al creyente se le demanda a andar en la voluntad perfecta de Dios (Ro. 12:1-2), y no en la voluntad permisiva. Es por esto por lo que nosotros no podemos ir más allá de lo que Dios ha establecido, ni tampoco podemos contradecir lo que él y solo Él ha decretado para el hombre.

La seriedad del matrimonio es algo indiscutible. Es por esta causa que todas las epístolas son claras con respecto a la orden del matrimonio y de su indisolubilidad por cualquier causa. El apóstol Pablo establece por inspiración de Dios que este debe durar "*hasta que la muerte los separe*" (Ro. 7:2; 1 Co. 7:39). Dios no concibe dureza de corazón en los creyentes, porque la dureza de corazón viene por el pecado (He. 3:12-13), y por no hacer la voluntad perfecta de Dios.

La permisibilidad de Dios y la iglesia

La iglesia es la novia de Cristo y debe permanecer pura y limpia porque Él la compró y la limpió con su sangre. De la misma manera se nos llama a ser fieles a la unión matrimonial en Efesios 5:25-27. Jesús permanece fiel y no ha tomado otra esposa a causa de nuestras infidelidades, esto debe motivarnos por un lado a ser fieles a nuestros cónyuges, apoyados en el ejemplo que nos da Jesús, y, por otro lado, si nos tocase manejar un caso de infidelidad, también podemos apoyarnos en el ejemplo de Cristo, tal y como dice en 2 Timoteo 2:13 que él permanece fiel aun cuando fuésemos infieles.

Lo que queremos destacar con esto es el hecho de que todo cristiano debe ser fiel a su cónyuge y que debe amarlo, así como

Cristo ama a su iglesia y que aun cuando se presente un caso de pecado sexual, el cónyuge contra el cual se ha pecado debe buscar la manera de lograr con mansedumbre el arrepentimiento de su pareja y concederle el perdón y analizar las causas por las cuales su pareja cometió tal pecado y hacer lo posible por defender su matrimonio.

Ambos deben permanecer fieles en cuanto a su relación de pareja, ya que el mismo Jesús lo ilustra en su relación con la iglesia y aún Dios lo plantea así en la ilustración que se utiliza en el Antiguo Testamento, en cuanto a lo que Dios pidió al profeta Oseas para con Gomer su mujer. Aunque entendamos que tenemos la opción de disolver nuestro matrimonio por causa del pecado de "fornicación" debemos pensar antes de esto en procurar el arrepentimiento y el perdón. Debemos luchar hasta que ya sea imposible al encontrarnos con un cónyuge infiel impenitente que decida irse y casarse con otra u otro, según sea el caso.

LA CLÁUSULA DE EXCEPCIÓN

Definiciones importantes:

- **Fornicación** *(porneia)*: Define todo uso ilegítimo del sexo, tanto de los solteros como de los casados. Se entiende igualmente que si el que comete este pecado es casado, la fornicación también implica adulterio, así como sería un incesto si la relación fuese entre familiares muy próximos en consanguinidad.
- **Adulterio** *(moiqueia)*: Implica infidelidad en contra del matrimonio, pecado que para cometerlo tenemos que haber incurrido en el pecado de codicia y lascivia (Mt. 5:28) o pecado de fornicación en el caso de un adulterio donde haya contacto sexual.

Para hacer una buena exégesis debemos tener en cuenta el significado real de las palabras que aparecen en nuestro texto.

Cuando leemos en Mateo 5:32 y 19:9 las palabras del Señor Jesucristo vemos lo siguiente: *"Pero yo os digo que el que repudia a su mujer, a no ser por causa de fornicación, hace que ella adultere; y el que se casa con la repudiada, comete adulterio"* (Versión Reina Valera 1960) o *"Entonces les digo que si un hombre se divorcia de su esposa y se casa con otra mujer, es culpable de cometer adulterio. La única razón para que un hombre se divorcie y se case de nuevo es en caso de pecado sexual"*. (Versión de la Liga Bíblica Mundial 2005).

Podemos ver en la Palabra de Dios, que la palabra "fornicación" tanto en el Antiguo Testamento como en el Nuevo Testamento, define primariamente el pecado sexual entre solteros, pero también define todo tipo de pecado donde se utiliza el sexo ilegítimamente. Por ejemplo, tenemos el caso de:

- Jeremías 3:8-14 donde la palabra fornicación se refiere al adulterio.
- 1 Corintios 5:1 donde la palabra fornicación se refiere al pecado de adulterio y al pecado de incesto.
- 1 Corintios 10:8 donde evidentemente fornicación se refiere a uso ilegítimo del sexo de solteros y casados, pues fueron 24,000 soldados los que murieron en esta ocasión por cometer pecado de fornicación y dentro de los cuales había solteros y casados (Núm. 25:1).
- Judas 7 donde la palabra fornicación se refiere al acto sexual entre personas homosexuales.

Es por esto, que en esta cláusula de excepción dada por el mismo Señor Jesucristo debemos traducir la palabra "fornicación" como cualquier tipo de acto sexual ilícito, como la única causa establecida por Dios para la separación o anulación del pacto matrimonial, ya que el adulterio, como el incesto, la sodomía, el bestialismo y cualquier otro pecado sexual, entran en la gama de pecados definidos por esta palabra (ver Levítico 20). Estos eran los pecados que traían como juicio la muerte y por tanto la rotura del pacto matrimonial.

Jesús y la declaración hecha

Ya hemos visto, por medio de un estudio pormenorizado de la palabra "fornicación" *"porneia"*, que esta incluye el pecado sexual entre solteros de manera particular y también define todos los pecados sexuales cuando es utilizada de manera general. Por otro lado, vemos que la palabra adulterio es utilizada de manera particular para definir el pecado de infidelidad dentro del matrimonio. Mateo 15:19; Marcos 7:21; 1 Corintios 6:9; Gálatas 5:19; Hebreos 13:4 y otros utilizan las palabras fornicación y adulterio de forma particular. Pero Mateo 5:32; 19:9; 1 Corintios 5:1, 11; 6:18; 7:2 y 10:8; Judas 7; 1 Tesalonicenses 4:3 y otros utilizan la palabra fornicación de manera general.

Como hemos podido comprobar, la palabra fornicación es definida en su forma particular solamente en los casos en que aparece en la misma lista de pecados junto con la palabra adulterio, de lo contrario debemos entender, que cuando la palabra fornicación se utiliza para identificar por sí sola el pecado del uso ilícito del sexo, esta incluye también el adulterio.

Otro detalle que debemos de tener en cuenta es el hecho de que la palabra adulterio por si sola se refiere tan solamente al pecado de infidelidad matrimonial, por tanto, si el Señor hubiese utilizado en la cláusula de excepción esta palabra, hubiese excluido los demás pecados sexuales que abarca la palabra fornicación en su uso más amplio, es por tanto que la palabra adecuada en la cláusula era la palabra fornicación, con lo cual armoniza con todos los pecados condenados en Levítico 20.

El castigo de ambos pecados

En Deuteronomio 22:19-21, se declara que la fornicación era enjuiciada y castigada con la muerte y en Levítico 20:10-17 también se declara que tanto los pecados de fornicación, incluyendo el de adulterio, incesto, bestialismo, homosexualismo, etc. se castigaban también con la muerte.

El propósito de Dios al legislar de esta manera estos pecados era limpiar al pueblo de Israel de toda abominación. Al mismo tiempo, en el caso de adulterio por cualquier tipo de pecado sexual o fornicación, se dejaba a la esposa o esposo contra el cual se cometía tal pecado, libre de responsabilidad en el pacto matrimonial y por tanto con la opción de volver a casarse, ya que la fornicación rompía la unión matrimonial por haberse hecho el fornicario una sola carne con él o la que haya cometido el pecado sexual (recordar 1 Corintios 6:16).

Como hemos dicho anteriormente y vemos en el texto, Dios le dio a Israel la autorización de ejercer la ley civil, por tanto, cuando estos pecados eran cometidos, entonces el pueblo tenía el derecho de apedrear hasta la muerte a los pecadores. El mismo Jesús en Juan 8:5 con respecto a la mujer adúltera aceptó el juicio de la ley, aunque en este momento Jesús dio una lección de que ninguno era digno de juzgarla porque todos los que la juzgaban también eran pecadores y dignos de ser apedreados, aunque no por esto Jesús estaba desaprobando la ley. En el caso de la iglesia hemos visto que Jesús da el mismo tratamiento, solamente que no podemos matar a los pecadores, porque la iglesia no puede ejercer la ley civil.

En este capítulo se ha hecho un análisis libre de prejuicios y opiniones, hemos querido concentrarnos en el significado de la palabra fornicación, para entender el mandato y el propósito del Señor Jesucristo al declarar lo que dijo en Mateo 5:32 y 19:9. No obstante, debemos dejar claro que Dios diseñó el matrimonio para que perdurase para toda la vida, por otro lado hemos visto que de acuerdo a lo que Él ordenó en la ley y lo que plantea el Señor

Jesucristo en estas porciones bíblicas, sigue aborreciendo el repudio (Mal. 2:16), no obstante lo consideró necesario para juzgar a los pecadores impenitentes. Hubiésemos deseado que el pecado no existiera y que estas cláusulas no hubiesen sido reveladas, pero siendo objetivos e imparciales con lo revelado en la Palabra, esto es lo que declaró Dios.

5

LA OPINIÓN DE DIOS SOBRE EL DIVORCIO Y EL NUEVO MATRIMONIO

Tomando en cuenta las normas de hermenéutica debemos tener claro lo siguiente:

- Cada pasaje debe ser interpretado dependiendo de su contexto inmediato y de su pasaje paralelo.
- Cada pasaje debe interpretarse a la luz de las doctrinas básicas de la Biblia y en caso de pasajes problemáticos debemos cotejarlos a las doctrinas ya establecidas.
- Cada pasaje debe ser visto a la luz de su contexto histórico y tomando en cuenta las costumbres del momento.

Ya hemos establecido que Dios aborrece el divorcio (Mal. 2:16) y que sólo bajo la permisibilidad de Moisés en el período de la ley, o más bien para el pueblo de Israel se le permitió dar carta de divorcio bajo circunstancias específicas establecidas en Deuteronomio 24 las cuales fueron permitidas sólo por la dureza de corazón de los israelitas al no querer optar por conceder perdón a la que cada uno había tomado como esposa, en caso de haber hallado en ella alguna cosa indecente, lo cual no puede ser fornicación, pues las fornicaciones se juzgaban con la muerte (Lv. 20:10-17).

Es importante que hagamos un análisis en esta ocasión de las aludidas permisibilidades de Dios en el Nuevo Testamento para establecer una causa legítima para el divorcio y el nuevo matrimonio. Estos pasajes son:

Mateo 5:32 y 19:9.
Por causa de fornicación: A partir del significado del pecado de fornicación en estos textos, como todo pecado que incluya el uso ilegítimo del sexo, dentro del cual se haya el adulterio, el incesto, el bestialismo, la homosexualidad y todos los pecados sexuales juzgados en Levítico 20:10-17.

2 Corintios 5:17.
Por causa de que el pecador que ha venido a Cristo divorciado, si su divorcio fue por causa de fornicación de parte de su cónyuge, o su cónyuge ha contraído nuevo matrimonio rompiendo así el vínculo matrimonial y no haya la posibilidad de reconciliación.

1 Corintios 7:15.
Por haber sido abandonado por causa del Evangelio, siempre y cuando el cónyuge además haya contraído matrimonio con otra persona, anulando así su pacto matrimonial con el abandonado, al cometer pecado de fornicación y por tanto de adulterio.

DIVORCIO Y NUEVO MATRIMONIO POR CAUSA DE FORNICACIÓN

Las palabras de Jesús

Como podemos ver en Mateo 5:32 y 19:9 Jesús hizo el siguiente planteamiento: *"Y yo os digo que cualquiera que repudia a su mujer, salvo por causa de fornicación, y se casa con otra, adultera; y el que se casa con la repudiada, adultera"*. En estos dos versículos Jesús declara cuál es su posición y cuál es su determinación con respecto a lo que debe ser aprobado o no en un matrimonio que se vea afectado por el pecado de fornicación.

La declaración manifestada por Jesús en ambos textos, no son más que producto de la inspiración del Espíritu Santo, recopilada por el evangelista Mateo en cuanto a lo que era el pensamiento de nuestro Señor Jesucristo.

Es interesante recordar aquí que lo único que está haciendo el Señor Jesucristo es declarar la posibilidad de anulación del pacto matrimonial por las mismas causas por las cuales se anulaba este pacto en el Antiguo Testamento, como lo vemos que ocurre en Levítico 20 y de manera espiritual se utiliza como causa de repudio dado por Dios a Israel al haber fornicado con dioses ajenos (Jer. 3:8).

El pecado de fornicación

Fornicación, como vimos en el capítulo anterior se traduce en el Nuevo Testamento como cualquier acto de inmoralidad sexual o uso ilegítimo del sexo y cuando el acto sexual ilícito involucra a una persona casada, el pecado de fornicación *(porneia)* incluye también el pecado de adulterio *(moiqueia)*.

Con este mismo sentido se utilizó esta palabra en el Antiguo Testamento, ya que donde se usa el término para hablarnos del pecado de fornicación espiritual cometido por la nación de Israel y la de Judá en contra de Dios, se utiliza la palabra adulterio por cuanto fueron infieles al pacto que Dios había hecho con ellas, lo que motivó que Dios le diera carta de repudio (Jer. 3:8).

Como podemos ver en Jeremías 3:9, Dios dice: *"Y sucedió que por juzgar ella cosa liviana su fornicación, la tierra fue contaminada, y adulteró con la piedra y con el leño".* Es bueno notar que esta fornicación ocurrió dentro del contexto en que Dios considera a la nación de Israel como su esposa, como dice Jeremías 3:14. Dios manifiesta su deseo de que ella dejara su pecado de fornicación: *"Convertíos, hijos rebeldes, dice Jehová, porque yo soy vuestro esposo"*.

La carta de repudio y el nuevo matrimonio

El Señor Jesucristo solamente nos dejó una sola forma dentro de la cual una persona casada pudiese dar carta de divorcio y no cometer pecado de desobediencia, permitiendo con esto, de acuerdo con el texto en cuestión, una sola manera por la cual el cónyuge que repudia podía volver a contraer matrimonio sin cometer pecado de adulterio.

Volviendo a citar el texto vemos que Jesús dice: *"Y yo os digo que cualquiera que repudia a su mujer, salvo por causa de fornicación, y se casa con otra, adultera; y el que se casa con la repudiada, adultera"*, (Mt. 19:9). Lo establecido por Jesús también da lugar a la parte inocente la opción de contraer un nuevo matrimonio.

El planteamiento está dado claramente y sin prejuicio, en la medida en que entendamos lo que nuestro Señor Jesucristo declaró en el texto. Parafraseando el pasaje podemos decir que, cualquiera que repudia a su mujer por causa de fornicación y se casa con otra, no adultera; y el que se casa con la repudiada, adultera, entendiendo que el pecado de fornicación y en este caso también de adulterio o infidelidad, anula el contrato matrimonial y el cónyuge inocente queda libre para volver a casarse sin cometer pecado de adulterio.

DIVORCIO Y NUEVO MATRIMONIO POR HABER VENIDO A CRISTO DIVORCIADO

Si alguno está en Cristo nueva criatura es

Por medio de esta porción de la Escritura se ha querido justificar el hecho de que una persona que viene a Cristo divorciada puede tener la oportunidad de volver a casarse con un creyente, ahora que ha nacido de nuevo, no importando la causa de su divorcio.

Como podemos ver esta alegada permisibilidad está fundamentada en 2 Corintios 5:17, texto en el cual el apóstol Pablo habla del carácter del nuevo creyente y su actitud frente a Cristo y el pecado pasado. Como podemos notar, este texto no tiene ningún asidero para que podamos justificar ese divorcio y mucho menos para justificar un nuevo matrimonio.

Es cierto que, si vino a Cristo divorciado y re-casado, todos sus pecados son perdonados y este debe quedar en el estado en que vino a conversión, pero si vino divorciado, a menos que su divorcio no haya sido estrictamente porque su cónyuge haya fornicado o su cónyuge se haya vuelto a casar o esté en fornicación, este no puede volverse a casar porque cometería un pecado de adulterio.

La intención del pasaje

Este texto no tiene ningún contexto que haga alusión al matrimonio y al divorcio, el cual no puede ser disuelto por el hecho de venir a Cristo; ya que hemos establecido que el matrimonio es una institución hecha desde el principio de la creación, en el huerto del Edén, para todos los matrimonios y hasta que la muerte los separe.

El matrimonio no es una institución que nace con el cristianismo, sino por una orden Divina en el principio de la creación. Por tanto, los incrédulos, así como los creyentes actuales que hayan contraído matrimonio antes de Cristo, tienen que saber que esto es y será una unión delante de Dios que debe ser indisoluble a menos que no entre dentro de la cláusula de excepción.

Debemos dejar claro que la intención del pasaje en cuestión no es de ninguna manera establecer ninguna permisibilidad para que podamos justificar un divorcio y mucho menos un nuevo matrimonio, ya que el apóstol Pablo lo que nos desea mostrar aquí es el hecho de que todo aquel que está en Cristo debe ser una nueva criatura con respecto a su carácter y a su testimonio de vida.

En el estado en que fue llamado en él se quede

En este caso debemos traer a colación el versículo clave de 1 Corintios 7 que dice (v. 20) *"Cada uno en el estado en que fue llamado, en él se quede"*. La recomendación de Pablo para estos casos está dada también en 1 Corintios 7:10-11 y 24, textos que sí tienen como contexto el matrimonio y sus recomendaciones. La correcta interpretación de estos textos contradice la mala interpretación de 2 Corintios 5:17 ya que Pablo nunca ha recomendado el recasamiento, sólo lo ha hecho dentro de la posibilidad de que su cónyuge muera.

Algunos se preguntarán ¿por qué los que vienen a Cristo divorciados no se pueden volver a casar a menos que su divorcio no haya sido por fornicación, o tienen que regresar a su mujer y los que vienen ya casados en segundas nupcias pueden seguir casados con la segunda esposa? La respuesta está en 1 Corintios 7:20, 24. Pues tenemos que entender que Dios es el que llama y el momento de la salvación, según Romanos 9:16 depende de Él cuando dice: *"Así que no depende del que quiere ni del que corre, sino de Dios, que tiene misericordia"*.

Él sabe por qué llama a uno en un estado y a otro en otro estado; el asunto es que nosotros aceptemos las consecuencias como aceptamos el perdón de Dios. Es cierto que hay perdón; pero hay que correr hacia la meta con la consecuencia de nuestro pecado y siendo responsables de lo que ha sido el resultado de nuestros hechos. El hombre, hace desastres, se convierte y luego quiere que Dios deshaga todo lo que ha hecho. Debemos arreglar nuestro problema con Dios y a la vez ser responsables de la consecuencia de nuestros pecados.

DIVORCIO Y NUEVO MATRIMONIO POR SER ABANDONADO POR CAUSA DEL EVANGELIO

El impío que no desea vivir con el creyente

El texto en cuestión es 1 Corintios 7:15 donde dice el apóstol Pablo: *"Pero si el incrédulo se separa, sepárese; pues no está el hermano o la hermana sujeto a servidumbre en semejante caso, sino que a paz nos llamó Dios"*. Este texto nos declara que cuando un incrédulo decide poner carta de divorcio o separarse de su esposa o esposo, por causa del evangelio esta o este no debe oponerse a ello, sino dejarlo con su decisión.

Cuando esto sucede, la esposa o esposo cristiano debe saber que el texto le da oportunidad para la separación, pero no está dando oportunidad para un nuevo casamiento y más cuando el mismo apóstol en unos versos anteriores (vv. 10-11) declara: *"Pero a los que están unidos en matrimonio, mando no yo, sino el Señor: Que la mujer no se separe del marido; y si se separa quédese sin casar, o reconcíliese con su marido; y que el marido no abandone a su mujer"*.

No obstante, se argumenta aquí, tratando de abrir la puerta para unas segundas nupcias, que la palabra griega *Cörizö* que se traduce como separar, es la misma palabra utilizada por Jesús en Mateo 19:6 y que esta da la idea de libertad para un nuevo casamiento.

La recomendación para los creyentes con cónyuges incrédulos

Debemos insistir aquí que el estándar de Dios es que el matrimonio sea para toda la vida y aun cuando tengamos cualquier tipo de problemas debemos luchar para preservar esta unión, más cuando sabemos todo lo que implica una separación.

De acuerdo con la recomendación dada por el apóstol Pedro en 1 Pedro 3:1-7 se nos enseña cuál debe ser la actitud de los cónyuges creyentes frente a sus parejas incrédulas. Es este pasaje de la escritura está la clave para luchar por un matrimonio mixto desde el punto de vista espiritual.

Es, por tanto, propicio que en estos casos tomemos estas recomendaciones y que cuando nos veamos en la posición de 1 Corintios 7:15 digamos: ¿Podríamos decir como creyentes que hemos actuado conforme a 1 Pedro 3:1-7 todos los días para preservar nuestro matrimonio? Existen casos en que hermanas dicen que sus maridos las han abandonado por Cristo, pero al analizar a fondo el conflicto, vemos que en este matrimonio la persona creyente no ha actuado como tal, cumpliendo con su deber conyugal; luego el impío la abandona, esto no es por causa del evangelio, sino por la consecuencia de su actitud antibíblica y desobediente. Aunque si sabemos que ocurren casos como el que la Palabra menciona.

Opte por ejercer misericordia

Vamos a suponer que estamos frente a una mujer intachable ¿Cuál es la recomendación de Pablo en 1 Corintios 7:10-16? en el versículo 15 dice: *"sepárese"*, pero en ningún momento da lugar o dice que puede contraer matrimonio de nuevo; ya que el contexto aboga por una unión hasta que la muerte los separe (7:39), o a reconciliarse con su marido (7:10-11). A menos que este no se case de nuevo y rompa así el pacto del matrimonio. En tal caso se aplicará Mateo 19:9.

Un cónyuge creyente, en ninguna circunstancia debe proponer ni siquiera hablar de la palabra divorcio. Recuerde que usted escogió ese hombre o en el caso de un hermano, a esa mujer, y debe aceptar la consecuencia de su elección.

Un cónyuge creyente debe cumplir con las demandas del matrimonio no importando si su pareja es creyente o no. Debemos recordar que las reglas bíblicas son para todos y las consecuencias que conlleva de haber escogido pareja es responsabilidad nuestra. Por tanto, debemos ejercer misericordia y esperar en Dios.

Para concluir este capítulo debemos dejar claro después de haber hecho este análisis que la Palabra de Dios solamente nos presenta dos cláusulas permitidas por Dios para que pueda haber una separación. La primera es la encontrada en Mateo 5:32 y 19:9 y la segunda es la que se plantea en 1 Corintios 7:15 en el caso de que el incrédulo sea el que ponga el divorcio.

Debemos dejar claro que en la única parte donde Dios no se opone al nuevo matrimonio es en el caso de que el divorcio haya sido por causa de fornicación o cuando el cónyuge se haya casado o esté practicando el pecado de fornicación.

Debemos preservar lo que Dios desea y ordena, recordemos que el parámetro de Dios es que el matrimonio sea para toda la vida, aun cuando tengamos un caso que aplique a las cláusulas de excepción, debemos esperar y ejercer misericordia hasta que ya no haya remedio. Si esta es nuestra actitud, Dios nos bendecirá.

62 - Una familia bajo la Cruz

.

6

LOS MATRIMONIOS MIXTOS

Llamamos "matrimonios mixtos" a la unión de aquellos cónyuges que se unen en yugo desigual siendo uno creyente en Cristo y el otro no, y a los matrimonios donde uno de los dos cónyuges habiéndose casado los dos siendo incrédulos, uno se convierte a Cristo y el otro permanece en incredulidad. Para tratar este tema vamos a considerar pasajes como 1 Corintios 7, 2 Corintios 6:14-18 y 1 Pedro 3:1, los cuales nos dan la respuesta de Dios al tema de los que aquí estamos denominando matrimonios mixtos, matrimonios donde la responsabilidad mayor caerá indefectiblemente en el cónyuge cristiano.

La cantidad de casos de parejas que van al matrimonio con el desconocimiento sobre el tema sobre el yugo desigual es elevada. Muchos son los que deciden unirse con una persona no creyente sin tomar en cuenta todo cuanto conlleva esta decisión y luego están sufriendo las consecuencias. Igualmente hemos oído a muchos otros pidiendo que los busquemos en la Biblia la manera cómo puedan disolver sus matrimonios por el hecho de que uno de los dos no es un cristiano y olvidan que el matrimonio es una institución divina que demanda permanencia, aunque ambos cónyuges sean creyentes o no.

Recordemos los tres elementos básicos para que un matrimonio sea constituido como tal:
1. Consentimiento mutuo y de los padres.
2. Aval público y contrato matrimonial.
3. Consumación física entre la pareja.

La mayoría de los casos que vemos en la Iglesia corresponden a parejas que han llegado a Cristo ya casados y que no se convierten los dos al mismo tiempo, y aunque en estos casos hay esperanza de que el incrédulo se convierta, no siempre es así y se sufre la misma consecuencia de creyentes que deliberadamente se unen en yugo desigual con un incrédulo.

La historia misma da testimonio de lo que Dios le declaró a su pueblo Israel para que no permitiera la unión de su pueblo (los creyentes) con pueblos paganos (no creyentes). Un ejemplo de esto es el reclamo que hizo Nehemías al pueblo de Israel cuando vino la restauración luego del cautiverio babilónico. Nehemías 13:23-25 nos dice: *"Vi asimismo en aquellos días a judíos que habían tomado mujeres de Asdod, amonitas, y moabitas; y la mitad de sus hijos hablaban la lengua de Asdod, porque no sabían hablar judaico, sino que hablaban conforme a la lengua de cada pueblo. Y reñí con ellos, y los maldije, y herí a algunos de ellos, y les arranqué los cabellos, y les hice jurar, diciendo: No daréis vuestras hijas a sus hijos, y no tomaréis de sus hijas para vuestros hijos, ni para vosotros mismos"*.

Dios desea de manera expresa que todo creyente sea unido en matrimonio con otro creyente. Estemos claros que Dios no tomará por inocente a aquel que conociendo las Escrituras no se somete a su diseño.

DIOS PROHIBE EL UNIRSE EN YUGO DESIGUAL

El matrimonio implica un yugo

Un yugo es un instrumento para unir a dos bueyes o mulas en una yunta, formado por una pieza alargada de madera con dos arcos que se ajustan a la cabeza o el cuello de los animales y que, sujeta a la lanza de un carro o el timón de un arado, permite que tiren de ellos. Dios utiliza este elemento como ilustración para aquellos que están unidos en matrimonio, pero para muchos, este concepto carece de significado por el simple hecho de que el matrimonio es solo una decisión temporal para ver si funciona.

El yugo implica una unión inseparable que demanda sometimiento al deseo de la otra persona. En el caso de los animales, aunque no quisieran, tienen que estar unidos y obedecer a aquel que los unió. El yugo demanda, asimismo, obediencia al más fuerte y por tanto sometimiento del más débil al deseo del más fuerte. Es por esta causa que Dios recomienda (insta, exhorta, exige) a su pueblo a tener mucho cuidado al elegir con quien un creyente debería casarse, porque la desobediencia a este consejo de Dios traerá consecuencias funestas y muchos conflictos.

Dios y el mandamiento del yugo

En Génesis 2:24 Dios establece el primer yugo demandando que la pareja debe permanecer unida para siempre en una relación íntima, como la que Cristo tiene con su iglesia, situación que se torna muy difícil cuando uno de los dos no es creyente.

Este mandamiento fue dado por Dios para todos los hombres, y, por tanto, incluye a los matrimonios que son creyentes como también los que están formados por un creyente y un incrédulo. Dios no concibe, como hemos establecido anteriormente, una unión que no sea sostenida hasta que la muerte los separe. Cuando Dios dice que debemos permanecer unidos, está diciendo que no debemos buscar ningún tipo de argumento o acción para separarnos.

La prohibición al yugo desigual

Dios prohíbe hasta a los animales que han de trabajar juntos o enyugados a ser unidos en yugo desigual, Deuteronomio 22:10 nos dice: *"No ararás con buey y con asno juntamente"*, ¡cuánto más les demanda a sus hijos no unirse en yugo desigual con los incrédulos! 2 Corintios 6:14 nos dice: *"No os unáis en yugo desigual con los incrédulos; porque ¿qué compañerismo tiene la justicia con la injusticia? ¿Y qué comunión la luz con las tinieblas?"*

Por encima de este mandamiento, permanece el primer mandamiento: "Lo que Dios unió no lo separe el hombre", y claro también dice: *"El hombre dejará a su padre y su madre y se unirá a su mujer y los dos serán una sola carne".* Está claro entonces que Dios demanda al creyente no unirse en yugo desigual con el incrédulo, por tanto, queda preestablecido que aquel que se una en matrimonio en yugo desigual tendrá que permanecer unido con el incrédulo hasta que la muerte los separe; como explicaremos más adelante a partir de 1 Corintios 7.

LA DESOBEDIENCIA AL MANDAMIENTO

La desobediencia antes de Cristo

Generalmente hay una tendencia a justificar el deseo de divorcio o de separación tomando en cuenta el argumento de que esta unión fue antes de Cristo, pero sabemos, y ya dejamos establecido que la institución del matrimonio es para todos los hombres, sean creyentes o no.

Cuando dos incrédulos se unen sin conocer cuál es la voluntad de Dios para que un matrimonio sea bendecido y siendo ignorantes de los principios que Dios ha establecido para que les vaya bien, se precipitan a un seguro fracaso o a una vida llena de sufrimientos y conflictos innecesarios, pero a pesar de lo conflictivo que pueda ser la relación, su matrimonio es válido ante Dios.

Nos podemos preguntar, ¿por qué sufren tanto los incrédulos y aún los creyentes cuando forman un matrimonio en yugo desigual? Amós 3:3 nos da la respuesta haciéndonos otra pregunta: *"¿Andarán dos juntos, si no estuviesen de acuerdo?".* Sabemos que la respuesta obvia es no.

La desobediencia y sus consecuencias al venir a Cristo.

No todos tenemos la bendición de conocer a Cristo al mismo tiempo, por lo que, si uno de los cónyuges se convierte primero, este va a enfrentar las consecuencias de convivir con alguien que va hacia otra dirección, que tiene otro pensamiento.

Este creyente recién convertido comenzará a enfrentar conflictos al experimentar la mente de Cristo y ser una nueva criatura, creado para buenas obras. Su deseo será amar y servir al Señor y a su cónyuge le parecerá extraño que ya no corra hacia su misma dirección, ya que el hombre natural no percibe las cosas que son del Espíritu de Dios, porque para él son locura, y no las puede entender, porque se han de discernir espiritualmente (2 Co. 2:14).

Evidentemente que ya no estarán de acuerdo y habrá tremendos conflictos que llevarán al creyente a derramar muchas lágrimas por causa de esta convivencia desigual.

La obediencia en el yugo desigual

La obediencia a Cristo de acuerdo con Romanos 12:1-2 serán incomprensibles para el cónyuge incrédulo ya que este no tiene la mente de Cristo y sobrevendrá un conflicto natural en la pareja, es por esto por lo que el cónyuge incrédulo se convertirá en estorbo para que el creyente persiga las demandas espirituales y crezca en la fe, las cuales al incrédulo no le importan en lo más mínimo.

Es seguro que el conflicto se acrecentará más cuando el incrédulo exija al creyente participar en acciones pecaminosas, principalmente cuando él diga: "Para mí eso no es nada", sabiendo el creyente que esto implica pecado o no agrada a Dios. Ciertamente el creyente unido así va a experimentar mucha tristeza las cuales Dios quiere evitar al aconsejarnos que no nos unamos en yugo desigual.

REGULANDO UN MATRIMONIO MIXTO

La permanencia del matrimonio

Seguimos reafirmando que todo matrimonio, sean de personas creyentes o incrédulos, y aun los mixtos, luego de consumado debe permanecer unido hasta la muerte (1 Co. 7:10-15).

La razón por la cual el apóstol Pablo nos da este consejo, inspirado por el Espíritu Santo, es lograr la santificación del cónyuge incrédulo, ya que al permitir este el desarrollo de la fe de su cónyuge creyente, esta fe puesta en práctica irá afectando su conducta, y puede tener la oportunidad de venir a Cristo (1 Co. 7:16).

Para que esto suceda, el creyente debe tomar una actitud bíblica y un testimonio fiel para lograr que su cónyuge crea en la obra de Cristo como dice 1 Pedro 3:1-8, entendiendo que esta conducta intachable será más importante que mil palabras.

Una separación involuntaria

El apóstol Pablo regula aquellos casos en que el cónyuge incrédulo decide separarse del creyente, en 1 Corintios 7:15 dice: *"Pero si el incrédulo se separa, sepárese; pues no está el hermano o la hermana sujeto a servidumbre en semejante caso, sino que a paz nos llamó Dios".*

Aquí vemos que el cónyuge sí ha cumplido con la Palabra de Dios y aun así el incrédulo decide separarse por causa de la fe (debemos estar seguros de que no es por mal testimonio) entonces el creyente debe dejarle el paso libre.

Este versículo no da lugar a un nuevo matrimonio, sino a libertad del cónyuge creyente para vivir su vida espiritual sin estorbo. Ahora bien, bajo el principio de Mateo 19:9, si el cónyuge incrédulo se casa con otra u otro según el caso, el creyente tiene libertad para rehacer su vida y casarse en el Señor.

Una regulación final para los que vienen a Cristo casados por segunda vez o divorciados

La Palabra es completa en toda su extensión y sabemos que para Dios no hay imprevistos. Dios mismo nos da en su Palabra las normativas para aquellos que han venido a Cristo casados o en alguna otra situación de unión marital.

En 1 Corintios 7:20 y 24 el apóstol Pablo declara el consejo para un creyente con respecto a su estatus social en el momento en que viene a Cristo. Dios es el que llama y sabe cuál es la situación en que se encuentra cada persona que viene a salvación.

- Cada persona debe permanecer en el estado que ha sido llamado porque por algo Dios lo llamó así. Recordemos que el contexto de 1 Corintios 7:20 y 24 se refiere a la regulación de aquellos que han contraído matrimonio o han venido a Cristo separados.
- Si alguien se ha divorciado y vuelto a casar y viene a Cristo, mantenga su segundo o tercer matrimonio y cumpla con su responsabilidad de creyente especialmente de padre o madre, si ha tenido hijos en los matrimonios anteriores.
- Si ha venido a Cristo divorciado y sin casar; trate de reconciliarse con su cónyuge, o quedarse en su estado de soltería, si se ha casado tendrá la oportunidad, siempre que sea en Cristo, de volverse a casar, ya que su cónyuge rompió el pacto de matrimonio con usted el día que se casó con otra persona (Mt. 19:9).

Es una realidad que vivir tan íntimamente con un incrédulo es difícil, pero recordemos que el Señor siempre nos da la capacidad para soportar las pruebas y no nos enviará más de las que podamos resistir. Ante un yugo desigual, oremos y esperemos en Dios para que nuestro cónyuge incrédulo conozca a Cristo a través de un buen testimonio de santidad y por medio de una vida de ferviente oración.

Recordemos que la oración eficaz del justo puede mucho (Stg. 5:16b).

Parte II

RESPONSABILIDADES BÍBLICAS DE LOS CÓNYUGES

72 - Una familia bajo la Cruz

7

EL PATRÓN DE DIOS PARA LAS RELACIONES

Nadie necesita decirnos que nuestra generación puede estar presenciando el mayor intento de dar muerte al matrimonio y borrar la familia tal como la conocemos y como Dios la ha diseñado. Podemos enumerar muchas de las situaciones que han contribuido a ese intento homicida contra la unidad básica de la sociedad: La inmoralidad, el adulterio, la fornicación, la homosexualidad, el aborto, la esterilización indiscriminada, la paternidad irresponsable, la liberación femenina, el machismo, la delincuencia juvenil, el crimen y la rebelión sexual.

Todos estos pecados vienen a ser hebras de la soga que está estrangulando la familia. Ante toda esta confusión, es tiempo de reiterar el patrón divino para la vida del matrimonio y de la familia entendiendo que sólo Dios tiene el modelo perfecto que puede hacer que la familia y el matrimonio sean lo que deben ser, si nosotros, como cristianos, lo seguimos.

Cuando ofrecemos la información concerniente a los roles que tenemos que asumir en el matrimonio, los pastores lo hacemos de acuerdo con roles que ha demandado Dios como patrón para cada cónyuge con el propósito de que nos vaya bien y alcancemos la felicidad que Él desea para nosotros.

Cuando Dios demanda asumir las responsabilidades conyugales establece un patrón que ya Él mismo ha cumplido asemejando así la relación matrimonial con la relación de Cristo y la Iglesia (Ef. 5:21-33). En el siguiente cuadro enumeramos todas y cada una de las responsabilidades conyugales haciendo referencia al patrón que ya Cristo cumplió previamente:

CRISTO	ESPOSO	LA IGLESIA	ESPOSA
Cabeza de la Iglesia 1 Corintios 11:3; Efesios 1:22; Colosenses 1:18	**Cabeza de su hogar** Efesios 5:23	**Ayuda idónea** Génesis 2:18; Efesios 4:11-12	**Ayuda idónea** Tito 2:3-5
Amante excepcional Juan 3:16; Efesios 5:25	**Amante excepcional** Efesios 5:25-33	**Amante y Sujeta a Cristo** Efesios 5:22-24	**Amante y Sujeta a su marido** Efesios 5:22-24 y 33
Proveedor Proverbios 2:7-8	**Proveedor** 1 Timoteo 5:8	**Administradora** 1 Corintios 4:2 Administradora dones	**Administradora** Tito 2:3-5
Protector Salmos 46:1 y Juan 10:11	**Protector** Efesios 5:29	**Modelo de belleza femenina** 1 Pedro 1:15; Efesios 4:2	**Modelo de belleza femenina** 1 Pedro 3:2-6
Pastor y maestro Salmo 23; Juan 10	**Pastor y maestro** Proverbios 1:8	**Madre y maestra** Mateo 28:19-20	**Madre y maestra** Proverbios 1:8

LA BASE DE LA SATISFACCIÓN FAMILIAR.

La presuposición

Todo este tema descansa en una presuposición básica: "Para poder conocer el patrón divino que puede hacer que el matrimonio y la vida familiar tengan sentido, y para ofrecer un hogar que ofrezca seguridad, cada cónyuge tiene que ser cristiano" (Éx. 20:12, 14; Dt. 22:22-30).

Todo aquel que no es cristiano tiene poca esperanza de lograr ese hogar funcional y bendecido que todos deseamos. Sólo aquellos que obedecen las demandas de Dios podrán lograrlo (Jn. 14:23-26), con la ayuda de su Espíritu y estando sujeto a Él (Ef. 5:18).

La familia está diseñada y creada por Dios mismo. Él fue quien nos creó, Él inventó la familia y el matrimonio y Él ha revelado en su santo libro cómo deben funcionar. Él no descarta a nadie, pero sí presupone que sólo aquellos que son salvos y obedientes podrán lograr la satisfacción en este diseño.

El poder

Cuando nos convertimos a Cristo recibimos el Espíritu de Dios, pero una segunda cosa necesaria e imprescindible para vivir de acuerdo con la ley moral, marital y familiar, es mantenernos llenos del Espíritu de Dios - Efesios 5:18. Esto significa que todo creyente tiene que dejarse controlar de una forma total por el Espíritu de Dios para cumplir sus demandas.

El apóstol Pablo nos enseña a través de una analogía lo que debe suceder en un cristiano que está lleno del Espíritu Santo y, por tanto, controlado por Él. En este pasaje se establece que un creyente controlado por el Espíritu Santo debe producir un fruto espiritual que lo llevará a encontrar la verdadera comunión con Dios.

El efecto

La llenura del Espíritu produce por lo menos tres resultados según Efesios 5:19-20.

El primero está dirigido hacia nosotros: *"Hablando entre vosotros con salmos, con himnos y cánticos espirituales, cantando y alabando al Señor en vuestros corazones"*.

Esto produce:
- Paz interna
- Contentamiento interno

- Gozo interno

El segundo está dirigido hacia Dios: *"Dando siempre gracias por todo, al Dios y Padre, en el nombre de nuestro Señor Jesucristo"* (v. 20). El que está controlado por el Espíritu canta para alabar a Dios y le da gracias desde lo más profundo de su corazón.

El tercer resultado está dirigido hacia otros: *"Y someteos unos a otros en el temor de Dios"*. Cuando una persona tiene reverencia y temor hacia Dios y cuando realmente lo adora, se someterá a otros. La sumisión es vital para lograr una buena relación matrimonial y familiar, así como en todas las áreas de su vida (1 Co. 16:16; He. 13:17; 1 P. 2:13, 5:5. Contrastemos con Stg. 4:1).

EL CONCEPTO DE SUMISIÓN FAMILIAR

Origen y significado del concepto

La palabra someter viene del griego "hupotasso": "hupo" = bajo, "tasso" = poner en fila, estar en orden, ponerse bajo las órdenes de un superior. Es en pocas palabras, ponerse ordenadamente bajo alguien. En sentido militar, reconocer que se es de un grado menor poniéndose bajo mando de un superior.

Esto implica que como cristianos tenemos que ponernos en un grado menor al otro y más cuando sabemos que debemos considerar al otro como superior a uno mismo como establece el ejemplo de Cristo dado en Filipenses 2:3-4 donde dice: *"Nada hagáis por contienda o por vanagloria; antes bien con humildad, estimando cada uno a los demás como superiores a él mismo; no mirando cada uno por lo suyo propio, sino cada cual también por lo de los otros"*.

La mentalidad completa de la vida cristiana en relación, "uno para con el otro", debe ser de humildad y sumisión como nos lo enseñó Cristo Jesús según vemos en Filipenses 2:5-8: *"Haya, pues, en vosotros este sentir que hubo también en Cristo Jesús, el cual, siendo en forma de Dios, no estimó el ser igual a Dios como cosa a que aferrarse, sino que se despojó a sí mismo, tomando forma de siervo, hecho semejante a los hombres; y estando en la condición de hombre, se humilló a sí mismo, haciéndose obediente hasta la muerte, y muerte de cruz".*

Alcance del concepto

Podemos establecer categóricamente que todo creyente debe estar bajo sumisión. En término de jerarquía, la iglesia debe sujetarse a los pastores (He. 13:17). En término de relaciones interpersonales, debe haber sumisión mutua entre todos los creyentes (Ef. 5:21).

Desde Efesios. 5:22 a 6:9 se establece el principio de la sujeción mutua, la cual abarca todas nuestras relaciones. Es en este pasaje donde se establece la responsabilidad de cada cristiano según sea su posición en el matrimonio y por tanto en la familia y también en la sociedad.

Esto nos deja dicho que, si todos tenemos que someternos unos a otros en el temor de Dios, esta demanda no es sólo para las esposas, sino que de igual manera que ellas se someten al principio de autoridad, los demás miembros de la familia tienen que someterse en el cumplimiento de su rol.

- Esposos que amen (Ef. 5:25-33; 1 Co. 7:1-4).
- Hijos que obedecen (Ef. 6:1-3; Col. 3:20).
- Padres que críen y amonesten y que no aíren a sus hijos (Ef. 6:4; Col. 3:21).
- Siervos sometidos a sus amos (Ef. 6:5-8).
- Amos sometidos a Dios (Ef. 6:9).

Hay un fuerte fundamento de reciprocidad en el matrimonio y en la familia cristiana que establece la necesidad de liderazgo reconociendo la sumisión mutua que debe caracterizarle.

Ilustración y grado de la sumisión

La Biblia establece un orden de autoridad y de sometimiento en la familia y lo ilustra con el sometimiento de Cristo a la voluntad de Dios. En 1 Corintios 11:3 se nos declara: *"Pero quiero que sepáis que Cristo es la cabeza de todo varón, y el varón es la cabeza de la mujer, y Dios la cabeza de Cristo"*.

¿Quiere decir esto que Cristo es menor que Dios? No, puesto que Juan mismo dijo:

"El verbo es Dios" (Jn. 1:1).

"El que me ha visto a mí ha visto a mi Padre" (Jn. 14:9).

"El Padre y yo uno somos" (Jn. 10:30).

Lo que quiere mostrar 1 Corintios 11:3 cuando dice que Dios es la cabeza de Cristo, es el grado de sujeción en obediencia al Padre a que Cristo fue sometido cuando vino al mundo a entregar su vida en rescate del hombre pecador (Jn. 4:34).

En su naturaleza y esencia, los miembros de la Trinidad son iguales, pero por decisión soberana de Dios sus funciones demandaron que el Hijo se sometiera al Padre en abnegada humillación como pudimos ver en Filipenses 2:5-11. Esta acción, lejos de hacer menor a Cristo, nos hace tener un concepto más alto y más asombroso de Él.

LA REALIDAD DEL MATRIMONIO A TRAVÉS DEL TIEMPO

La relación matrimonial en la época de Salomón

El Cantar de Salomón contiene un emotivo cuadro de una relación matrimonial correcta. No se percibe una autoridad impuesta ni una sumisión demandada despóticamente, sino que lo que se refleja es un apasionado y tierno amor, con la autoridad y sumisión trabajando silenciosamente; sin necesidad de exigencias de derechos. Este libro describe las funciones del matrimonio. Cantares 2:3-16:

La sulamita describe a su esposo como cabeza del hogar:

(v. 3) - Su protector

(v. 4) - Su proveedor

(v. 5) - Su sustentador

(v. 6) - Su seguridad

(vv. 10-15) - Su líder o iniciador

Ella acepta sumisa su autoridad amante

La sulamita reconoció su falta de sumisión:

(v. 1) - El esposo volvió tarde a su casa

(v. 2) - Ella no quiso abrirle

(v. 3) - Ella vio cómo él intentó entrar, pero no pudo y se fue

(v. 4) - Ella se arrepiente de su falta de sumisión

El asunto no es "Me sujetaré porque tengo que sujetarme; sino porque anhelo sujetarme" - Cantares 3:1 a 5:2.

La sulamita responde con admiración a la fuerza y al liderazgo de su esposo a través de sus ojos de amor, por lo cual considera que:

(vv. 9-10) – Es robusto y buenmozo

(vv. 11-12) - Su piel es bronceada, y sus ojos suaves tiernos

(v. 13) - Hay color en sus mejillas, y sus labios son fragantes

(vv. 14-15) - Sus manos son como de oro y su estómago y sus piernas son musculosas y fuertes

(v. 16) - Tiene carácter, cuando abre su boca no es insensato, ni rudo

Se reconciliaron y mostraron su amor - Cantares 6-8

Y a través de todo el libro vemos un esposo amante, dispuesto a dar su vida por esa mujer amada, al tiempo que la mima y la trata como un vaso frágil, tanto así que en sus últimos versos la sulamita puede expresar (8:6): *"Ponme como un sello sobre tu corazón, como una marca sobre tu brazo; Porque fuerte es como la muerte el amor"*.

El matrimonio y la familia en la época del imperio griego

Para los griegos el divorcio no existía, pero tenían sus placeres fuera de sus hogares. El orador ateniense Demóstenes dijo: "Tenemos cortesanas por causa del placer, tenemos concubinas por razón de la convivencia diaria, y tenemos esposas con el propósito de procrear hijos legítimos y para que sean guardianes fieles de los asuntos del hogar".

El matrimonio y la familia en la época del imperio romano

Para los romanos el matrimonio fue sencillamente prostitución legalizada y se levantó entre ellos un movimiento de liberación femenina; las mujeres decidieron no tener hijos para no dañar sus cuerpos y poder hacer todo lo que el hombre hacía. En esta sociedad se podía ver mujeres luchadoras libres, lanzadoras de dagas, etc. Las mujeres se hicieron tan fuertes que gobernaban a sus maridos y pudieron llegar a tener hasta 23 matrimonios, pero por supuesto, todo era infelicidad.

El matrimonio y la familia en la época del apóstol Pablo

Los hombres judíos en los tiempos del apóstol Pablo tenían un concepto muy distorsionado del matrimonio; de hecho, su oración matutina podría ser: "Dios, te doy gracias porque no soy gentil, no soy un esclavo ni una mujer". Ya sabemos que el divorcio por cualquier causa hacía mucho tiempo que era común (Dt. 24:1).

Hemos estudiado que:

- Un Rabí llamado Shammai estableció que el único fundamento para el divorcio era la impureza sexual.
- El Rabí Hillel enseñó que, si la esposa echaba a perder la cena, era impura y se podía repudiar.
- El Rabí Akiba insistió en que, si el hombre hallaba una mujer más bonita que su esposa, su esposa venía a ser impura delante de sus ojos y por tanto podía darle carta de divorcio.

La familia en la actualidad

Podemos considerar el estado de la familia de hoy como caótico o de tremenda anarquía. Efesios 5:21 a 6:4 es un mensaje que debe ser oído hoy de manera especial por todas las familias del mundo, si es que la sociedad desea producir cambios en beneficio de su propia felicidad.

El caos es evidenciado en:

- La irresponsabilidad de aquellos que van al matrimonio sin estar dispuestos a asumir sus roles para que puedan tener una familia bendecida.
- Las escandalosas estadísticas que muestran que más de un 50% de los matrimonios terminan en divorcio.
- El altísimo índice de hijos sin hogares que registran las estadísticas mundiales. (Hijos que se divorcian de sus padres).
- La insensibilidad de aquellos que no entienden que uno de los propósitos de Dios es la procreación. Hoy un 30% de las parejas deciden no tener hijos.
- La infidelidad entre los cónyuges que es uno de los casos más comunes hoy día.
- El maltrato a la mujer y más aún los constantes feminicidios.
- Los masivos abortos que se practican los cuales se hacen cada vez más comunes y la persistencia en abogar por su legalización. Mientras, en un contraste absurdo, se protege la vida animal, la vida humana se troncha desde el inicio de su concepción.
- La proliferación del sexo libre el cual se ha convertido en una práctica común de hoy, ya que no demanda responsabilidad a los que lo practican hasta que la mujer

queda embarazada y sobre ella cae toda la carga del sustento del fruto de su fornicación.

- La legalización de los matrimonios homosexuales apoyados por la comunidad LGTB (lesbianas, gays, bisexuales y transgénero). Matrimonios que evidentemente están fuera del diseño de Dios y que amenazan el equilibrio de la continuidad de la raza humana. La unión entre un hombre y una mujer fue establecida por Aquel que la diseñó para nuestra bendición.

Estas realidades han causado la desintegración de la familia y ha convertido a los matrimonios en una institución de conveniencias, produciendo no sólo dolor sino desolación y desamparo a muchas criaturas inocentes. Es por esto por lo que creemos que debemos volver al diseño de Dios como la única solución para el bien del hombre.

Necesitamos escudriñar y comprender lo que la Biblia dice sobre la familia y la relación matrimonial. Las palabras del apóstol Pablo a los Efesios en 5:22-33 es un mandamiento dinámico que nos llevará de vuelta al patrón de Dios y a la felicidad matrimonial y familiar.

Dejamos claro que para comenzar nuestra vida matrimonial tenemos que tomar dos determinaciones:

a) Doblegar nuestra voluntad para obedecer a las demandas de Dios

b) Someternos al Espíritu de Dios para obtener el poder y el dominio propio que necesitamos y llevar a cabo la tarea encomendada.

Y recordemos que tendremos éxito en la medida en que rindamos totalmente nuestra voluntad a Él, de lo contrario, viviremos continuamente en aflicción.

8

PATRÓN BÍBLICO PARA LOS MARIDOS

Ahora entramos al estudio del rol del esposo o padre de familia, estamos hablando de la cabeza del hogar. Ejercer este rol satisfactoriamente es algo difícil de cumplir y más cuando entendemos que estamos delante de una sociedad eminentemente machista, bombardeada con ráfagas de feminismo y de toda clase de distorsiones, producto de la mentalidad caída y pecaminosa del hombre y la evolución de los tiempos.

Es muy cierto que a la mujer le es difícil ejercer su labor como esposa bíblica, pero no es menos cierto que para el hombre la tarea de dirigir bíblicamente su hogar será ardua y persistente. En la imperfección humana somos incapaces de producir algo bueno por nosotros mismos. Pero no queremos iniciar este estudio con una nota negativa, sino con los pies sobre la tierra y con la realidad en las manos para que entendamos que sin la ayuda de Dios no podremos recorrer ni la cuarta parte del camino.

Dentro del esquema que estudiaremos el rol del esposo, veremos seis (6) responsabilidades que cada uno de nosotros debemos y tenemos que tomar en cuenta para lograr, con la ayuda de Dios y de su Espíritu, ejercer esta labor en beneficio de nuestro hogar y de nuestra vida espiritual, entendiendo que separados de Él nada podemos hacer.

Las áreas de responsabilidades para los esposos que trataremos desde este capítulo las iremos intercalando con las responsabilidades de las esposas. Estas son:

1. CABEZA DEL HOGAR
2. AMANTE EXCEPCIONAL
3. PROVEEDOR
4. PROTECTOR
5. PADRE QUE INSTRUYE
6. PASTOR DE LA FAMILIA

La primera responsabilidad asignada por Dios al hombre fue la de ser cabeza de su familia y es interesante observar que, dentro de todas las sociedades primitivas, no importa el lugar en que se ubiquen en el globo terráqueo o qué tan apartadas estén del conocimiento bíblico, todas reconocen al hombre como cabeza de la familia de acuerdo con lo que Dios ha ordenado.

Si comparamos a Efesios 5:23 y 1 Corintios 11:3 con Génesis 3:16, podemos darnos cuenta el orden bíblico establecido por Dios. Así que, tomando estos pasajes como base iniciaremos nuestro estudio del rol del esposo y padre de familia.

UNA CONDICIÓN ESPIRITUAL CORRECTA

Ser cristiano

Esto demanda que el verdadero cabeza del hogar debe estar en Cristo, o sea, debe ser una persona que ha nacido de nuevo y tiene la seguridad de que es SALVO porque ha crucificado su carne con sus pasiones y deseos. (Jn. 3:3; Ro. 10:9-10; Gál.5:24).

Este elemento de la condición espiritual correcta demanda una actitud de vida acorde con el principio referido, o lo que es lo mismo, que la vida de ese hombre refleje a Cristo en cada una de sus actuaciones. Esto lo llamamos *autenticidad espiritual* (1 Tes. 2:9-10).

Ser cristiano implica ser un pequeño Cristo en el hogar, o más bien, actuar y gobernar nuestro hogar con las convicciones de que Cristo es la Cabeza de este. Si guardamos su palabra y lo imitamos en todo, de esta manera Cristo gobernará nuestro hogar a través de nosotros.

Lleno del Espíritu Santo

Son varios los pasajes que nos hablan de la plenitud del Espíritu Santo y cada uno de ellos nos muestra que no nos basta solamente con creer, sino que el verdadero crecimiento espiritual viene con la llenura del Espíritu. Como nos dice Efesios 5:18: *"No os embriaguéis con vino, en lo cual hay disolución; antes bien sed llenos del Espíritu"*. Esta demanda implica dejarse *controlar* por el Espíritu de Dios, llevando una vida de obediencia a la Palabra y procurando que el pecado no anide en nosotros para no contristar ni apagar el Espíritu (Ef. 4:30; 1 Tes. 5:19).

La llenura del Espíritu será comprobada en el fruto espiritual manifestado en nuestro andar diario, produciéndonos lo que declara la Palabra de Dios a través de muchos pasajes (Ef. 5:19-20; Col. 3:16-17 y Gá. 5:22-23).

Sumiso en el temor de Dios

Efesios 5:21 nos declara que esta condición del creyente es precisamente una consecuencia de la llenura del Espíritu, como lo son todas y cada una de las demandas de Pablo en todo este capítulo.

No podemos creer que como somos la *cabeza* del hogar vamos a pisar y maltratar a los que están debajo de nosotros sin el menor cuidado; sino por el contrario, somos puestos por Dios para gobernar y administrar como mayordomos algo que le pertenece a Él y debemos ejercer nuestra función con el mayor de los cuidados.

Efesios 5:21 nos recuerda antes de declararnos nuestras responsabilidades, que debemos estar sumisos unos a otros en el temor de Dios, por lo que, ejerciendo la autoridad como cabeza bajo esta demanda, lo haremos como Dios lo desea y seremos respetados por los que están a nuestro cuidado.

UNA RELACIÓN DE AMOR GENUINA

El amor de Dios

Romanos 5:5 nos declara: *"...Porque el amor de Dios ha sido derramado en nuestros corazones por el Espíritu Santo que nos fue dado"*. Aunque vamos a tratar el amor del esposo en un tema por separado, es importante que veamos que Dios nos ha capacitado para amar a nuestra esposa y a nuestra familia por la obra de su Espíritu.

Este amor que Dios derrama en el creyente es un amor desinteresado, afectuoso, lo que podemos llamar una cariñosa relación de amor verdadero y genuino - 1 Tesalonicenses 2:8. Este amor es sólo posible en aquellos que han nacido de Dios, se han sometido a su Espíritu y lo pueden manifestar como fruto de este; porque mora en ellos.

El amor incondicional

Tesalonicenses 2:8 y Efesios 5:28-31 muestran el amor que Dios demanda a un hombre que ha asumido su rol como cabeza de la familia, este amor lo manifestará al poner a su familia por encima de sus intereses y mostrando a cada uno de ellos la importancia suprema que tienen.

Este amor incondicional no se dice o se expresa de manera verbal solamente, sino que se ejerce en cada detalle de la relación que mantenemos con cada miembro de nuestra familia. No podemos hacer a nuestra familia *"mendigos de amor"*.

Este amor incondicional traerá como fruto una familia segura y capaz de mantener una relación de amor genuino e incondicional con los demás con quienes se relacione y especialmente con su familia futura, mayormente con sus hijos.

El amor que da honor

Dios demanda a cada cabeza de hogar, y en este caso al esposo, que sepa vivir con su esposa sabiamente, dando honor a su mujer como a vaso más frágil. Como hemos venido explicando, nuestra familia depende emocionalmente de nosotros, y las esposas deben sentir que somos, después de Dios, sus protectores, tal y como se expresa en 1 Pedro 3:7.

Este amor se expresa cuando sabemos tratar a nuestra familia y principalmente a nuestra esposa con ternura y delicadeza, manifestando a cada uno que los apreciamos y que sabemos que son frágiles criaturas que Dios ha puesto en nuestras manos. Cuando actuemos de esta manera, daremos honor a quienes Dios demanda que demos honor y nuestra familia reflejará seguridad y nuestras oraciones subirán sin estorbo a la presencia del Padre.

UN CONCEPTO BÍBLICO DE FIDELIDAD

La infidelidad comienza por el corazón

Para explicar este pecado sólo tenemos que irnos a las enseñanzas de nuestro Señor Jesucristo en Mateo 5:28: *"Pero yo os digo que cualquiera que mira a una mujer para codiciarla, ya adulteró con ella en su corazón"*. En este texto el Señor nos dice muy claro dónde comienza la infidelidad. Es por esto por lo que debemos cuidar nuestros ojos y nuestros corazones principalmente velando en todo tiempo para que el Señor nos libre de tentación y no caigamos en el pecado de infidelidad, la cual no solo atenta contra nuestra responsabilidad como esposos, sino también afecta nuestro rol como padres y cabezas espirituales.

Está claro que a nuestra carne le es difícil huir de las tentaciones, pero ¡ay de nosotros si osamos ir en contra de lo que Dios ha establecido! El fruto de nuestra desobediencia no se hará esperar y un día Dios mismo nos demandará que le mostremos lo que hicimos como administradores de nuestras familias, ese regalo que Él nos dio.

La depravación de los infieles

El que es infiel no es infiel en un solo aspecto de su vida, sino que la infidelidad se hará manifiesta en muchas otras áreas que, tal vez, ni él mismo imagina. Romanos 1:18-32 describe al hombre que no tiene en cuenta a Dios quien, habiéndole negado, cae en todo tipo de degeneración y de depravación.

Un genuino creyente cabeza de su casa es fiel a sus convicciones y es fiel en el cumplimiento de su deber y su pacto; sabe apreciar lo que Dios puso en sus manos y el valor de cada alma que está bajo su autoridad.

La condenación de los infieles

En este punto tenemos que citar a Hebreos 13:4 - *"Honroso sea en todos el matrimonio, y el lecho sin mancilla; pero a los fornicarios y a los adúlteros los juzgará Dios"*. Y también la parábola del siervo infiel de Lucas 12:41-48 donde el Señor nos habla acerca de lo que hará con aquellos que se constituyan en siervos infieles. Estos textos muestran que Dios nos demanda fidelidad, ante todo, y aún nos dice más en la parábola del "deber del siervo" en Lucas 17:7-10, donde llama nuestra atención para que hagamos más de lo que Él nos pide para que no seamos siervos inútiles.

La condenación o juicio de nuestra infidelidad estará en manos del Señor mismo y nadie podrá escapar del juicio de Dios; por lo tanto, debemos estar atentos a nuestra responsabilidad como siervos fieles para que no nos hallemos en falta.

9

EL PATRÓN BÍBLICO PARA LAS ESPOSAS

En Efesios 5:21 el apóstol Pablo ha establecido el fundamento principal para la sumisión mutua que debe caracterizar todos los estamentos de la sociedad y por ende de la Iglesia. Este versículo 21 sirve de "PUERTA PRINCIPAL" que abre las pautas específicas dirigidas a las esposas, a los esposos, a los hijos y a los padres, a los siervos y a los amos (Ef. 5:22 a 6:9).

Con lo que hemos planteado con respecto a la sumisión a que nos debemos unos a otros, podemos iniciar nuestro estudio "EL PATRÓN BÍBLICO PARA LAS ESPOSAS" entendiendo que Dios es el que nos coloca en la posición que él ha determinado y no debe importar dónde estemos, debemos estar gozosos en el Señor por estar haciendo lo que a Él le agrada.

En esta sección trataremos todo cuanto la Palabra de Dios demanda a cada esposa en su responsabilidad dentro del hogar, y veremos cuan bendecida puede ser una mujer cuando se somete al esquema de Dios. Es nuestra intención que cada una conozca los principios que demanda la Palabra de Dios y los guarde en su corazón para ponerlos por obra y glorificar así al Dios que les ha salvado.

Veamos en el esquema siguiente, el papel de una esposa creyente y sujeta al Espíritu Santo:
1. AYUDA IDONEA
2. AMANTE Y EJEMPLO DE SUMISIÓN

3. ADMINISTRADORA DEL HOGAR
4. MODELO DE BELLEZA FEMENINA
5. MADRE QUE ENSEÑA

Dios quiere que seamos felices, pero tenemos dos grandes enemigos que constantemente quieren impedirnos que obremos conforme a la voluntad de Dios y estos son: "Nuestra propia concupiscencia y Satanás". Pero gracias a nuestro Gran Dios tenemos las armas para vencer y la promesa de una victoria segura sobre aquellos que fueron vencidos en la Cruz del Calvario.

LA SUMISIÓN DE LA MUJER

La diferencia de funciones

Desde Génesis 3:16 cuando Dios dice: *"A la mujer dijo: Multiplicaré en gran manera los dolores en tus preñeces; con dolor darás a luz los hijos; y tu deseo será para tu marido, y él se enseñoreará de ti"*. Aquí se establecen las demandas de Dios para la mujer; y si continuamos leyendo los versículos 17-20, notaremos la diferencia de funciones que se plantean para cada una de las partes de la pareja matrimonial cuando dice: *"Y al hombre dijo: Por cuanto obedeciste a la voz de tu mujer, y comiste del árbol de que te mandé diciendo: No comerás de él; maldita será la tierra por tu causa; con dolor comerás de ella todos los días de tu vida. Espinos y cardos te producirá, y comerás plantas del campo. Con el sudor de tu rostro comerás el pan hasta que vuelvas a la tierra, porque de ella fuiste tomado; pues polvo eres, y al polvo volverás. Y llamó Adán el nombre de su mujer, Eva, por cuanto ella era madre de todos los vivientes"*.

El diseño de Dios es perfecto y él ha establecido que dentro del matrimonio haya una unidad perfecta como estableció en Génesis 2:24: *"Por tanto, dejará el hombre a su padre y a su madre, y se unirá a su mujer, y serán una sola carne"*, dejando clarificado cuál sería el rol de cada miembro de la pareja, los que se complementarían en sus funciones y actuarían como un solo ser.

En este perfecto diseño, Dios planteó un patrón de funcionamiento, el cual no podía ser quebrantado, por la sencilla razón de que, si así lo hiciéramos, estaríamos abocados a un fracaso seguro. Es por esta razón que tenemos que disponernos a buscar los patrones de Dios, quien es el autor divino de esta institución maravillosa que llamamos hogar.

La estructura matrimonial

Toda construcción necesita una estructura sólida para sostenerse.

Así como Dios creó todas las cosas perfectas como nos dice Génesis 1:31, de igual manera hizo perfecto el diseño del matrimonio. El nunca será culpable de lo que los hombres en nuestra desobediencia hayamos hecho con su diseño. Recordemos que Dios como arquitecto que es, no admite cambios en su diseño.

Si nos vamos a 1 Corintios 11:3 veremos la estructura que Dios estableció dentro del matrimonio para que no hubiera un resquebrajamiento de la institución: *"Pero quiero que sepáis que Cristo es la cabeza de todo varón, y el varón es la cabeza de la mujer, y Dios la cabeza de Cristo".*

Aunque vemos por Gálatas 3:28 que la naturaleza espiritual del esposo y de la esposa son iguales delante de Dios, en el diseño estructural del matrimonio vemos que sus funciones difieren, sin que esta diferencia de función declare a alguno de los dos como ciudadano de segunda clase.

Esta estructura se ha diseñado para que la familia pueda funcionar en armonía, la mujer, sin pérdida de su dignidad, debe tomar la posición de someterse a la dirección de su esposo. Su conducta casta y respetuosa, así como el espíritu afable y apacible dados por Dios (1 P. 3:2 y 4), debe caminar a la par con su marido para así apoyar la fortaleza de su marido, el cual tendrá que tomar con responsabilidad el papel de Cabeza del núcleo familiar; teniendo que amar a los miembros de su familia como ama a su mismo cuerpo (Ef. 5:28).

La conveniencia de la sumisión

En Colosenses 3:18 vemos un detalle interesante que agrega más luz al tema. Si leemos vemos que dice: *"Casadas, estad sujetas a vuestros maridos, como conviene en el Señor"*. Este pasaje nos deja claro que el hecho de que una mujer se someta a su marido como al Señor, es algo conveniente por muchas razones: No sólo por causa del patrón divino creado por Dios, sino también porque lo mejor de las sociedades pasadas han confirmado lo obligatorio de seguir Su diseño para lograr la felicidad.

Podemos destacar 4 razones más por lo cual la "SUMISIÓN GOZOSA" de la mujer es conveniente a su familia.

Porque:

- **Es la única forma como ella podrá estar sujeta al espíritu.**

  No hay otra manera de ser una mujer piadosa a menos que no se ejerza el papel decretado por Dios y se obedezca el mandato de *"someterse a su marido como al Señor"*. Cualquier otra demostración de espiritualidad sin el cumplimiento de este mandamiento es falsa de toda falsedad.

- **La misma naturaleza emocional de la mujer necesita apoyo de su marido.**

  Dependiendo del tipo de temperamento variará el momento en que la mujer busque el apoyarse en la fuerza y en la seguridad de su marido. Pero de seguro este momento llegará. Y si el marido no está, ella distorsionará y conducirá esta necesidad hacia un hijo, hacia otros a los cuales les demandará lo que necesitaba de su marido.

- **Su marido necesita que ella se someta.**
  Una unidad no puede trabajar y tener éxito si el 50% no hace su función. Por eso se dice que "Detrás de cada gran hombre se esconde una gran mujer".
  El esposo, por su naturaleza, necesita la "sumisión" de su mujer para ser efectivo en su papel de líder. "Un esposo no podrá ser una autoridad amante sobre su esposa y sus hijos, a menos que ella se lo permita mediante sumisión completa".
- **Sus hijos necesitan percibir un patrón correcto de identificación para crecer en una correcta orientación sexual.**
  El potencial más alto de hijos normales estará en el desarrollo correcto de una relación matrimonial feliz y normal donde los padres hayan brindado un ejemplo bíblico en el desarrollo de sus roles.
  El más alto índice de personas con desviaciones sexuales, se desprenden en la mayoría de los casos de hijos de hogares de padres ausentes y sin amor y madres dominantes.

EL LUGAR DE LA MUJER SUMISA

El equilibrio se ha roto

Así como el hombre ha roto el equilibrio ecológico del ambiente y de la naturaleza viva, así ha roto el equilibrio de la sociedad y también de muchas familias, lo cual desestabiliza de igual manera la iglesia cristiana.

Es espantoso leer las estadísticas de nuestros días, 40 millones de madres trabajan en Norteamérica de los 242 millones de habitantes, y se calcula que 6 millones de ellas tienen hijos lactantes. Y una de cada 3 madres con hijos menores de 3 años tienen un empleo a tiempo completo, o sea el 30%, sin contar las que no teniendo empleos andan fuera del hogar sumergidas en la sociedad de consumo que las ahoga y las seduce a permanecer en ella.

Es una realidad que si el hombre estuviera ejerciendo su función de cabeza del hogar, sustentador, protector, maestro, pastor y amante de su familia y las mujeres estuvieran en el lugar que Dios les designó estando sujetas siendo aliadas y ayuda idónea para ellos tendríamos familias bendecidas y una sociedad donde no enfrentaríamos tantas aflicciones.

El lugar de operación de la mujer

Como hemos visto en la sección anterior, el diseño de Dios está en crisis, y a menos que no miremos a Su Palabra, el mundo seguirá perdido; sumergido en las más atroces de las tinieblas, y destruyendo la más hermosa de las instituciones.

Si vamos a Tito 2:5 veremos cuál es el lugar de operación que Dios ha diseñado para la mujer, y si una mujer cristiana quiere agradar a Dios y andar en Su voluntad perfecta, tiene, por necesidad, que volver al hogar.

Este texto dice: que las mujeres deben ser *"cuidadosas de sus casas"* y la biblia de las américas traduce: *"hacendosas en el hogar"*. esta palabra es *"oikourgous"* y viene de *"oikos"* = casa y de *"ergon"* = trabajo.

El énfasis de este texto está en que las esposas deberían, entre otras cosas, "TRABAJAR EN SUS CASAS CON GOZO" si quieren hacer la voluntad de Dios. Esta palabra enfrenta la pereza y el abandono a los quehaceres del hogar, por lo que una mujer que ame a Dios no debe abandonar su hogar para irse a ocupar en otros quehaceres.

Alguna dirá: "Yo tengo un trabajo maravilloso y nosotros necesitamos el dinero para vivir ¿Cómo puede decirme la Biblia (porque no es el pastor que lo dice) que trabaje en el hogar?" La realidad es que hasta que no comprendamos el plan de Dios y sumisos y con gozo lo llevemos a cabo, nunca lograremos los beneficios que Él nos ofrece cuando obedecemos.

El deseo de Dios para las esposas sumisas

Creo que no debe haber cosa más importante para la mujer cristiana que estar preocupada por hacer la voluntad de Dios. Si analizamos más profundamente la palabra *"ergon"* = "trabajo", veremos que la traducción más perfecta es "ocupación", o sea que envuelve un trabajo específico, y la palabra se refiere a "una labor asignada para ejercerse con gozo" y no a la calidad del trabajo.

Lo que queremos decir es que la mujer debe ocuparse con gozo genuino en la "tarea asignada por Dios" de trabajar en el hogar; una tarea en la cual no la podrá sustituir "nadie", por más capacidad u honradez que tengan sus sirvientes o familiares.

En 1 Timoteo 5:14, se agrega algo más, y es que la mujer debe ser una "gobernadora eficaz" del hogar. *"que gobiernen su casa"*, "Cuiden su casa". El texto agrega: *"Que no den al enemigo ocasión de reproche"*. Hermanas, que Dios les bendiga cuando hagan Su voluntad. Pero recuerden que, una esposa sumisa, da un esposo amante e hijos estables.

LAS PRIORIDADES DE UNA MUJER

Orden de prioridades

Alguna madre o esposa podrá decir: "Yo tengo mucha energía y creatividad, y quiero hacer otras cosas porque también tengo la capacidad para ello". Eso está muy bien, pero le preguntaría ¿Qué es lo demás que quieres hacer? porque Dios ha establecido dentro de tu responsabilidad un orden de prioridad.

Este orden está dado de la siguiente manera:

Hacia Dios:

- Tienes que tener una devoción por conocer y vivir Su voluntad, de acuerdo con Su Palabra (Col. 3:16 y 2 Ti. 2:15).
- Tienes que tener una dedicación a caminar en el Espíritu, para que "el fruto del Espíritu" sea consistentemente manifestado en tu vida (Gá. 5:16; 22-23; Ef. 5:18).

Hacia la familia:

- Tienes que tener una devoción sincera a tu esposo, tus hijos y tu hogar (Tito 2:5).
- Tienes que estar sujeta a tu marido, cuidando de sus deseos y necesidades, por encima de los de cualquier otro hombre (Gn. 3:16; Ef. 5:22-23; Col. 3:18; Tito 2:5).
- Tienes que estar y permanecer educando a hijos piadosos (Ef. 6:1-4; Col. 3:20; 1 Ti. 5:4, 16).

Hacia los santos:

- Tienes que enseñar y disciplinar a las mujeres más jóvenes (Tito 2:5).
- Tienes que enseñarles, por ejemplo, lo concerniente a estas prioridades en cuanto al Señor, tu esposo y tu familia.
- Tienes que hacer buenas obras, que incluye ser hospitalaria, servir a los santos, cuidar de los huérfanos, de las viudas y de las que están en aflicción (Pr. 31:10-31; 1 Ti. 2:10).

Cuando este orden de prioridad esté cubierto por ti, que deseas hacer la voluntad perfecta de Dios, entonces puedes salir a la calle a trabajar. Creo que si obras conforme a Dios, no tendrás ni fuerzas ni ganas de hacerlo.

Un ejemplo de prioridad cubierta

En Proverbios 31:10-31 podemos conocer una mujer laboriosa en su hogar, y si usted cree que una mujer se siente ahogada por el rol que Dios le ha ordenado, fíjese bien en este asombroso pasaje.

Cualidades de esta mujer

- Su valor (v. 10).
- Su integridad (v. 11).
- Su apoyo (v. 12).
- Su productividad (vv. 13-14).
- Su sacrificio (v. 15).
- Su iniciativa. (vv. 16-19).
- Su fortaleza (v. 17).
- Sus prioridades (vv. 20-24).
- Su creatividad para ayudar a su marido (v. 24).

Resultados de esta mujer

- Los resultados de la mujer virtuosa son evidentes y manifiestos por los demás, comenzando por su marido. Y los versículos 27 y 28 concluyen con su victoria.

Prioridades correctas de sumisión - efesios 5:22-24

La manera de sumisión:

Dice: *"Estad sujetas como al Señor"*.

Esto quiere decir que cuando se sujeten a sus maridos no lo hagan con la actitud de: "Lo haré, pero no porque deseo hacerlo, sino porque tengo que hacerlo", lo correcto, es decir: "Lo haré porque esto agrada al Señor". Piense en que el Señor Jesucristo viniera ahora mismo y le dijera "Váyase ahora mismo a casa a cuidar de su marido y de sus hijos" ¿Qué usted diría? Espero que su respuesta sea obedecer. De esta manera conviene que usted obedezca con gozo al rol que usted decidió abrazar.

El motivo de la sumisión:

"Porque el esposo es la cabeza de la mujer, así como Cristo es la cabeza de la Iglesia" (v. 23a).

Cuando un cuerpo le responde a su cabeza es algo armonioso y maravilloso, de igual manera usted debe desear que el cuerpo de su matrimonio sea honrado por su comportamiento.

El modelo de sumisión:

Los versículos 23b y 24 les dan el modelo y la motivación a las esposas para estar sujetas y tener el orden de prioridad correcto en su vida cristiana. Cuando Cristo murió en la cruz del Calvario completó el acto de sumisión más hermoso y difícil del mundo, pero antes de morir pudo decir: *"Consumado es"* ¡Qué gran satisfacción que usted pueda decir al final de sus días, "consumado es"! Esté sujeta en todo y podrá decirlo llena del gozo del Señor el cual es nuestra fuerza - Nehemías 8:10.

Entender y aceptar con gozo el Rol para en el cual Dios nos ha puesto, no es tarea fácil, sabemos que tanto la sujeción de una mujer a un hombre, lo cual no es cosa que minimiza o margina y el sometimiento de un hombre a Dios no es algo que sale en nosotros de forma natural.

Pero sabemos que la obediencia a Dios mostrará al mundo incrédulo que su plan funciona a la perfección cuando aplicamos en nuestras vidas su Palabra y cuando cada uno cumpla con su rol con el gozo con que debemos abrazarlo; lo cual traerá felicidad y satisfacción a nuestra vida.

10

CABEZA DEL HOGAR

En esta ocasión estudiaremos la primera responsabilidad del hombre que está puesto por Dios como cabeza de su familia y a quien se le ha demandado una clara dirección bíblica para mantener su familia bajo la Cruz.

Ahora bien, hagamos una pregunta a cada hombre en esta posición: "¿Eres o te estás preparando para ser líder de tu hogar?" Si tu respuesta es un "sí", debemos aclarar que la palabra "líder" no aparece en la Biblia ni una sola vez (por lo menos no en la versión Reina Valera 1960). ¡No nos engañemos! Dios no quiere "líderes" conforme a los parámetros del mundo, Él quiere "siervos" que con su ejemplo influyan espiritualmente a su esposa y a sus hijos y esta palabra si aparece cientos de veces en la Escritura.

El mayor ejemplo lo tenemos en el Señor Jesús que ni siquiera se hizo llamar "líder", Él dijo en Mateo 20:25-28: *"Sabéis que los gobernantes de las naciones se enseñorean de ellas, y los que son grandes ejercen sobre ellas potestad. Mas entre vosotros no será así, sino que el que quiera hacerse grande entre vosotros será vuestro servidor, y el que quiera ser el primero entre vosotros será vuestro siervo; como el Hijo del Hombre no vino para ser servido, sino para servir, y para dar su vida en rescate por muchos".*

En vez de soñar con ser el mejor y más reconocido "líder", debemos anhelar ser como Cristo en cada ocasión que mostró su carácter de siervo, por ejemplo, cuando lavó los pies de sus discípulos. Él nos ha llamado a ser "la cabeza del hogar" y esta posición nos coloca en jerarquía, sin embargo, no debemos medirnos por la cantidad de personas que nos sirven, sino por la cantidad de personas a las que servimos.

El hogar es más que una simple casa donde se come, se duerme y se habla, el hogar cristiano es una parte del cuerpo espiritual de Cristo, es mucho más complejo de lo que la mayoría de las personas se imagina, es un lugar donde se ministran almas para conducirlas a la vida eterna. Tengamos claro lo que demanda esta responsabilidad.

UN CONCEPTO BÍBLICO DE RESPONSABILIDAD DIRECCIONAL

El que entiende su llamado

Es una realidad que el hombre se casa para disfrutar del matrimonio, pero no se da cuenta de que está asumiendo la gran responsabilidad de dirigir a su esposa y a los miembros de su hogar al convertirse en el guía de una pequeña organización, de un organismo social al que el Señor Jesús llama *"una familia"*.

Hoy día vemos mucha confusión y frustración en nuestros hogares. Una de las razones tiene su origen en que el hombre, que debe ser la cabeza del hogar, nunca ha reconocido su rol como responsable de la dirección de este. Muchos hombres casados dicen: *"no sirvo para ser cabeza de mi hogar"*, esto es una pena porque todo hombre debe saber que si no es la *"cabeza de su hogar"* no está cumpliendo con el destino para el cual Dios lo colocó allí.

Muchas familias se desmiembran porque los hijos no sienten la seguridad que brinda aquel que debe ser la cabeza del hogar. Buscan en otros lugares sofocar la inseguridad y la ansiedad que les ha producido un hogar que ha sido llevado sin metas definidas y sin rumbo en la vida.

El mayor problema que vemos hoy en los hogares es el de la falta de "autoridad". La autoridad debe manifestarse en el carácter de aquel que es cabeza de su familia, pero la triste realidad es que la misma sociedad, viciada por el pecado y por las filosofías humanistas, lleva al hombre mismo a sentir que no es él el único responsable del hogar.

El que traza la instrucción

Pasajes como Proverbios 1:8 y 4:1 nos declaran que el padre es quien debe ocuparse de trazar la instrucción espiritual y moral de los hijos:

"Oye, hijo mío, la instrucción de tu padre, Y no desprecies la dirección de tu madre".

"Oíd, hijos, la enseñanza de un padre, Y estad atentos, para que conozcáis cordura". Estos pasajes nos muestran cómo Dios reclama a cada hijo buscar sabiduría en la dirección de los padres y de la misma manera vemos cómo Dios deja implícito la autoridad de un padre, o más bien, lo que se espera de él.

El padre viene a ser como el presidente de una corporación que ha de manejar diversas divisiones:

- La vivienda,
- El servicio de alimentación,
- El transporte,
- La educación,
- Las actividades espirituales,
- Las actividades recreativas,
- Las finanzas,
- La consejería,
- Los servicios médicos,
- Los servicios de mantenimiento y
- La vestimenta, etc.

La madre llevará la responsabilidad de guiar a los hijos a tomar la *"dirección"* que ha trazado y enseñado el padre porque ella sabe y acepta que él es la cabeza.

Todo marido cristiano tiene que preocuparse en crecer al máximo como cabeza de su familia, y la esposa debe llenar todas sus posibilidades como *"auxiliar"* de su esposo, sujetándose a su marido *"...como al Señor"* (Ef. 5:22) o *"...como conviene en el Señor"* (Col. 3:18), para que puedan ser efectivos en el trazo y en el cumplimiento de esta tarea direccional. El hombre es la cabeza, Dios lo ha dicho (1 Co. 11:3).

El que entiende su posición como vitalicia

Dios trazó las pautas y declaró lo que debe ser y en ninguna circunstancia admite que el rol de uno sea cambiado por el del otro. En 1 Corintios 11:3 notamos que su "plan" es que el esposo sea *"la cabeza"* de la esposa y por tanto de la familia. Esta misma idea se corrobora en Efesios 5:22-23 donde dice que el marido debe ser la cabeza de la mujer y que la mujer debe estar sujeta a su marido. En estos pasajes hay un principio muy claro: *"El esposo, quiera o no, para bien o para mal, es la cabeza del hogar"*.

Algunos esposos objetan al orden divino diciendo que sus esposas son más talentosas que ellos y con más condiciones para dirigir y ser cabeza, añaden que por su preparación cultural ellas son más aptas para trazar las pautas del hogar. Puede que esto sea verdad, pero el orden familiar no se basa en la inteligencia ni en el talento; sino que se basa en "el decreto de Dios".

La tarea que Dios nos asignó es suficientemente seria e importante para la estabilidad y seguridad emocional, física y espiritual de la familia y es necesario que entendamos que Dios nos pedirá cuenta por ello, porque para Él esto es importante y serio. Mateo 19:10 recoge un diálogo de Cristo con sus discípulos sobre el tema del matrimonio y nos demuestra que convertirse en esposo y padre es una gran responsabilidad a los ojos de Dios que no la podemos delegar en nadie y que tiene una permanencia vitalicia.

El que asume toda la responsabilidad direccional

Pudiésemos preguntarnos en estos momentos: *"¿Sé yo hacia dónde va mi familia?"*. ¿Cuántos de nosotros pudiéramos dar una respuesta clara, precisa y segura del curso que está tomando nuestra responsabilidad? Dios reclama para nuestra familia una cabeza que sepa ofrecer dirección bíblica. Ningún hombre tendrá excusas delante de Él en aquel día por lo que no pudimos hacer en cuanto a nuestra responsabilidad. No podremos argumentar diciendo que nos fue difícil o imposible, ni mucho menos excusarnos con que no pudimos capacitarnos para ello, porque Dios no tomará por inocente al culpable.

Como dijimos al principio, el matrimonio no es una institución en la cual vamos solamente a deleitarnos, sino que es una institución a la cual vamos con el compromiso de *"ser cabezas"* para dirigirla con la responsabilidad que Dios nos demandó desde el día en que encomendó a Adán para administrar y velar por la creación y le dijo: *"Fructificad y multiplicaos; llenad la tierra y sojuzgadla, y señoread en los peces del mar, en las aves de los cielos, y en todas las bestias que se mueven sobre la tierra"* (Gn. 1:28).

UN CONCEPTO BÍBLICO DE DILIGENCIA NO EGOÍSTA

Un siervo diligente

Un hombre que es cabeza de hogar tiene que ser diligente y como tal es uno que busca ocuparse en los negocios en los cuales ha sido puesto para obtener el mayor de los beneficios a favor de la institución para la cual trabaja. En la parábola de los talentos vemos la actitud de aquellos siervos que negociaron con sus talentos y cómo fueron premiados por su Señor; por el contrario, vemos el resultado del siervo que escondió el suyo.

La familia es una responsabilidad y todo hombre que decide un día formar una tiene que saber, y mucho más si es creyente, que en este nuevo hogar él será la cabeza que Dios quiere que sea y que tiene que mirar por los intereses de su familia de manera diligente.

Notemos la enseñanza que nos da el apóstol Pablo en 2 Corintios 12:14-15: *"He aquí, por tercera vez estoy preparado para ir a vosotros; y no os seré gravoso, porque no busco lo vuestro, sino a vosotros, pues no deben atesorar los hijos para los padres, sino los padres para los hijos. Y yo con el mayor placer gastaré lo mío, y aun yo mismo me gastaré del todo por amor de vuestras almas, aunque amándoos más, sea amado menos"*. Él le habla a esta iglesia como un padre y vemos el deseo de gastarse por ellos a quienes ve como a hijos. Esta intención de atesorar para los hijos es un concepto muy loable y genuino que debe surgir en el corazón de una cabeza que ama a su familia.

Con diligencia no egoísta

Muchos padres expresan sorprendidos: "Verdaderamente que cuando uno tiene hijos se terminó el descanso", esta frase muestra claramente que fueron al matrimonio sin tomar en cuenta que iban a ejercer un papel de "servicio y de autoridad no egoísta" y que desde que tomasen la decisión de formar este hogar no se pertenecían más y desde ese momento trabajarían para el bienestar de los suyos sin importar su propio bienestar.

Notemos otro punto importante del apóstol Pablo en 1 Tesalonicenses 2:9, en su condición de autoridad: *"Porque os acordáis, hermanos, de nuestro trabajo y fatiga; cómo trabajando de noche y de día, para no ser gravosos a ninguno de vosotros, os predicamos el evangelio de Dios"*. Este pasaje nos indica la diligencia no egoísta que primaba en su corazón con respecto a lo que estaban bajo su cuidado.

A veces pensamos en los beneficios de ser autoridad, pero no pensamos en absoluto en las responsabilidades que debemos asumir como cabeza del hogar que está bajo nuestro cuidado.

Convencidos del deber de ser diligentes

Son muchos los hombres que viven en el error de pensar que los hijos les deben a los padres y no los padres a los hijos; No estamos hablando del agradecimiento que los hijos deben profesar hacia los padres que han sabido ser excelentes como autoridad y cabeza de su familia, sino que nos referimos al hecho del deber que contraemos con nuestros hijos cuando los engendramos.

Los padres tenemos "El deber de ser diligentes" para obtener todo aquello que necesitan nuestros hijos. Y debemos recordar que nosotros no le pedimos opinión para traerlos al mundo, sino que simplemente quisimos tener hijos, sin entender que desde ese momento contraeríamos un gran deber de ser diligentes en todo lo que esas criaturas nos habrían de demandar, y que como su cabeza les tendríamos que proporcionar.

Como hemos venido diciendo, este deber está claramente establecido en la Palabra de Dios en 1 Corintios 11:3 y es por esto por lo que el ser cabeza de una familia trae una gran responsabilidad. No vamos al matrimonio a satisfacer solo nuestras necesidades fisiológicas, sino a ejercer responsablemente el papel de cabeza en la cual nos ha colocado Dios y que voluntariamente hemos escogido.

UN CONCEPTO BÍBLICO DE INFLUENCIA POSITIVA

Un ejemplo que influye

Es muy popular el dicho: "Tus hechos hablan tan alto que no me dejan oír lo que predicas". ¡Cuántos son los hombres de este mundo que solo se preocupan de aparentar una conducta para tratar de influenciar a los que están bajo su autoridad! Debemos preguntarnos qué es influenciar. Este es un verbo que expresa la acción que ejerce una persona o cosa sobre otra. Es ejercer predominio o fuerza moral en otro. La autoridad que es influyente es aquella que ejerce su función viviendo lo que predica para impactar a los que están bajo su autoridad de que lo que se les predica es algo beneficioso para sus vidas.

Todos nosotros como cristianos estamos impactados por los grandes ejemplos bíblicos que podemos percibir como modelos de autoridad correcta, y todos y cada uno de ellos están caracterizados por vidas consagradas a lo que fue su predicación, como el principal ejemplo tenemos a nuestro Señor Jesucristo.

Una influencia positiva

Muchas personalidades de este mundo influyen, pero sabemos que no toda influencia es buena. La meta de nosotros los creyentes no será entonces influir solamente, sino influir de manera positiva, promoviendo la santidad de Dios a través de una vida piadosa.

El apóstol Pablo nos dice en 1 Tesalonicenses 2:10-12: *"Vosotros sois testigos, y Dios también, de cuán santa, justa e irreprensiblemente nos comportamos con vosotros los creyentes; así como también sabéis de qué modo, como el padre a sus hijos, exhortábamos y consolábamos a cada uno de vosotros, y os encargábamos que anduvieseis como es digno de Dios, que os llamó a su reino y gloria"*. En este pasaje el apóstol Pablo presenta su testimonio íntegro delante de Dios y frente a aquellos que estaban bajo su autoridad para que valoraran cómo había sido su comportamiento y así poder influir de manera positiva en ellos por medio de sus palabras abaladas en su andar irreprensible (v. 13).

Una vida consagrada es lo que necesitamos

Todas las familias en el mundo expresarían que sus padres exhibieran una vida consagrada si se les diera la oportunidad de opinar en cuanto a lo que quisieran observar en sus padres, y es una pena que esto es lo que menos encontramos en la vida de los "cabeza de familia" de hoy día.

La consagración es la acción que nos lleva a dedicar nuestra vida a Dios para que Él haga su voluntad agradable y perfecta en nosotros. Debemos procurar vidas consagradas para poder ejercer nuestro rol de cabeza de *una familia bajo la Cruz,* llevándolo a cabo de la manera más efectiva posible. Esta labor fue asignada por Dios mismo y pactamos asumirla el mismo día que decidimos formar una familia. Sabemos que sin la familia no habría sociedad, y los principios que la fundamentan es lo que el diablo quiere destruir para llevar a muchos al infierno.

De nosotros dependerá el que nuestras familias estén bien guiadas. Un verdadero "cabeza de familia" está dispuesto a dirigir su familia y colocarla "bajo la Cruz" con su ejemplo y viviendo una vida piadosa conforme a la voluntad de Dios. Esta tarea demanda sacrificio y convicción de lo que realmente Dios quiere que seamos.

108 - Una familia bajo la Cruz

11

AYUDA IDÓNEA

Todas las mujeres del mundo anhelan ser felices, pero muy pocas de ellas se preguntan qué deben hacer para encontrar la felicidad. La felicidad no se obtiene a través de lo que sueñan alcanzar ni mucho menos a través de lo que esperan encontrar o recibir.

La Biblia enseña la única forma efectiva con la cual cada esposa podrá tener una vida llena de felicidad. Es en la Palabra de Dios, la cual está llena de la sabiduría de lo alto, en donde obtendrá poder para obedecer y ser lo que Dios quiere que sea conforme a su diseño que Él estableció desde antes de la fundación del mundo, y que llevó a cabo en el huerto del Edén cuando tomó la costilla de Adán y formó la primera mujer.

Nuestro Señor Jesucristo dijo en Lucas 11:28 - *"...Bienaventurados (felices) los que oyen la Palabra de Dios y la guardan".* Escuchar y obedecer la Palabra trae de parte de Dios nuestra felicidad como resultado. De acuerdo con esta declaración del mismo Señor Jesucristo podemos decir con seguridad que cada mujer creyente que se ha involucrado en el matrimonio y en la crianza de sus niños guardando el consejo de Dios será un testimonio visible y veraz de una mujer realizada y feliz.

Las mujeres cristianas tienen una gran responsabilidad que cumplir como esposas y madres y Dios les pedirá cuenta principalmente por estas áreas de su vida y no por aquellas que muchas les dan preferencia y que no necesariamente son la voluntad de Dios.

Es importante que cada mujer llena del Espíritu Santo procure establecer prioridades en su vida conforme a la Palabra de Dios. Es Dios mismo el que asegura que en la medida en que la mujer se ocupe de estas prioridades y se mantenga apegada haciendo Su voluntad con gozo, en esa misma medida Él traerá bendiciones abundantes a su vida.

DEFINICIÓN DE TÉRMINOS

Ayuda idónea

Génesis 2:20 dice: *"Y puso Adán nombre a toda bestia y ave de los cielos y a todo ganado del campo; más para Adán no se halló ayuda idónea para él"*. ¿Qué quiere decir la Biblia cuando hace esta afirmación? Según este texto, una ayuda idónea es aquella que puede suplir adecuadamente las necesidades de su cónyuge trabajando junto a él para ser su complemento perfecto.

Su significado viene de la palabra latina "cum-ponis" y significa:

- cosa que hace juego con otra
- una que complementa al otro
- una que acompaña a su cónyuge
- una que ha sido creada para ser aliada y compañera

Ser ayuda idónea significa desarrollar de forma correcta el papel de complemento que Dios ha diseñado para la mujer para que la pareja funcione perfectamente; Dios la creó para que sea camarada de su esposo, su compañera y su mejor aliada.

Dios creó a la mujer de la costilla del hombre. Una máxima popular dice: no de los pies para ser pisoteada, ni de la cabeza para ser superior, sino del lado para ser igual, debajo del brazo para ser protegida y al lado del corazón para ser amada.

Aunque Efesios 5:22 instruye a las casadas a que estén sujetas a sus propios maridos como al Señor, esto no quiere decir que ella sea inferior como ser creado por Dios o que está a un nivel más bajo que el hombre ante su Creador, sólo que debe entender que su rol dentro de la pareja lo cumplirá eficazmente en la medida en que acepte la autoridad de su esposo.

Debajo de la autoridad

Someterse significa ponerse por debajo de la autoridad de alguien. Su significado viene de la palabra griega *"hupotazo"* y es lo que Dios demanda en el contexto del matrimonio a la mujer con respecto a su cónyuge.

La verdadera plenitud del Espíritu Santo hará que la mujer cristiana sea capaz de someterse a su marido en amor y con el gozo de saber que lo está haciendo para agradar al Señor, a la vez que cumple con su objetivo principal de ser una verdadera aliada, compañera y ayuda idónea para su cónyuge.

Una compañera es como una subordinada o vicepresidenta que sirve directamente en el hogar por debajo de la autoridad del presidente que es su esposo. Ella sabe reconocer que Dios ha colocado a su esposo como autoridad o cabeza en el hogar y con gozo se somete a él.

Hombro con hombro

Esta es una expresión que nos ayuda a comprender lo que significa esta parte del rol de la mujer casada. Dios desea que al lado de cada hombre esté una mujer. Por esto nos dice el texto inicial: *"...más para Adán no se halló ayuda idónea para él"* - Génesis 2:20.

Se ha dicho muchas veces: "detrás de cada gran hombre hay una gran mujer". Esta sentencia tiene una gran verdad implícita, ya que una mujer que sepa colocarse en el lugar que Dios ha diseñado para ella, contribuirá con la realización de su marido como líder y autoridad de su hogar y será de bendición en cualquier empresa donde él se desarrolle.

La esposa que acepta esta posición hará la labor de su marido más fácil, más efectiva y más placentera, a la vez que ambos serán premiados por Dios al tiempo que recibirán la satisfacción del deber cumplido. No habrá otra posición más idónea para una mujer que vivir su vida hombro con hombro al lado de su esposo.

CUALIDADES DE LA ESPOSA QUE ES AYUDA IDÓNEA

Casta

Esta actitud está definida en 1 Pedro 3:2 por la palabra griega *"agnos"* que significa *"puro" o "casto",* proveniente de la palabra *"agios"* que se traduce como "santo". Una mujer casta es una mujer que vela por su pureza y santidad interior y se preocupa por su pensamiento, su vestir, su andar, su hablar para que reflejen el testimonio de una verdadera mujer creyente.

Esta es una cualidad muy importante y es de donde se derivarán todas las demás virtudes de la mujer cristiana, porque una mujer que no tenga pensamientos y actitudes puras es porque su corazón no es puro, ya que de él salen los malos pensamientos (Mat. 15:19).

Su espíritu debe ser afable (manso) y apacible como nos dice 1 Pedro 3:4. Como podemos notar a través de este pasaje, la pureza interior tiene un reflejo exterior y aquí se declara que lo importante en una mujer no está en los adornos externos que se ponga, sino en lo interno que adorne su corazón, en el incorruptible ornato de un espíritu afable y apacible, que es de grande estima delante de Dios.

Respetuosa

Esta cualidad o actitud debe ser sumamente importante para la mujer que cumple su rol de ayuda idónea, pues sin respeto no puede haber una buena relación. La palabra respeto o temor que también se usa en 1 Pedro 3:2 viene de la palabra griega *"phobos"* de donde viene la palabra *"fobia"* que se traduce como *"temor intenso"* en español.

Se dice que cuando una pareja se falta el respeto, se perdió todo. En este plano debemos respetar para ser respetados. Al parecer, es común que la mujer irrespete a su marido, ya que en Efesios 5:33 así como se le demanda al esposo que ame a su mujer como a sí mismo, se le demanda a la mujer "que respete a su marido".

En el texto de 1 Pedro 3, dice en el versículo 2 a la mujer casada: *"...considerando vuestra conducta casta y respetuosa"*. Esto no implica que una esposa anulará su capacidad mental o que suprimirá su individualidad, sino que ella sabrá ayudar a su marido dándole ideas, opiniones e intuiciones emanadas de un pensamiento casto, puro y mostrando respeto, sobre todo, cuando haya desacuerdo, entendiendo que la decisión final será apoyar a su esposo.

Reverente

1 Pedro 3:6 nos ofrece un gran ejemplo extraído del matrimonio de Abraham y Sara cuando dice: *"...como Sara obedecía a Abraham, llamándole señor; de la cual vosotras habéis venido a ser hijas, si hacéis el bien, sin temer ninguna amenaza"*.

Una mujer liberal de hoy podría decir que esos tiempos pasaron y que no está dispuesta a mostrar este tipo de relación con su marido, pero lo lamentable es que ese pensamiento rebelde y en contra de Dios solo ha contribuido a destruir el concepto bíblico del matrimonio y a generar pleitos y reacciones contrarias en su cónyuge.

Como podemos leer en el contexto, esta no es una opción antojadiza para ser dejada o adoptada por la mujer de aquellos tiempos, sino una demanda de Dios para la mujer cristiana de todos los tiempos que sabe ser ayuda idónea para su marido y sabe tener una actitud correcta ante él y ante los demás de forma tal que nunca lo avergüence.

CONVICCIONES DE LA ESPOSA QUE ES AYUDA IDÓNEA

Es ser ayuda idónea - No pretender serlo

Es muy importante la autenticidad de la mujer para que pueda llevar a cabo su papel con gozo y no como una carga. Son muchas las esposas que viven amargadas o que callan sus verdaderos sentimientos por el hecho de que nunca fueron preparadas y criadas para ser lo que Dios les demanda ser.

Una mujer que es ayuda idónea no anda haciendo alardes de lo que hace, sino que simplemente "es" ayuda idónea, desea obedecer y agradar a Dios en primer lugar y, por ende, respetar a su marido manteniéndose sujeta a él como al Señor.

El apóstol Pablo nos declara en Efesios 5:22 algo importante: *"Las casadas estén sujetas a sus propios maridos, como al Señor"*. Es de gran testimonio ver la conducta de hermanas que con gozo y alegría se deleitan en ayudar a sus maridos y estarles sujetas, porque ellas están convencidas que no trabajan individualmente para "lo suyo propio", sino para ambos y para el Señor.

Vive para lo nuestro

Esta expresión dice mucho de un matrimonio; Una pareja está compuesta por dos que son una sola carne y que viven para un mismo propósito para el cual Dios los ha creado. Es penoso ver parejas que sólo hablan de lo mío y lo tuyo y nunca se les oye hablar de lo nuestro. Cada uno tiene su propio negocio, cada uno lleva sus propias cuentas y sus pensamientos y acciones discrepan de lo que la Palabra de Dios llama "unidad".

Una mujer que es compañera y ayuda idónea entiende y hace "de lo nuestro" parte de sus convicciones y no dará lugar a su obstinación y deseo de ejercer predominio, lo cual se convierte en desobediencia a Dios y puede llevar su matrimonio al fracaso, a la separación o al divorcio, algo a lo que evidentemente Dios se opone.

Tiene una sola meta

Cada pareja cristiana tiene que trabajar para una misma meta, nunca deben hallarse luchando en bandos contrarios, sino que juntos es que podrán conseguir con mayor prontitud lo que se han propuesto. Si esta convicción está en la esposa que es ayuda idónea, no se hallará luchando para ir hacia donde ella quiera sin importarle hacia dónde va su cónyuge, por el contrario, ella será sensible y obediente para dirigirse hacia donde su esposo haya determinado y procurará no hacer nada sin su anuencia y aprobación.

Toda esposa que se propone ser compañera, aliada y ayuda idónea supervisará que todo lo que su marido establezca junto a ella sea cumplido, ejecutado y llevado hacia donde ambos hayan decidido o a donde él haya establecido o la decisión que haya tomado como cabeza del hogar.

Dios espera que toda creyente sea esa gran mujer que está detrás de ese gran hombre. En la medida en que una esposa obedece a Dios y lo hace con el gozo del Señor, será fortalecida para lograr la meta de Dios que la hará feliz. Dios se encargará de bendecir a todas aquellas que no permiten que su Palabra sea blasfemada en cuanto al trato que dan a sus maridos y sus hijos. Tito 2:3-5 dice: *"Las ancianas asimismo sean reverentes en su porte; no calumniadoras, no esclavas del vino, maestras del bien; que enseñen a las mujeres jóvenes a amar a sus maridos y a sus hijos; a ser prudentes, castas, cuidadosas de su casa, buenas, sujetas a sus maridos, para que la palabra de Dios no sea blasfemada".*

116 - Una familia bajo la Cruz

12

AMANTE EXCEPCIONAL

Ahora hablaremos del concepto bíblico sobre el amor verdadero. Después de Dios, el mayor amor en la vida de un hombre debe ser el amor hacia su esposa. La Palabra de Dios ilustra este amor del esposo para con su esposa con el ejemplo más glorioso que el hombre haya podido conocer, nos referimos al amor de Jesucristo por su Iglesia.

La lucha que vemos en los hogares hoy día nos muestra cuán poco se conoce la demanda de Dios de amarnos con el amor con que Él nos amó. Los medios de comunicación existentes hablan de un amor muy diferente al amor de Dios, y nos damos cuenta cómo se ha falsificado el auténtico y maravilloso significado del amor para conservar y mantener ocultos los verdaderos sentimientos egoístas que caracterizan al hombre pecador. El amor que se manifiesta en el mundo es aquel que se coloca una careta para ocultar la realidad maliciosa e individualista del ser humano.

Es una realidad que el amor del cual hablan los hombres no tiene el menor sentido bíblico dentro de la sociedad que nos envuelve. Todo lo que se ha prometido dentro del ámbito político, social, matrimonial y aun familiar, es puro sentimiento vacío, que dista mucho de las demandas prácticas o acciones verdaderas que caracterizan el verdadero amor.

Decir hoy en día: "te amo" es la cosa más común y al mismo tiempo es la expresión más vacía que podemos usar. Las palabras que el apóstol Juan manifiesta en 1 Juan 3:18 nos estimulan a amar verdaderamente: *"Hijitos míos, no amemos de palabra ni de lengua, sino de hecho y en verdad"*.

Es nuestra intención que en este capítulo conozcamos la verdadera visión bíblica del amor que Dios demanda en su Palabra a los esposos para con sus esposas sabiendo que el amor es esa acción tierna y desinteresada que se esfuerza en hacer lo que es mejor para el objeto amado. Es la acción que busca lo mejor para aquello que ama.

EL AMOR EXCEPCIONAL DEL ESPOSO

Una demanda previa

Cada vez que hemos estudiado este tema tenemos que iniciar con esta demanda dada a nosotros a través del apóstol Pablo en Efesios 5:18: *"No os embriaguéis con vino, en lo cual hay disolución; antes bien sed llenos del Espíritu"*. Es pues la llenura del Espíritu Santo una demanda sin discusión para aquellos que estamos unidos en matrimonio para poder llegar a amar a la manera de Dios.

Decimos esto porque sabemos que ninguno de nosotros como seres humanos caídos y pecadores podemos producir por nosotros mismos esa acción que solamente proviene de Dios y que está activa en aquellos que han recibido esa fuente de vida que Dios da a todos los que nacen de Él.

Es por esta causa que podemos darnos cuenta de que en el mundo nunca encontraremos el perfecto amor que Dios produce en sus hijos. Podemos encontrar en el mundo actitudes filantrópicas, acciones heroicas tras deseos humanos ocultos, y cualquier otra acción que pueda llamarse amor o confundirse con lo que llamamos amor, pero que está muy lejos de ser lo que Dios produce en los creyentes. Es que el amor es de Dios y todo el que ama es aquel que es nacido de Dios y conoce a Dios (1 Jn. 4:7). Es por esto por lo que para poder amar como "verdadero amante excepcional" con el amor que se describe en 1 Corintios 13:4-8 tenemos que buscar primeramente la llenura o control del Espíritu Santo en nosotros.

Debemos enfatizar en que no basta con ser creyente y tener el Espíritu, sino que tenemos que buscar su llenura y control en nosotros.

Una actitud de humildad

Desde el año 1981 he sido pastor y desde mis inicios en este noble oficio he estudiado y compartido este tema. Durante todos estos años he expuesto y compartido con muchos matrimonios en diferentes partes del mundo a quienes he ministrado, y he percibido la realidad imperante en muchos de resistirse a ser lo suficientemente humildes para someterse a las demandas de Dios y ser bendecidos.

Si estudiamos profundamente el texto de la Palabra que a continuación corona el inicio de esta sección (Ef. 5:21), el cual nos habla de los deberes conyugales, nos daremos cuenta de que Dios no ha tenido privilegio alguno ni para el hombre ni para la mujer, a ambos se nos ordena ser humildes y someternos unos a otros en el temor de Dios.

Si los hombres por naturaleza hubiésemos amado a nuestras mujeres como Dios nos pide, no hubiese la necesidad de haberle dado este mandamiento y por ende no hubiese existido ni la llamada liberación femenina, ni el machismo infundado el cual marca la forma de actuar de muchos hombres. Dios quiere un sometimiento de unos a otros en el temor reverente a Su persona.

Un mandato sin condiciones

El apóstol Pablo nos declara: *"Maridos, amad a vuestras mujeres, así como Cristo amó a la iglesia, y se entregó a sí mismo por ella"* - Efesios 5:25. A través de este pasaje Dios nos está hablando y lo está haciendo suficientemente claro para que pongamos nuestra mirada en la Cruz del Calvario y en el sacrificio de Jesucristo para salvarnos.

Cuando se dice *"así como"* se está haciendo referencia a un patrón a donde se está queriendo llevar nuestro pensamiento, nuestra voluntad y todo nuestro ser a un modelo tangible y perfecto para nuestra comprensión, motivación y ejecución del mandamiento.

Maridos, este mandamiento dado en imperativo para amar a nuestras mujeres no tiene más detalles que revelar. En pocas palabras, se nos está diciendo: "Mira como Cristo amó a la Iglesia y de la misma manera que la amó, ama a tu mujer". Este mandamiento habla del amor sacrificial, del amor descrito en 1 Corintios 13:4-8, del amor que nunca deja de ser. "Esto es lo que llamamos amor excepcional".

PARTICULARIDADES DEL AMANTE EXCEPCIONAL

Propósito del amante excepcional

Muchos son los hombres que piensan que ser un verdadero amante es lograr satisfacer muchas mujeres todo el tiempo, y no se dan cuenta que el verdadero amante es aquel que puede satisfacer una sola mujer durante todo el tiempo y en todas sus áreas. El apóstol Pablo manifiesta cuál debe ser el propósito del marido que verdaderamente ama. Efesios 5:26 nos revela el propósito por el cual Cristo amó a la iglesia y se entregó a sí mismo por ella: *"...para santificarla, habiéndola purificado en el lavamiento del agua por la palabra"*. Jesús hizo todo esto con el propósito de que su esposa, "La Iglesia":

- Fuese liberada del yugo de esclavitud que la agobiaba
- Fuese una esposa pura y sin mancha
- Fuese satisfecha en todas sus necesidades y viviese dando gracias a Dios por su esposo.

Imaginemos qué arduo trabajo tenemos por delante aquellos que hemos decidido tomar una mujer por esposa. Ahora entendemos cuánto desconocimiento tenemos de lo que es un verdadero amante y lo que necesitamos proveerle a una mujer para que pueda ser amada.

La finalidad del amante excepcional

Se dice que una mujer se conquista por la palabra, mientras que el hombre se conquista por la mirada. La finalidad de un amante excepcional debe ser que su esposa sepa y vea que su esposo se siente satisfecho y complacido de que ella sea su esposa por lo que ella es y no por lo que ella aparente ser.

En Efesios 5:27 notamos la finalidad del Señor Jesucristo al hacer lo que hizo por la iglesia: *"...a fin de presentársela a sí mismo, una iglesia gloriosa, que no tuviese mancha ni arruga ni cosa semejante, sino que fuese santa y sin mancha"*. Todo hombre tiene que trabajar para que su mujer esté convencida de que ella es para su esposo lo que la iglesia es para Cristo.

Debemos recordar aquí lo que dijo Adán cuando Dios le creó y le mostró a Eva su mujer: *"Esto es ahora hueso de mis huesos y carne de mi carne"* (Gn. 2:23). Adán en estos momentos se sentía complacido y satisfecho de lo que Dios le había dado como compañera. Esta satisfacción de Adán desgraciadamente solo duró hasta la caída. Lo vemos cuando dijo: *"La mujer que me diste por compañera me dio del árbol, y yo comí"* (Gn. 3:12). El pecado nos lleva a dejar de amar la que Dios nos dio para que amemos.

La medida del amor del amante excepcional

Hemos visto que el amor no es un sentimiento que se expresa, sino una "acción que se ejerce"; por tanto, el verdadero amante entenderá que Dios demanda amar con el amor con que nosotros nos amamos a nosotros mismos. Efesios 5:28 nos dice: *"Así también los maridos deben amar a sus mujeres como a sus mismos cuerpos. El que ama a su mujer, a sí mismo se ama"*. Esto nos explica que el marido debe amar a su mujer como a sí mismo, como a su mismo cuerpo; Un hombre que se considera amante excepcional estará preocupado por satisfacer a su mujer como él mismo procura satisfacerse.

No hay manera más clara para establecer la calidad del amor que Dios espera que los maridos les dispensen a sus esposas, que la medida en que ellos mismos se aman. Lo que se está diciendo es que nadie debe querer que a su esposa le pase nada de lo que el hombre no desea para su propia vida. La razón está dada en Efesios 5:29, *"Porque nadie aborreció jamás a su propia carne, sino que la sustenta y la cuida, como también Cristo a la iglesia"*. Si el amor de Cristo va hasta el punto de cuidar permanente y absolutamente a su iglesia, de la misma manera el esposo debe cuidar a su esposa, sustentándola en todo con el "amor de Dios". Una mujer que sea tratada así tendrá una alta estima y un deseo verdadero de alabar a su Creador.

MOTIVACIONES DEL AMANTE EXCEPCIONAL

Somos un solo cuerpo

Es el apóstol Pablo el escogido por Dios para revelar este tema tan importante para la pareja y es el más indicado para hacerlo, ya que Pablo al no haberse casado no se le podía acusar de que tenía sus propios intereses. El texto ahora nos dice: *"...porque somos miembros de su cuerpo, de su carne y de sus huesos"* - Efesios 5:30. En 1 Corintios 7:4 va más allá de lo que dice en Efesios, pues determina que ni la mujer tiene potestad sobre su propio cuerpo, sino el marido y que de igual manera el marido no tiene potestad sobre el suyo, sino la mujer. La realidad es que para Dios somos un solo cuerpo desde que nos unimos en matrimonio y nada más hay que decir.

Todo esposo cristiano tiene que entender la unión indisoluble y el sentido de pertenencia a su esposa en cuerpo, mente y corazón, por lo cual no puede pasar por su mente la idea de una separación o de un divorcio; ¿cómo podemos pensar que podemos desprendernos de algún miembro de nuestro cuerpo y no sufrir daño alguno?, o ¿cómo podemos aborrecer alguna parte de nuestros miembros o no dedicarnos a cuidarlos cuando esté afectada por algún daño?

Tenemos un mandamiento que obedecer

La segunda razón que establece el Señor en este pasaje para demandarnos un amor sacrificial y verdadero para nuestras esposas la encontramos en Efesios 5:31 recordando aquí lo dicho en Génesis 2:24: *"Por esto dejará el hombre a su padre y a su madre, y se unirá a su mujer, y los dos serán una sola carne"*.

Está claro que cuando decidimos tomar por mujer a nuestra esposa teníamos que saber que desde ese día dejamos de ser dos para ser uno; ese día salimos del núcleo familiar de nuestros padres para formar con nuestra esposa otro núcleo completamente aparte al de aquellos que nos procrearon y ser uno en el Señor. Ignorar este mandamiento dado desde el huerto del Edén y ratificado aquí es la causa por la que tantos matrimonios estén tan separados de la verdad y por ende tan afectados todavía por los lazos familiares exponiendo a sus propias familias que caigan en destrucción. Dios quiere que respetemos estas demandas para que seamos felices.

La grandeza de este misterio

Es una realidad que la Iglesia de Cristo testifica por todo el mundo que la relación que lleva con su esposo "Cristo" es maravillosa, muchos testifican que no quieren ni siquiera salir de la luna de miel, otros experimentan día tras día experiencias diferentes que les hacen sentir que el Señor Jesucristo es algo excepcional y todo esto por lo que Él hace por nosotros. Ciertamente que aquí tenemos otro misterio revelado para que podamos obtener la felicidad en nuestro matrimonio. El apóstol Pablo establece esto con respecto a Cristo y la iglesia diciendo: *"Grande es este misterio; mas yo digo esto respecto de Cristo y de la iglesia"* - Efesios 5:32.

Es como si el apóstol estuviera diciendo: "Yo sé que, si esto ha funcionado en la relación de Cristo con su iglesia, también funcionará en todo matrimonio que siga este consejo".

Todos los esposos cristianos debemos disponernos a aplicar las enseñanzas de este misterio que Dios reveló acerca del amor con que debemos amar a nuestras esposas, de esta manera ellas podrán decir llenas de satisfacción: "éste es mi marido". Los esposos debemos darnos cuenta de que si se nos manda a amar es porque no somos fácilmente dados a ello.

La conclusión de lo que Dios quiere para la pareja la podemos ver en el final del pasaje: *"Por lo demás, cada uno de vosotros ame también a su mujer como a sí mismo; y la mujer respete a su marido"* - Efesios 5:33. La felicidad en el matrimonio es de doble vía, Dios requiere, como hemos visto hasta ahora en los diferentes roles, que cada uno haga su parte para que el matrimonio funcione. Por tanto, no nos situemos en la pared de enfrente a esperar que el otro haga su parte, por el contrario, cada uno en particular debe de manera desinteresada obrar y ejecutar las demandas de Dios para con su cónyuge y veremos cómo Dios nos ha de bendecir.

Las pruebas del verdadero amor son las siguientes:
- El amor es protector (en la práctica).
- Acepta responsabilidades.
- Es respetuoso y reverente.
- Produce dolor cuando hay separación.
- Produce placer cuando hay comunión.
- No necesita la expresión física constantemente.
- Es altamente dador de sí mismo.
- Todo lo tiene en común (no separación de bienes).
- Corresponde al ser amado.
- Experimenta una buena comunicación.

- Aumenta a cabo del tiempo.
- Permite una relación perfecta con Dios.
- Es consistente, equilibrado y maduro.
- Es realmente práctico.

126 - Una familia bajo la Cruz

13

AMANTE Y EJEMPLO DE SUMISIÓN

Sabemos que la Biblia no dice mucho acerca de que la mujer ame a su marido, pero si dice que la esposa debe respetar a su esposo y sujetarse a él como la Iglesia se sujeta a Cristo. Esta es la manera como la esposa le demostrará a su esposo que verdaderamente le ama.

¿Podemos decir que la Biblia no da pautas o no tiene demandas para que la mujer ame a su marido? Ciertamente, no podemos decir esto. El asunto es que por naturaleza la mujer es más sensible que el hombre y se le hace más fácil ser cariñosa y afectiva, mientras que al hombre por su naturaleza se le hace más difícil mostrar que ama.

El problema es que el amor verdadero no radica en mostrar sentimientos superfluos o pronunciar palabras hermosas. Ya hemos dicho que "amar" es hacer siempre lo mejor en favor del objeto amado. El amor es una acción y así como se le demanda al hombre que ame a su mujer teniendo como parámetro la forma en que Cristo amó a la Iglesia, ahora se toma como parámetro el amor con que la Iglesia ama a Cristo para mostrarle a la esposa cómo debe amar a su esposo.

Por esto es importante entender que no sólo debemos aprender lo que es el amor, sino también lo que hace el amor en favor del objeto amado, pues no hacemos nada diciendo que amamos si no manifestamos ese amor con nuestras acciones.

Una mujer es reconocida por su marido como una "amante excepcional" cuando sabe satisfacer las necesidades de su cónyuge haciéndole saber que él es la cabeza de su matrimonio y el mejor hombre que ella pudo haber escogido para ser su cabeza.

Es importante entender que el "amor" es una elección respaldada por la acción de "amar". El amor es un arte que debemos desear aprender y al cual tenemos que dedicar toda la vida, pues cada etapa de nuestros matrimonios necesitará de una acción acorde a lo que necesite nuestro cónyuge. Es por esto por lo que toda mujer debe aprender a amar a la manera como Dios le ha ordenado que ame a su marido eliminando las ideas erradas sobre el amor que el mundo ha popularizado.

FUENTES PRINCIPALES DE IDEAS ERRADAS SOBRE EL AMOR

Impresiones confusas acerca del amor

Muchas mujeres en el día de hoy tienen una idea muy confusa sobre lo que es el amor, ideas que vienen de la colección de opiniones que recogemos de aquí y de allá, que tal vez se remontan desde la primera infancia o que se absorbieron a través de cuentos, de novelas o de películas románticas.

Una fuente de confusión son los prototipos de mujeres amantes que llegan a pasar por la vida de cuantos hombres las enamoran y piensan que son verdaderas amantes (de hecho, este es su nombre por antonomasia), como ejemplo de eso tenemos a las más famosas divas del cine que se enorgullecen de los hombres a quienes han amado y se jactan de decir que son capaces de amar y amar; pero con la misma rapidez son capaces de caer en el desamor.

Cuando vemos u oímos sobre esto, debemos recordar las palabras del apóstol Pablo en 1 Corintios 13:8 sobre el verdadero amor que nunca deja de ser. Es entonces cuando llegamos a la conclusión de que ciertamente cuando se habla de amor estamos hablando de dos ideas diferentes; la problemática estriba en que hay una verdadera confusión causada por la mala impresión que recibimos del mundo frívolo que juega con un sentimiento que cree que es amor, pero no lo es.

Afirmaciones distorsionadas

Podemos decir que cada persona en el mundo nos daría una definición de lo que es amar completamente distorsionada basada en su propia experiencia y no en lo que Dios define como amor. Lo que nos indica que mientras más experiencias vive el hombre en la práctica del amor erótico y pasional, menos idea tiene del verdadero amor que perdura.

Un psicólogo que entrevistó a más de mil individuos descubrió que la gran mayoría de ellos habían comenzado a tener fantasías desde la edad de 13 años, y al llegar a los 24 ya habían tenido una o múltiples experiencias reales pasionales que habían terminado en el fracaso; esto desarrolló en ellos un malísimo concepto sobre el amor. Estos individuos que participaron en esas experiencias amorosas hablaban y actuaban con una dolorosa precaución hacia el amor real.

La sabiduría de Dios es la única que llevará a la mujer a comprender lo que significa y hace el verdadero amor. El verdadero amor no puede basarse en experiencias propias o experiencias ajenas, pues cada individuo tendrá una historia sobre el amor; una mujer cristiana sabia debe concentrarse en lo que la Palabra de Dios dice con respecto al verdadero amor y debe hacer entender a aquel que ama que su amor es duradero y permanente, porque le ama con el amor de Dios y no a través de su propia experiencia. Cantares 8:7 nos habla de este amor: *"Las muchas aguas no podrán apagar el amor, ni lo ahogarán los ríos".*

Razonamientos imperfectos

No hay manera de saber cuántas actitudes erróneas o razonamientos imperfectos hacia el amor emergen de las influencias culturales: Las películas, la televisión, la propaganda sensual de productos de consumo, las novelas, las revistas femeninas, las malas compañías, los cuentos eróticos, la pornografía, etc. Esto resume la frase: *"Influencias culturales"*.

Lamentablemente, las influencias culturales llevan a la mujer a tomar un laberinto sin salida y la sociedad de hoy está sumergida en ese mismo laberinto sin entender dónde y a través de quién puede hallar una definición correcta sobre el amor. Ni siquiera la enciclopedia británica tiene artículos sobre el tema del amor, pues es real que nadie tiene información correcta sobre el tema que no sea la Palabra de Dios. Todos necesitamos una información correcta, exacta y clara de lo que es el verdadero amor, pues no podemos permitir que el concepto que tengamos del amor esté condicionado a lo que otras culturas piensen sobre ello.

De acuerdo con este planteamiento tenemos que concluir que toda mujer cristiana tiene que buscar en la Biblia lo que Dios dice sobre el amor y sobre cómo actuar dentro de este sentimiento que algunos han llamado la emoción *más deseada*. Los matrimonios que no la tienen se sienten desdichados y su relación se torna aburrida y algunas personas gastan toda la vida buscándola y dejan como secuela un sendero de relaciones rotas.

LO QUE LA PALABRA DE DIOS ENSEÑA ACERCA DEL AMOR

En el Antiguo Testamento

Pudiésemos decir que la Biblia completa, desde el libro de Génesis hasta el libro del Apocalipsis, es una historia de amor de la cual todos debemos aprender, y la pudiéramos llamar: "La historia del inefable amor de Dios a favor de la raza humana", la que evidentemente no merece ser amada.

Es desde el Antiguo Testamento que vemos a Dios buscando, alimentando, cuidando, haciendo lo mejor a favor de los que ama, buscando siempre atraer hacia él a hombres, mujeres y niños como podemos ver en Jeremías 31:3: *"Jehová se manifestó a mí hace ya mucho tiempo diciendo: con amor eterno te he amado; por tanto, te prolongué mi misericordia".*

Es también el Antiguo Testamento que nos habla de la relación amorosa de Dios con los israelitas, un amor que a menudo se compara con el amor de un esposo hacia su esposa errante, que está determinado a lograr que esa esposa le ame y le sea fiel. En Oseas 3:1-5 se nos muestra esta verdad: *"Me dijo otra vez Jehová: Ve, ama a una mujer amada de su compañero, aunque adúltera, como el amor de Jehová para con los hijos de Israel, los cuales miran a dioses ajenos, y aman tortas de pasas.*

La compré entonces para mí por quince siclos de plata y un homer y medio de cebada.

Y le dije: Tú serás mía durante muchos días; no fornicarás, ni tomarás otro varón; lo mismo haré yo contigo.

Porque muchos días estarán los hijos de Israel sin rey, sin príncipe, sin sacrificio, sin estatua, sin efod y sin terafines.

Después volverán los hijos de Israel, y buscarán a Jehová su Dios, y a David su rey; y temerán a Jehová y a su bondad en el fin de los días".

En el Nuevo Testamento

El Nuevo Testamento es un legado indiscutible de la revelación de Dios con respecto al amor sin límites. El Señor muestra en esta parte de la Escritura lo que hace el amor dándonos una descripción completa del más grandioso sacrificio que hizo Dios para atraernos hacia el círculo de su eterno cuidado. Jesús declara a Nicodemo en Juan 3:16 la medida y la manera de ese amor. *"Porque de tal manera amó Dios al mundo, que ha dado a su hijo unigénito para que todo aquel que él cree, no se pierda, más tenga vida eterna".*

Es por esto por lo que podemos resumir a través de la obra de Jesús que el amor es hacer siempre lo mejor a favor del que es objeto de nuestro amor.

La gran motivación que nos debe llevar a buscar siempre lo mejor para quien amamos está basada en el hecho de que el amor reconoce un valor único en el ser amado, y decide afirmar siempre dicho valor. Es por esto por lo que una mujer cristiana jamás debería reprender, criticar o ridiculizar a su esposo, sino que lo debe admirar y reconocerlo como su autoridad - 1 Pedro 3:6.

En las epístolas a la Iglesia

Es en las diferentes epístolas que se escribieron por la inspiración del Espíritu Santo a las iglesias del Nuevo Testamento donde encontramos las pautas para que podamos amar a nuestro cónyuge como Dios lo ha ordenado. El apóstol Pablo es quien se dedica más tiempo para hablarnos del amor verdadero aplicable a la relación matrimonial, y es en 1 Corintios 13 donde nos enseña la definición del verdadero amor, lo que el amor "es" y lo que el amor "no es", este texto memorable concluye diciendo: *"El amor nunca deja de ser".*

Este pasaje nos muestra la naturaleza del amor con descripciones específicas de cómo se comporta el amor, especialmente cuando es sometido a prueba. En esta epístola aprendemos que el amor real es siempre una elección respaldada por la acción. Queda claro que la única fuente verdadera para definir y saber lo que es y lo que hace el amor es la inefable Palabra de Dios.

CARACTERÍSTICAS DE LA AMANTE EXCEPCIONAL

La amante excepcional conoce cómo amar

La porción bíblica por excelencia que define cómo debe amar una esposa cristiana a su marido es Efesios 5:22-24 y 33b: *"Las casadas estén sujetas a sus propios maridos, como al Señor; porque el marido es cabeza de la mujer, así como Cristo es cabeza de la iglesia, la cual es su cuerpo, y él es su Salvador. Así que, como la iglesia está sujeta a Cristo, así también las casadas lo estén a sus maridos en todo". "...y la mujer respete a su marido".*

Una esposa creyente que analiza esta porción de la Palabra de Dios revelada para ella se dará cuenta de inmediato que, así como al hombre se le dio un modelo para saber cómo amarla a ella, también se le da a ella otro patrón para que sepa cómo debe amar a su esposo. Este patrón dado a la mujer cristiana consiste en que se sujete a su marido en todo como la iglesia se sujeta a Cristo. Aquí nos podemos preguntar ¿Qué lleva a la iglesia a someterse a Cristo? La respuesta es evidente y clara – "Él es la cabeza que Dios puso sobre ella y además le está correspondiendo al amor que Él ha derramado sobre ella".

La aplicación del principio bíblico

Una mujer que ama a su marido lo va a mostrar en la medida en que entienda que él es su cabeza, una cabeza puesta por Dios, no impuesta por la ley o porque el hombre lo exija, sino por Aquel que es nuestro Creador, Señor y Salvador.

Toda esposa cristiana analiza por qué la iglesia se sujeta reverentemente a Cristo y qué la motiva a amarlo incondicionalmente. Cuando hace un análisis minucioso del patrón que Dios le impone, se dará cuenta que esa iglesia reconoce su autoridad y las cualidades positivas de su esposo y por esto desea amarlo y respetarlo.

El amor que toda esposa debe dispensar a su marido no estriba en que él sea bien dotado de virtudes humanas, sino simplemente porque su Señor y Salvador se lo ordena. Vemos esta verdad en el texto de Efesios: *"Las casadas estén sujetas a sus propios maridos, como al Señor; porque el marido es cabeza de la mujer, así como Cristo es cabeza de la iglesia, la cual es su cuerpo, y él es su Salvador"* - Efesios 5:22-23.

La satisfacción de amar a la manera de Dios

Para recibir amor tenemos que aprender a darlo. Son muchas las mujeres que encontramos en este mundo tratando de que las amen y no pueden lograrlo; se pasan la vida frustradas porque no pueden alcanzar el amor. El problema básico de estas personas es que no han aprendido a amar como Dios ama, siempre están esperando respuestas del amor que tratan de dar y nunca están satisfechas con lo que reciben, pues siempre consideran que reciben menos de lo que esperan.

Solamente experimentaremos el verdadero amor cuando aprendamos a amar sin esperar recibir. De esta manera estaremos satisfechos recibamos o no retroalimentación, pues la realidad es que cuando amamos a la manera de Dios, no debemos esperar nada a cambio. Ya que, si no esperamos nada, por poco o nada que recibamos, siempre será mucho.

Colosenses 3:17-18 nos motiva a hacer todo para el Señor y amar a la manera de Dios lo cual siempre traerá satisfacción y bendición: *"Y todo lo que hacéis, sea de palabra o de hecho, hacedlo todo en el nombre del Señor Jesús, dando gracias a Dios Padre por medio de él. Casadas, estad sujetas a vuestros maridos, como conviene en el Señor.*

Debe ser una motivación para cada esposa cristiana el deseo de ser la mejor amante del mundo que supla todas las necesidades emocionales y físicas de su marido y él encuentre en ella todo su deleite.

Como amante, la mujer debe saber que:

- La naturaleza de la mujer le lleva a amar con más facilidad que el hombre.
- Debe mostrar su amor a su marido por medio de la sumisión, por el cuidado y por la dedicación de ella para con él.
- Su esposo se dará cuenta de su amor con la estima y la admiración que ella sienta y manifieste hacia él.
- Su esposo se sentirá amado en su correspondencia dentro del acto matrimonial. Recuerde que Dios creó el acto sexual para que la pareja lo disfrute, y nunca deberán negarse el uno al otro (1 Co. 7:3-5).
- Debe ser compañera en los intereses de su marido.
- Debe demostrar su amor procurando ser más atractiva para él, usando los detalles que usted sabe que a él le agradan.
- La manera de atraer a su esposo hacia usted no es regañándole o quejándose del más mínimo detalle, sino que lo atraerá por medio de exaltar las cosas positivas de él, procurándole un ambiente agradable y placentero en su hogar.
- La meta final será satisfacer sus necesidades físicas, emocionales y personales y evitar reclamaciones continuas, sino siendo una esposa que practica la sujeción de forma respetuosa, a través de mostrarle un espíritu afable y apacible que es de grande estima delante de Dios (1 P. 3:1-6.)

136 - Una familia bajo la Cruz

14

PROVEEDOR

En esta ocasión hablaremos de la responsabilidad que tiene el esposo en el hogar de proveer para su familia en todas sus necesidades. Esta responsabilidad es la de ser un buen proveedor. Desde el principio de la creación Dios estableció esta responsabilidad para el hombre como todas las demás, pero esta fue ratificada para el hombre luego de la caída, como podemos citar en Génesis 3:19: *"Con el sudor de tu rostro comerás el pan hasta que vuelvas a la tierra, porque de ella fuiste tomado; pues polvo eres y al polvo volverás"*.

Desde ese día el hombre fue el responsable de la provisión financiera de la familia además de saber que tenía que proveerle todo lo que esta necesitara para que la misma pudiera vivir dentro de un ambiente de seguridad emocional y al mismo tiempo hacerle entender la magnitud de su amor por ella.

Si citamos ahora las palabras del apóstol Pablo planteadas en el Nuevo Testamento, veremos que son más duras que las que encontramos en el libro de Génesis, en 1 Timoteo 5:8 nos dice de manera puntual: *"Porque si alguno no provee para los suyos, y mayormente para los de su casa, ha negado la fe, y es peor que un incrédulo"*. Este pasaje deja claro que aquel que, llamándose cristiano, no cumple con su deber de proveer para su casa todo lo necesario es porque ciertamente no ha gustado de la gracia de Dios. Es más, como apunta el apóstol Pablo, es peor que un incrédulo, porque ha faltado a la familia y también ha faltado al mandato de Dios.

A continuación, trataremos algunos aspectos propios a las necesidades de la familia que están directamente relacionados con esta parte del rol del esposo. Estas necesidades van desde la seguridad emocional que trae el mantener a la familia, hasta la manera en que debemos administrar y bien usar la provisión que Dios nos da para cumplir con este deber, y a la vez considerar que el dinero es un medio provisto por Dios y no un fin para hacernos ricos y satisfacer nuestra avaricia.

SATISFACCIÓN DE LAS NECESIDADES MATERIALES

La medida de la provisión

Son muchos los hombres que nunca alcanzan a contabilizar los gastos necesarios de sus hogares y generalmente viven con lo soga al cuello debiéndole a todo el mundo y nunca conocen cuáles son las prioridades de su familia.

Es importante que como proveedores sepamos distinguir cuáles son las necesidades de nuestra familia para poder, de manera efectiva, proveer para lo que es prioritario en ella. Asimismo, tenemos que ser entendidos en preparar un presupuesto mensual que se ajuste a nuestra provisión y que sea manejado con sabiduría y comedimiento.

PRESUPUESTO MODELO PARA UNA FAMILIA CRISTIANA

Ofrenda 10%
Vivienda 25%
Alimentos 15%
Automóvil 8%
Servicios (Agua, luz, teléfono) 7%
Seguros 5%
Recreación 5%
Vestimenta 4%
Gastos médicos y dentales 4%
Ahorros 5%

Educación 7%
Gastos imprevistos 5%
TOTAL 100%

El proveedor sabio sabe tomar en cuenta a su familia para elaborar el presupuesto de ingresos y gastos para que todos se comprometan a sujetarse a la provisión de Dios. A través de esta acción la familia tendrá conciencia de que ninguno puede gastar más del ingreso y la familia se acostumbrará a arroparse hasta donde le dé la sábana y así no incurrirá en deudas innecesarias.

El tipo de provisión

De acuerdo con lo que vemos en la Biblia, específicamente en 1 Timoteo 6:8, toda familia cristiana debe tener contentamiento con lo que Dios le provee y debe apreciar dicha provisión. De igual manera, debe estar consciente hasta dónde llegan las fuerzas y la capacidad de provisión que tenga su proveedor, a la vez que lo alienten y les muestren su agradecimiento.

Lo más importante en la provisión material de una familia es la comida y el vestido, y esto es lo más prioritario en las necesidades familiares; así aclara el apóstol Pablo: "sustento y abrigo" dentro de lo cual, por supuesto, está el suplir para cualquier enfermedad y otras necesidades perentorias.

Un padre consciente de su responsabilidad de proveedor es un padre que velará y estará atento a los que están bajo su cuidado y procurará con diligencia, en la medida de sus posibilidades, suplir lo que ellos necesitan. De hecho, esta es la demanda de la Palabra al declarar en 1 Timoteo 5:8 - *"... porque si alguno no provee para los suyos, y mayormente para los de su casa, ha negado la fe, y es peor que un incrédulo".*

El dador de la provisión

Todo esposo y padre cristiano sabe quién es el que suple la sementera, y da semilla al que siembra, y pan al que come como nos dice 2 Corintios 9:9-10. Es por esto por lo que todo proveedor debe dar gracias a Dios de lo que le suple y debe contar con Él para poder sostener dignamente a su familia. En esta misma línea, podemos apoyarnos en las palabras de Proverbios 30:8-9: *"Vanidad y palabra mentirosa aparta de mí; No me des pobreza ni riquezas; Mantenme del pan necesario; No sea que me sacie, y te niegue, y diga: ¿Quién es Jehová? O que siendo pobre, hurte, Y blasfeme el nombre de mi Dios".*

Está claro que todo proveedor cristiano tiene que confiar y depender de Jehová Jireh para que provea a su familia, pero al mismo tiempo tiene que estar consciente que Dios le ha demandado una gran responsabilidad para que ejerza como creyente, la cual es la de trabajar dignamente (1 Ti. 5:8).

NOTA PERIODÍSTICA - (Washington, 1994)

LAS MUJERES QUIEREN VOLVER A CASA

Washington. (Europa Today). - Las mujeres americanas descubren que el lugar más adecuado para ellas es el hogar. Un 48% no titubea al asegurar que los movimientos feministas han hecho mucho más dura su vida en los últimos veinte años. Esta encuesta ha sido realizada por el instituto Gallup para la cadena de televisión "CNN" y el rotativo "USA Today". Los datos sacan a la luz que un 45% de las mujeres sostienen que el hombre debe seguir trabajando fuera de casa y la mujer debe pensar solamente en la casa y la familia. Paradójicamente, el número de hombres entrevistados que piensan de este modo es inferior (40%).

Un contraste similar sucede respecto al sexo de los jefes. Ellas prefieren un hombre como jefe en un 44%; ellos, en un 33%. El sexo del jefe es indiferente a un 49% de ellos y a un 24% de ellas.

"Las mujeres parecen más sexistas que los hombres en cuanto al género de sus superiores" ha declarado el portavoz de Gallup, David Moore.

La encuesta ha suscitado ya todo tipo de reacciones en la sociedad estadounidense. La mayoría feminista ha interpretado los resultados así: "Lo único que se demuestra es que las mujeres están frustradas porque, a pesar de haber aumentado las posibilidades de trabajo fuera de casa, los papeles de la vida familiar apenas han cambiado".

Por su parte, un periódico californiano considera que "es sintomático que ahora nuestras mujeres decidan volver a la cocina".

SEGURIDAD EMOCIONAL PROVISTA POR LA CABEZA DEL HOGAR

El liderato asegurado

"Aquel que llena la barriga de los pobres es el líder". Este dicho popular se aplica al rol que estamos explicando, ya que aquel que cumple con su responsabilidad de proveer adecuadamente para su familia también será respetado y valorado por aquellos que son sustentados por él.

Todo proveedor debe estar consciente que lo material no es lo más importante para suplir a su familia, pero es necesaria su provisión ya que el desarrollo de muchas áreas de la vida de nuestras familias dependerá de una buena y aceptable provisión material, como, por ejemplo, el desarrollo psíquico motor, así como el desarrollo de las capacidades intelectuales de los hijos, etc. En la medida que un padre de familia esté atento a cada detalle, estamos seguros de que él tendrá el respeto de aquellos que le considerarán en todo momento como el proveedor que con liderazgo satisface las necesidades de la familia.

Emocionalmente estables

No hay mayor preocupación para un padre consciente de su responsabilidad de proveer, que la de procurar la "estabilidad emocional" de su familia. Por esto, todo proveedor dedicará tiempo, oído y hombro para consolar y llenar las necesidades de aquellos que ama. Una familia reflejará con sus acciones y con su comportamiento el cuidado y la preocupación que su proveedor le está dispensando en el cumplimiento de su rol familiar.

La seguridad emocional es importante porque de ella dependen muchas otras áreas del desarrollo de la familia. De acuerdo con la preocupación por la provisión de los suyos, todo proveedor mostrará cuánto aprecia, ama, comprende y presta atención a su familia.

Espiritualmente satisfechos

Son varios los textos donde el Señor Jesús nos recuerda que para vivir no sólo es necesario tener seguridad de lo material, sino que también es necesario lo espiritual. Mateo 6:33 y Lucas 4:4 nos dicen: *"Más buscad primeramente el reino de Dios y su justicia, y todas estas cosas os serán añadidas". "Jesús, respondiéndole, dijo: Escrito está: No sólo de pan vivirá el hombre, sino de toda palabra de Dios".*

Esta enseñanza nos dice que en la medida en que un padre satisfaga las necesidades materiales de su familia, en esa medida debe también preocuparse por la satisfacción de las necesidades espirituales de la misma.

Un verdadero "proveedor bíblico" es aquel que juntamente con proveer para las necesidades materiales y emocionales de su familia, estará también preparado para proveer las necesidades espirituales de los suyos. El proveedor bíblico debe preparar un ambiente propicio para enseñarle a su familia las verdades espirituales que deben gobernar su vida. Para esto es necesario que ese proveedor se prepare en el estudio de la Palabra y de esta manera pueda brindar ayuda a los suyos. Asimismo, debe suplirle de una iglesia donde su familia adore a Dios y desarrolle sus dones espirituales.

USO DEL DINERO COMO MEDIO Y NO COMO FIN

La maldición y la bendición del dinero

El dinero podría ser causa de bendición y en otros casos, una maldición, todo esto dependerá de lo que para nosotros signifique el mismo. A través de su Palabra Dios nos enseña que "*... raíz de todos los males es el amor al dinero, el cual codiciando algunos, se extraviaron de la fe, y fueron traspasados de muchos dolores*" (1 Ti. 6:10). Y también se enseña: "*A los ricos de este siglo manda que no sean altivos, ni pongan la esperanza en las riquezas, las cuales son inciertas, sino en el Dios vivo, que nos da todas las cosas en abundancia para que las disfrutemos*". (1 Ti. 6:17b). Según estos pasajes, el dinero tiene distintos significados y repercusiones en la vida de una persona.

Debemos preguntarnos y reflexionar si el dinero significa un medio o un fin. Si es un medio por el cual suplimos sabiamente las necesidades básicas de la familia, de seguro que será de bendición a su vida y a la de su familia. Si para usted el dinero es un fin, entonces usted será una persona desgraciada y el dinero le será una fuente de codicia y avaricia, lo cual no agrada a Dios.

El dinero como medio

Todo creyente tiene que saber que el dinero es:
Para ahorrarlo
- ¿Cuánto debo ahorrar?
- ¿Qué planes tengo para con lo que ahorro?
- ¿Qué beneficios he logrado en mi carácter al ahorrar?

El dinero como medio provisto por Dios se convierte en una bendición para el creyente en la medida en que sabe cómo ganarlo y usarlo sabiamente.

Para gastarlo
- ¿Cuánto puedo gastar?
- ¿En que lo voy a gastar?
- ¿Cuál es la motivación para gastarlo?

Para ofrendarlo
- ¿Cuánto debo ofrendar?
- ¿A quién y cómo debo ofrendarlo?
- ¿En qué nos afecta el no ofrendar?

Consecuencias del mal uso del dinero

Todo proveedor debe tener claro que cuando no usamos el dinero como medio sabio para suplir las necesidades de nuestra familia, sino que lo malgastamos vendrán ineludiblemente sobre nosotros las consecuencias de esta mala práctica.

Está establecido que el mal uso del dinero traerá como consecuencia en la familia:
- mentiras y engaños
- desequilibrio emocional
- enfermedades psicológicas
- presiones financieras
- amargas acusaciones
- espíritu crítico.
- afanes y fatigas innecesarias
- frialdad temporal en las relaciones
- entre otras consecuencias.

Sabemos que estamos luchando contra un mundo manejado por Satanás donde la sociedad de consumo y los compromisos financieros cada vez más ahogan a la familia. La Palabra nos dice en Efesios 6:12: *"Porque no tenemos lucha contra sangre y carne, sino contra principados, contra potestades, contra los gobernadores de las tinieblas de este siglo, contra huestes espirituales de maldad en las regiones celestes"*. Seamos sabios y eliminemos las tarjetas de crédito si tenemos descontrol y falta de dominio propio, antes de que ellas nos controlen y destruyan nuestra familia. Debemos tratar de solventar las deudas lo antes posible y vivir en libertad.

El comprar compulsivamente no traerá satisfacción, por el contrario, sólo le traerá dolor y deudas. Eso que malgastamos hoy, será necesario mañana para proveer de lo necesario a la familia. No permitamos que el consumo innecesario nos destruya. Hebreos 13:5-6 nos aconseja así: *"Sean vuestras costumbres sin avaricia, contentos con lo que tenéis ahora; porque él dijo: No te desampararé, ni te dejaré; de manera que podemos decir confiadamente: El Señor es mi ayudador no temeré lo que pueda hacer el hombre"*.

Recordemos que Dios nos dio capacidad para proveer:

- Físicamente: Dándonos lo necesario para suplir a nuestra familia para el desarrollo de su cuerpo.
- Emocionalmente: Haciéndonos capaces de solucionar los problemas y de velar por las preocupaciones de la familia; proveyéndoles de tiempo y de atención.
- Espiritualmente: Confiando en la fortaleza que Cristo da cuando depositamos nuestra fe en él.

146 - Una familia bajo la Cruz

15

ADMINISTRADORA DEL HOGAR

Sabemos que, dentro de la estructura matrimonial, según el orden de Dios, el esposo es la cabeza y supervisor del hogar; pero es la esposa quien de hecho ha de administrar y manejar el mismo con el propósito de hacer cumplir todas las decisiones que haya tomado su esposo juntamente con ella.

En este rol de la esposa bíblica se halla una de las más grandes responsabilidades de la mujer, pues todos sabemos que, sin una buena administración, no importará que haya muchos bienes o que haya muchos recursos, el fin será devastador.

Muchas mujeres hoy día menosprecian todo cuanto Dios ha diseñado para que pueda desarrollarse con dignidad, declarándose en guerra para obtener lo que ella llama "vindicaciones de la mujer", sin darse cuenta de que lo que ha logrado con esto es esclavizarse más al hombre y a la sociedad que la oprime y que la usa por un tiempo y luego la envía al cuarto de los objetos inservibles.

Es importante que la mujer cristiana no se deje engañar por esta sociedad consumista que lo que quiere es explotarle al máximo, brindarle solamente espejismos que irán desapareciendo en la medida que vamos envejeciendo. Es por tanto que la mujer cristiana tiene que volver al principio, buscar su verdadera identidad, buscar el verdadero rol, buscar su verdadero propósito, y esto sólo lo encontramos en la Palabra de Dios.

En esta ocasión nos iremos a Proverbios 31:10-31, donde analizaremos lo que verdaderamente es una "mujer virtuosa" capaz de demostrar que lo que Dios ha dicho es lo que le hará desarrollarse y realizarse como mujer. Este capítulo de Proverbios está compuesto en forma de acróstico con las letras del alfabeto hebreo en orden consecutivo, haciendo de este fragmento tanto una joya literaria como espiritual.

LAS FUNCIONES DE LA ADMINISTRADORA DEL HOGAR

Relativas a su esposo

Ya hemos visto que la mujer bíblica debe tener un orden de prioridades correcto conforme a lo que la Palabra de Dios le demanda. Dentro del contexto bíblico se ha establecido que su orden es: primeramente, Dios, luego su esposo, sus hijos, su hogar, la Iglesia y todo lo demás.

Cuando la mujer cristiana ha cumplido con su relación con Dios cultivando su propia vida espiritual, su próxima responsabilidad es ocuparse de su esposo. Son muchos los textos bíblicos que nos hablan de la manera en que una esposa cristiana debe ocuparse de su marido.

Como podemos ver a través de este pasaje, la mujer virtuosa logra que el corazón de su marido esté en ella confiado. Entendamos que, la confianza es algo vital y esencial en la vida matrimonial. El esposo de la mujer virtuosa confía en su conducta, en su comportamiento, en su fidelidad y está seguro de que nunca lo traicionará, porque ella está convencida que su marido es su más importante responsabilidad. *"El corazón de su marido está en ella confiado, y no carecerá de ganancias"* – Proverbios 31:11. *"Su marido es conocido en las puertas, cuando se sienta con los ancianos de la tierra"* – Proverbios 31:23.

Relativas a sus hijos

Si hacemos un contraste de la mujer típica de nuestros tiempos con la vitalidad de la mujer virtuosa, notaremos que la mujer de hoy presenta muchas diferencias. Este pasaje de la Escritura se ha escrito con el propósito de que las mujeres entiendan qué tipo de compañeras deben ser, y qué clase de mujeres los hombres deben escoger para casarse.

La mujer de hoy no quiere tener responsabilidades en el hogar, ni siquiera con sus propios hijos. Vemos cómo desde que quedan embarazadas están preocupadas de cómo será su vida cuando el niño nazca, qué enfermera o asistente debe conseguir para que le cuide a su hijo, le dé la leche y le cambie los pañales desechables. Es típico oír de ellas la frase: "Yo no puedo sola con este niño".

A diferencia de este cuadro que acabamos de referir, la mujer virtuosa está preocupada por sus hijos, qué habrán de comer *"Se levanta aun de noche y da comida a su familia y ración a sus criadas"* – Proverbios 31:15. Y qué habrán de vestir *"No tiene temor de la nieve por su familia, porque toda su familia está vestida de ropas dobles"* – Proverbios 31:21. Como una buena administradora, ella sabe que le corresponde esta labor y la desarrolla con gozo y alegría ya que se preparó para ello; mientras que la mujer moderna se prepara para todo lo que no tiene que ver con su rol de madre en el hogar.

Relativas al hogar

En Tito 2:5 y en 1 Timoteo 5:14 se le demanda a la mujer a ser cuidadosa de su casa y administradora de su hogar. La palabra griega utilizada aquí es "oikodespotes" oiko = casa: despotes = señor o ama del hogar. Y en Proverbios 31:10-31 es donde vemos a la mujer bíblica en acción como verdadera gobernadora del hogar, la que la Biblia ha llamado "mujer virtuosa".

Lamentablemente hemos sido condicionados por la malsana propaganda de que ser "ama de casa" es algo indigno y despreciable. En 1956 apareció un anuncio con una imagen denigrando a la ama de casa y recomendando toda clase de medicamentos para los dolores y para los nervios.

El calificativo de "virtuosa" para la mujer bíblica significa "una mujer que posee fortaleza", es la misma palabra usada para describir el carácter de los jueces de Israel indicando que eran capaces y bien calificados para el trabajo al que habían sido llamados, hombres veraces, fuertes de carácter y temerosos de Dios.

De modo que se deduce que la mujer virtuosa es una mujer capaz y bien calificada para desarrollar su trabajo de "administradora del hogar" con control sobre su espíritu y capacidad para conducir a otros. Se entiende que es una mujer resuelta, firme y fiel a los principios teocéntricos que fundamentan su fe. Este tipo de mujer está preparada para desarrollar su labor de ama de casa y su hogar es admirado por todos.

LAS CONVICCIONES DE LA ADMINISTRADORA DEL HOGAR

Sabe cuáles son sus prioridades

En cuanto a las actuaciones de la mujer virtuosa, aún nos falta por decir que no le basta saber cuál es el orden de prioridad que debe tener conforme a la voluntad de Dios, sino tener convicciones fuertes, de forma tal que nada ni nadie le cambie su manera de pensar ni su manera de actuar.

La mujer virtuosa de Proverbios 31 está convencida de que primeramente debe atender a su marido, como deben estarlo todas las mujeres cristianas. El apóstol Pablo le escribe a Tito ordenándoles a las ancianas de la iglesia que enseñen a las más jóvenes a amar primeramente a sus maridos y luego a sus hijos - Tito 2:3-4.

El esposo tiene la prioridad, ya que él es el cabeza de su hogar y su esposo, por tanto, debe tener el primer lugar en su vida y más luego sus hijos pues ellos son prestados, mientras que el marido estará con usted todo lo que le reste de vida. Una mujer virtuosa sabe tener en todo tiempo sus prioridades en orden para agradar a Dios y a su familia.

Sabe cuáles son sus deberes

Si enumeramos todo lo que hace la mujer virtuosa, tendríamos que usar todas las páginas que nos resta para eso. A través de Proverbios 31 vemos a una mujer resuelta, llena de confianza en lo que hace y segura de sí misma. No es una mujer que titubea o está esperando que otras le digan lo que tiene que hacer, ella sabe y conoce para lo cual fue creada, esto sólo se logra cuando la mujer se dispone a saber cuáles son sus deberes como administradora del hogar de acuerdo con la Palabra de Dios, deberes que no pueden ser delegados. Si en la casa encontramos a alguien que ayude, damos gracias a Dios por esto, pues la mujer virtuosa tenía siervos y criadas. Pero si no se tiene la ayuda de alguien, debemos estar conscientes de que esta es la labor de la esposa y la debe ejercer con el gozo del Señor que será al mismo tiempo su fortaleza - Nehemías 8:10.

Muchas mujeres de esta generación no conocen cuáles son sus atribuciones y tampoco les interesa conocerlas para no frustrarse, y van al matrimonio y fracasan o viven una vida de ansiedades y de angustias, ya que cuando debieron preparase como administradoras de su hogar, se prepararon para ser modelos profesionales, reinas de belleza, presentadoras de televisión, profesionales de la salud o de la construcción, abogadas o expertas ejecutivas y no saben nada de cómo funciona un hogar.

Sabe para quién trabaja

Cuando uno trabaja para el ojo o para el qué dirán, siempre estará insatisfecho. Pues nunca podremos satisfacer al ojo de todo ser humano, por eso, para el único que debemos de trabajar es para el Señor. Esta enseñanza aparece en el Nuevo Testamento en Efesios 6:6-8: *"...sirviendo al ojo, como los que quieren agradar a los hombres, sino como siervos de Cristo, de corazón haciendo la voluntad de Dios; sirviendo de buena voluntad, como al Señor y no a los hombres, sabiendo que el bien que cada uno hiciere, ése recibirá del Señor, sea siervo o sea libre"*. Y Colosenses 3:23-24 también nos dice: *"Y todo lo que hagáis, hacedlo de corazón, como para el Señor y no para los hombres; sabiendo que del Señor recibiréis la recompensa de la herencia, porque a Cristo el Señor servís"*.

A una mujer virtuosa no le importará lo que los hombres, la sociedad o algún ser humano tengan que decir de su trabajo, sino lo que Cristo Jesús piense de ello, porque es a Él al que le tenemos que dar cuenta. Cuando trabajamos para el Señor, de seguro que recibiremos su recompensa.

LAS RECOMPENSAS Y BENEFICIOS DE ADMINISTRADORA DEL HOGAR

Será recompensada por su Señor

Puede ser que este tema traiga desacuerdos para las mujeres que no están bajo el señorío de Jesucristo, pero a la mujer que teme al Señor, sí le importa lo que Él piense de ella, porque sabe que al final de sus días al que tendrá que darle cuenta es a su Creador. Con este propósito fue que Jesús declaró la parábola de los talentos que encontramos en Mateo 25:14-30. Dios nos dio dones y nos pedirá cuenta de lo que hicimos con lo que nos regaló.

La mujer virtuosa recibirá recompensas en el cielo y beneficios en la tierra. Además de estar segura de su salvación y la esperanza de la vida eterna, tendrá la bendición de ser reconocida en la tierra por todos los que están a su lado porque su testimonio será evidente:

- Será en gran manera estimada: *"Mujer virtuosa, ¿quién la hallará? Porque su estima sobrepasa largamente a la de las piedras preciosas"* – Proverbios 31:10.
- Será digna de confianza: *"El corazón de su marido está en ella confiado, Y no carecerá de ganancias"* – Proverbios 31:11.
- No tendrá preocupaciones por la buena marcha de su familia: *"No tiene temor de la nieve por su familia, Porque toda su familia está vestida de ropas dobles"* – Proverbios 31:21.
- Sabrá que es una mujer realizada: *"Fuerza y honor son su vestidura; Y se ríe de lo por venir"* – Proverbios 31:25.
- Será sabia y perdonadora: *"Abre su boca con sabiduría, Y la ley de clemencia está en su lengua"* – Proverbios 31:26.
- Será llamada bienaventurada por sus hijos y alabada por su esposo: *"Se levantan sus hijos y la llaman bienaventurada; Y su marido también la alaba: Muchas mujeres hicieron el bien; Mas tú sobrepasas a todas"* – Proverbios 31:28-29.
- Será alabada por todos por su temor a Dios: *"Engañosa es la gracia, y vana la hermosura; La mujer que teme a Jehová, ésa será alabada. Dadle del fruto de sus manos, Y alábenla en las puertas sus hechos"* – Proverbios 31:30-31.

Pienso que no habrá placa, medalla o pergamino alguno que pueda sobrepasar la incorruptibilidad de estas recompensas o beneficios que recibe la mujer virtuosa. Lo que el mundo da se corrompe, pero lo que Dios da es eterno, así lo dice el apóstol Pablo en 2 Corintios 4:16-18: *"Por tanto, no desmayamos; antes aunque este nuestro hombre exterior se va desgastando, el interior no obstante se renueva de día en día. Porque esta leve tribulación momentánea produce en nosotros un cada vez más excelente y eterno peso de gloria; no mirando nosotros las cosas que se ven, sino las que no se ven; pues las cosas que se ven son temporales, pero las que no se ven son eternas".*

Será una mujer satisfecha de su labor

No hay mayor recompensa que el resultado del deber cumplido. No hay mayor satisfacción que gozarse con la cosecha del fruto cultivado; por el contrario, la mujer que siembra para la carne sólo cosechará destrucción y corrupción; más aquella que siembra para el Espíritu, segará vida eterna. Dígase, todo aquello que le producirá eternamente la satisfacción del deber cumplido.

Podemos notar a través de todo el pasaje de la mujer virtuosa las maravillas que fluyen de sus manos y la manera productiva como ella se desenvuelve en su labor, y, además, ella tuvo la satisfacción de sentirse bienaventurada por lo que sus hijos y su esposo pensaron y dijeron de ella.

Ciertamente la mujer virtuosa estuvo satisfecha de su trabajo y se sintió orgullosa de su labor reconociendo a Dios como el dador de su fuerza. La mujer que lleva a cabo su labor con gozo y en el temor del Señor no permite que nadie la minimice y mucho menos se siente al menos por el trabajo que hace.

Tendrá seguridad de su salvación

Toda mujer bíblica estará dispuesta a obedecer a Dios en lo que Él le demande en su Palabra, porque de esta manera, por su obediencia, sabrá y tendrá la seguridad de la salvación que Dios le ha dado. Recordemos que obedecer las demandas de Dios es la evidencia más segura de nuestra salvación.

La mujer que verdaderamente sabe llevar este rol durante toda su vida mantendrá un hogar bendecido, organizado y productivo, digno de un hombre que tendrá deseos de proveer dignamente para los suyos.

En cuanto a las mujeres que ocupan lugares hegemónicos en el liderazgo de la iglesia, tenemos que citar las palabras del apóstol Pablo: En 1 Timoteo 2:9-15 nos dice: *"Asimismo que las mujeres se atavíen de ropa decorosa, con pudor y modestia; no con peinado ostentoso, ni oro, ni perlas, ni vestidos costosos, sino con buenas obras, como corresponde a mujeres que profesan piedad.*

La mujer aprenda en silencio, con toda sujeción.

Porque no permito a la mujer enseñar, ni ejercer dominio sobre el hombre, sino estar en silencio.

Porque Adán fue formado primero, después Eva; y Adán no fue engañado, sino que la mujer, siendo engañada, incurrió en transgresión.

Pero se salvará engendrando hijos, si permaneciere en fe, amor y santificación, con modestia".

Una mujer bíblica sabe para qué Dios la ha creado que es para ocupar un lugar de ayuda idónea. Ella entenderá lo que Dios le pide y sabrá someterse a lo que Él le demanda, que es cuidar de su marido, de sus hijos y ser administradora de su hogar. Los ministerios en los que la mujer ejerce dominio sobre el hombre estarán fuera de lo que el Señor ha establecido.

Una anécdota para concluir:
"Mi esposa no trabaja"

Conversación entre un marido (M) **y un psicólogo** (P):

P: ¿Qué se hace para ganarse la vida señor Rogers?

M: Yo trabajo como contador en un banco.

P: ¿Y su esposa?

M: Ella no trabaja. Ella es un ama de casa.

P: ¿Quién hace el desayuno para su familia?

M: Mi esposa, ya que ella no trabaja.

P: ¿A qué hora por lo general se despierta su esposa?

M: Ella se despierta temprano porque tiene que organizarse antes de poder sentarse desayunar: Pone la mesa, organiza el almuerzo que los niños llevarán a la escuela, se asegura de que estén bien vestidos y peinados, si tomaron desayunaron, si se cepillaron los dientes y se llevan todos sus útiles escolares.

P: ¿Cómo van sus hijos a la escuela?

M: Mi mujer los lleva a la escuela, ya que ella no trabaja.

P: Después de llevar a sus hijos a la escuela, ¿Qué hace ella?

M: Por lo general tarda en resolver algo en la calle, como el pago de facturas o hacer una parada en el supermercado. Una vez de vuelta a casa, debe tener a tiempo el almuerzo. Sirve la mesa, ordenar la cocina y luego se encarga de la lavandería y limpieza de la casa. Ya sabes, como es eso.

P: Por la noche, después de regresar a casa desde la oficina, ¿Qué haces?

M: Descanso, por supuesto. Pues estoy cansado después de trabajar todo el día en el banco.

P: ¿Qué hace tu esposa en la noche?

M: Ella hace la cena, nos la sirve a mis hijos y a mí, lava los platos, ordena una vez más la casa. Después de ayuda a los niños a prepararse para dormir, les da la leche caliente que les gusta beber, verifica que laven sus dientes, hace el devocional con ellos y oran juntos antes de dormir.

Esta es la rutina diaria de muchas mujeres en todo el mundo, empieza por la mañana y continúa hasta altas horas de la noche y a esto le llama "no trabaja".

Ser Ama de casa no tiene diplomas, pero ellas cumplen un papel clave en la vida familiar.

Por lo tanto, disfrute y aprecie a su esposa, madre, abuela, tía, hermana, hija... porque su sacrificio es invaluable.

Alguien le preguntó a una ama de casa:

¿Usted es una mujer que trabaja o es sólo "ama de casa"?

Ella respondió:

Yo trabajo como esposa del hogar, 24 horas al día. Soy una madre, Soy mujer, Soy la hija, Soy el despertador, Soy la cocinera, Soy la criada, Soy la maestra, Soy la camarera, Soy la niñera, Soy enfermera, Soy una trabajadora manual, Soy una agente de seguridad, Soy la consejera, Soy el edredón de mis hijos que siempre están encima de mí, No tengo vacaciones, Ni tengo licencia por enfermedad. No tengo día libre Trabajo día y noche, Estoy de guardia todo el tiempo, No recibo sueldo y, aun así, suelo escuchar la frase: "Pero ¿Qué haces todo el día?"

Sepamos que la mujer es como la sal:

Su presencia no se recuerda, pero su ausencia hace que todo quede sin sabor y sea insípido.

Dios nos ayude a valorar el diseño original de Dios para las mujeres.

Dedicado a todas las mujeres que dan su vida por el bienestar de su familia.

158 - Una familia bajo la Cruz

16

PROTECTOR

Por naturaleza, el hombre es y será siempre el protector de la familia, acción esta que está ratificada por las investigaciones antropológicas que se han hecho a través de todo el mundo.

En todas las investigaciones étnicas que se conocen, son los hombres que van a la guerra, son los hombres los que protegen a sus mujeres y a sus hijos.

De igual manera, a través de la historia podemos notar que dentro de toda civilización es el hombre que toma las decisiones con respecto a la protección de la sociedad en la cual él se desarrolla. Es por esto por lo que, de hecho, se han originado las guerras; pues en el instinto de protección, el hombre se ha ocupado de armarse en contra de aquellos que han querido tomar para sí lo que a los otros les corresponde.

Ahora que estamos en Cristo y sabemos quién es nuestro mayor enemigo, es cuando tenemos que estar atentos y apercibidos de nuestra responsabilidad de ser protectores. Es verdad que tenemos seguridad en la promesa del Salmo 34:7: *"El ángel de Jehová acampa alrededor de los que le temen, y los defiende"*, pero también es cierto que a nosotros se nos dio un mandato de señorear sobre la tierra, y más aún de ocuparnos del cuidado de nuestra familia.

Hay una gran diferencia en el pensamiento del hombre antes de tener esposa e hijos que después que los tiene, por lo menos aquellos que permiten que el instinto de protección se manifieste. Cuando recibimos en las manos a nuestras indefensas criaturas, de inmediato comenzamos a sentir el deber y la necesidad de protegerlos. De hecho, muchos dañan a los hijos por el síndrome de la súper-protección o la sobreprotección pues caen en el error de querer hacer por los hijos todo lo que los niños tienen que experimentar para evitarles riesgos a su vida, actitud que no permite que los hijos se desarrollen con la debida autodefensa para enfrentar la vida. En 1 Pedro 3:7 nos habla también de la delicadeza de la mujer y de la manera en que debemos tratarlas, como a vaso más frágil, y esta demanda es para el esposo como protector del hogar.

PROTECCIÓN PSICOLÓGICA PARA NUESTRAS ESPOSAS

Protección a toda costa

El verbo proteger viene del latín – *"protegere"* y significa tomar en defensa de uno; proteger a los desvalidos, apoyar, ayudar, abrigar, adoptar, defender, preservar, resguardar, salvar, etc. Como podemos percibir de esta definición, la responsabilidad que tenemos frente a las personas que Dios ha puesto a nuestro cuidado es muy grande.

Antes que, a nuestros hijos, tenemos el deber de proteger a nuestra esposa, pues ella estará antes y después que nuestros hijos estén a nuestro cuidado. Es por esta razón que el hombre debe ser el incansable protector de su mujer, esto se hace evidente aun en la manera en que los esposos se echan el brazo para caminar, ese gesto indica la manera que el hombre le da su protección y la esposa al mismo tiempo la acepta de su esposo.

Como vaso más frágil

En 1 Pedro 3:7 Dios demanda que el hombre trate a su esposa como a vaso más frágil. Este pasaje, no está hablando de una protección física solamente, sino también psicológica, en la cual debemos ser guardianes extremadamente fieles. En algunas o en muchas situaciones arrollamos a nuestras esposas con nuestras frustraciones y debilidades, profiriéndoles palabras inadecuadas de acuerdo con cómo nos sentimos en ese momento.

Todo ser humano necesita auto aceptación y un concepto equilibrado de dignidad propia. Es, por tanto, que lo que usted como marido piense de su esposa, será de mucha influencia en el desarrollo emocional y psicológico de ella. Para una esposa, la opinión que su marido tenga de ella es de vital importancia. Un esposo sabio hará todo lo posible para estimular a su esposa a través de la aprobación y de esta manera dará honor a la mujer que Dios le dio para proteger como vaso frágil.

Como a tu mismo cuerpo

En Efesios 5:25-33 encontramos que Dios nos demanda a amar a nuestras mujeres como a nuestros mismos cuerpos. Esto significa que tenemos que proteger a nuestras esposas como nos protegemos nosotros mismos de cualquier cosa que sepamos que nos ha de hacer algún daño.

Generalmente no soportamos que alguna persona nos ridiculice delante de otros; es más, podemos decir con verdad que nos viene el deseo de exterminar a tal agresor. Por tanto, es vil y destructor ver a un hombre ridiculizando a su esposa delante de otros, anunciando públicamente sus debilidades o sometiéndola a otras formas de malintencionada ridiculización. Un hombre que hace esto es alguien que no ama a su mujer y mucho menos tiene la intención de protegerla de que otros hagan lo mismo, además de que esta actitud está demostrando que no le interesa el cuidado de ella. Por el contrario, los esposos deben ser tiernos, caballerosos, comprensivos, honestos y sinceros. Todo esposo tiene que hacer un plan a la hora de emitir una opinión con respecto a su esposa - "Si no tiene nada bueno que decir de ella, entonces es mejor no decir nada".

PROTECCIÓN FILOSÓFICA PARA NUESTRA FAMILIA

Deber paternal

Ninguna otra persona fuera del papá ocupa un lugar tan importante en el corazón de un niño. Es por esto por lo que, desde el principio del nacimiento del pueblo de Israel, Dios le demandó al padre de familia - como cabeza del hogar – ocuparse de la enseñanza que debe entrar en la mente del niño - Deuteronomio 6:1-9.

Todo padre cristiano tiene que instruir a sus hijos en disciplina y amonestación del Señor como dice Pablo en Efesios 6:4 y, aunque sea una tarea ardua, tenemos que hacer esta labor para poder sembrar la semilla en el corazón de nuestros hijos. Ante lo trabajoso y perseverante de la tarea, podemos desfallecer, pero Dios nos da aliento y nos dice que no nos cansemos de hacer el bien, pues a su debido tiempo nosotros hemos de cosechar aquello que hemos sembrado, Gálatas 6:7-10.

Ataques filosóficos continuos

Cuando estudiamos al hombre en todas sus dimensiones, nos rodea una gama de pensamientos, doctrinas y planteamientos filosóficos que han surgido durante la historia de la humanidad. Tal parece como si cada hombre de manera individual quisiera implantar su propia opinión de las cosas. Esto se hace una realidad evidente en nuestra sociedad con la cantidad de partidos con diferentes posiciones en cuanto a las ideas políticas con que se debe gobernar una nación.

Cuando tomamos la lista de los *"ismos"* que contiene el estudio filosófico de la historia de la humanidad, nos daremos cuenta de que cada persona, grupo social o generación tienen su forma de ver el mundo y cómo buscar soluciones a los problemas que enfrentamos: Pragmatismo, Dualismo, Pluralismo,

Relativismo, Hedonismo, Comunismo, Capitalismo, Socialismo, Hinduismo, Sabelianismo, etc. Y lo más penoso del caso es que todos surgen de una actitud rebelde del hombre de querer distorsionar la filosofía que Dios declaró en su Palabra desde el principio de la humanidad.

El principio filosófico de Dios

Cuando hagamos lo que Dios quiere que hagamos en su perfecta voluntad seremos felices. Es por esto, que debemos volver nuestra cara hacia Deuteronomio 6:1-9, donde Dios le declara a todo un pueblo los principios que van a llevarle a una verdadera felicidad o con los cuales ellos habrían de lograr la verdadera realización como pueblo y como sociedad.

Todo padre cristiano tiene la responsabilidad de guardar la mente de su familia en sentido general para evitar que sea minada de corrientes filosóficas sutiles que envuelven esta sociedad y que muchos, aun lo cristianos, podrían ser contaminados.

Volvamos a Dios y no seamos como aquellos que perecieron porque les faltó conocimiento de su Creador, instruyamos a nuestros hijos de tal manera que puedan tener argumentos contra esta gama de filosofías baratas que minan y destruyen nuestras vidas y que nos alejan de Dios.

PROTECCIÓN ESPIRITUAL PARA NUESTROS HIJOS

Guardianes de nuestra aljaba

Dice el Salmo 127:3-5 que nuestra aljaba está llena de nuestros hijos quienes vienen a ser como saetas en nuestras manos. Nuestra valentía consistirá en la protección que les demos y en demostrarles qué tan importantes son para nosotros. Debemos cuidar a aquellos que después serán nuestra gloria.

Todo padre cristiano debe saber que estamos sumergidos en un mundo en el cual se libra la batalla para conquistar y tener control de las mentes humanas, y dentro de aquello que se quiere conquistar está la mente de nuestros hijos.

No debemos dejar que el enemigo tome nuestras saetas o flechas las cuales estamos dirigiendo al blanco, tenemos que estar atentos y buscar la manera cómo podemos dar protección a lo que Dios nos concedió como herencia.

Ellos serán lo que su guardián les diga que son

Como protectores de nuestros hijos tenemos que saber que ellos serán lo que nosotros les decimos que ellos son, por lo cual es tan importante la opinión que expresamos a nuestros hijos, para que ellos puedan lograr un desarrollo psicológico correcto.

Es penoso ver tantos niños en psicólogos por traumas causados por el maltrato de sus padres o simplemente ver rastrojos humanos en la calle porque sus padres no dejaban de decirles que no servían para nada.

Como guardianes, debemos enseñar a nuestros hijos de una manera equilibrada a tener una buena concepción de ellos mismos, una autoestima conforme a la voluntad de Dios, no creyéndose superiores a los demás, pero tampoco ser inferiores a lo que debe ser un ser humano.

Seremos su honra por siempre

Proverbios 17:6 nos dice: *"Corona de los viejos son los nietos, Y la honra de los hijos, sus padres"*. Con nuestros hijos tenemos en las manos la herencia de Dios, y a través de la historia bíblica vemos que muchas mujeres lloraron su esterilidad y lamentaron el que Dios no les concediera la dicha de procrear.

Todos nosotros debemos tomar conciencia de que lo que Dios ha puesto a nuestro cuidado no son simples objetos, sino almas pensantes que debemos cuidar en todas sus áreas: física, emocional, psicológica, y la más importante de ellas, la espiritual.

Sembremos y no desmayemos. Debemos concluir como iniciamos este capítulo citando el Salmo 34:7 - *"El Ángel del Señor acampa alrededor de los que le temen y los defiende"*. Solos no podremos proteger la familia, pero con la ayuda de Jehová tenemos defensa asegurada eternamente y para siempre.

166 - Una familia bajo la Cruz

17

MODELO DE BELLEZA FEMENINA

La belleza de una mujer, espiritualmente hablando, se advierte cuando su vida muestra el fruto del Espíritu. Esto solo puede venir como resultado de andar en comunión con Jesucristo: *"Digo, pues, andad en el Espíritu y no satisfagáis los deseos de la carne"* Gálatas 5:16.

La mujer que camina conforme al Espíritu habrá de mostrar el fruto del Espíritu: Amor, gozo, paz, paciencia (tolerancia), bondad, benignidad, fe (fidelidad), mansedumbre (gentileza) y dominio propio (autocontrol). No importa cuáles sean sus rasgos físicos, tendrá un resplandor interior y una belleza que brillarán más que cualquier cosa que pueda usarse para destacar o hacer brillar su aspecto exterior. Recordemos las palabras del sabio Salomón en Proverbios 31:30: *"Engañosa es la gracia, y vana la hermosura; la mujer que teme a Jehová, esa será alabada"*.

El andar diario de una esposa cristiana será la clave para evidenciar lo que hay en su corazón. Si esta mujer vive para satisfacer los deseos de su carne, su andar lo hará manifiesto, su preocupación será su atavío externo y las cosas temporales. Pero si camina bajo el control del Espíritu Santo, vivirá manifestando el fruto del Espíritu que emanará de su puro corazón, el cual cultiva con la Palabra de Dios y lo sostiene por medio de la oración.

Esta práctica transforma las actitudes, las acciones y las reacciones. Este andar no depende de la gracia con que la mujer mueva sus piernas y sus pies, no depende del largo que use su falda, ni tampoco depende de la frivolidad de sus movimientos; todo lo contrario, una mujer puede deslizarse con toda la flotante suavidad de una modelo de París y sin embargo tener un andar diario que representa una persona interiormente mutilada y lisiada.

La belleza interior no depende de un cuerpo agraciado, sino de nuestra relación íntima y santa con Cristo Jesús y esto es lo verdadero y lo eterno, pues la belleza exterior es vana y pasajera. Por esto, cuando una mujer se coloca bajo la cruz de Cristo anhela honrar a su esposo, quiere ser un modelo de belleza interior porque está sometida al Espíritu Santo y por ende a su marido y desea que con su andar Dios sea glorificado.

1 Timoteo 2:9-10 y 1 Pedro 3:3-4 nos muestran una perspectiva clara y precisa de lo que Dios espera de una mujer cristiana, tratando algunos aspectos importantes que toda mujer debe considerar de forma seria y fiel.

EL ADORNO EXTERNO BALANCEADO

El contexto estudiado

El pasaje de 1 Timoteo 2:8-10 nos dice: *"Quiero, pues, que los hombres oren en todo lugar, levantando manos santas, sin ira ni contienda.*

Asimismo que las mujeres se atavíen de ropa decorosa, con pudor y modestia; no con peinado ostentoso, ni oro, ni perlas, ni vestidos costosos, sino con buenas obras, como corresponde a mujeres que profesan piedad". En este texto el apóstol Pablo se refiere a la preparación necesaria de los creyentes (hombres y mujeres) cuando se disponen a asistir al culto congregacional, quienes deben tener un corazón dispuesto a agradar a Dios y esta actitud se manifestará en lo externo.

Asimismo, como ordenó a los hombres levantar manos santas, sin ira ni contienda cuando se disponen a orar, de la misma manera advierte cuál debe ser la actitud previa de una mujer que se dispone a asistir a un culto en el cual ha de glorificar el nombre de

Dios y donde la santidad ha de ser manifestada exteriormente por una condición sincera de santidad interior.

Las mujeres deben dar evidencia de un espíritu de santidad y deben mostrarlo desde el momento en que están en su casa preparándose para asistir al culto.

El cabello - es símbolo de estar bajo autoridad (1 Co. 11:10-15).

La vestimenta - es símbolo de su condición interior (1 P. 3:3).

Su figura - es símbolo de autocontrol y equilibrio (Pr. 23:1-3).

Si hay un espíritu afable y apacible gobernado por el Espíritu Santo, entonces se hará manifiesto a través de su condición exterior.

La evidencia exterior de la condición interior

El apóstol Pablo continúa recomendando que las mujeres deben "adornarse o ataviarse con ropa decorosa". La palabra griega usada en este texto es la palabra *"kosmeo"*, tanto en el consejo de adornarse como en la palabra que se traduce como decorosa, lo que pudiéramos traducir es que se "adornen con traje adornado". Esto nos indica que Dios no desea que una mujer cristiana ande desaliñada o andrajosa, pues de esta manera mostraría que ella no cuida su propio cuerpo el cual es templo del Espíritu Santo.

Ahora bien, Dios desea que la mujer cristiana observe la forma en que debe adornarse estableciendo aquí las características que deben ser tomadas en cuenta cuando una cristiana está preparándose para vestirse. Notemos que él dice: *"con pudor y modestia"*. La palabra "aidoos = pudor", indica un sentido de "vergüenza", o sea, tener temor de traspasar los límites de la decencia.

La otra palabra usada por el apóstol Pablo aquí es "soofrosúne" que se traduce como modestia, y significa tener buen sentido, ser sensato, tener sentido común: da la idea completa de una mujer que posee "pureza mental". Lo que se quiere indicar es que una mujer cristiana, que viene al culto con la disposición de adorar a Dios, no trata de usar ropa como si su deseo fuese exhibirse para causar furor con una ropa llamativa.

Lo condenable de la extravagancia

Es importante hacer notar que el apóstol Pablo no tiene nada en contra de que la mujer se peine (se haga trenzas) o en contra del oro o de la perla en sí, sino que dentro del contexto cultural en que se está dado este pasaje, se propone orientar a las hermanas a cuidarse de la extravagancia con que las mujeres vanidosas y mundanas dedicaban todo su tiempo a peinarse de manera exuberante con perlas y oro entretejido en su cabeza para llamar la atención y dar envidia a las demás por los adornos costosos que llevaban encima.

El apóstol Pablo no está hablando de una perla artificial o una imitación, sino que está hablando de las perlas traídas desde el Golfo Pérsico y del Océano Indico por las cuales se pagaban precios exorbitantes y que según la enseñanza de Mateo 13:46 una sola perla era comparable al valor de todos los bienes de un mercader por lo cual Jesús hizo la analogía con el reino de los cielos.

La mujer de fe debe cuidarse de anhelar vestidos costosos, caros u ostentosos, así como ocuparse de llevar consigo toda su fortuna entretejida en sus cabellos; ya que el exhibicionismo vano, así como la búsqueda del culto a la belleza y al adorno corporal es ofensivo a Dios nuestro Creador y nuestro Redentor. (Is. 3:16-24 y 1 P. 3:3-4).

EL ADORNO INTERNO REQUERIDO

Lo que es apropiado

El apóstol Pablo quiere enseñar a la mujer piadosa y que busca la santidad en el temor de Dios a saber dónde debe estar su preocupación máxima. El declara que el adorno genuino de la mujer se logra por medio de la realización de "buenas obras": *"Asimismo que las mujeres se atavíen de ropa decorosa, con pudor y modestia; no con peinado ostentoso, ni oro, ni perlas, ni vestidos costosos, sino con buenas obras, como corresponde a mujeres que profesan piedad".*

Lo apropiado para una mujer cristiana es poner énfasis en hacer buenas obras y en ocuparse de su vida de piedad. La mujer creyente que busca agradar a Dios es como la mujer virtuosa que se ocupa de aquellas cosas que son productivas y que la llevan a ser generosa con aquellos que están en necesidad: *"Alarga su mano al pobre, y extiende sus manos al menesteroso"* - Proverbio 31:20.

Lo que adorna el interior

Otro pasaje que complementa el tema que estudiamos es 1 Pedro 3:3-4 - *"Vuestro atavío no sea el externo de peinados ostentosos, de adornos de oro o de vestidos lujosos, sino el interno, el del corazón, en el incorruptible ornato de un espíritu afable y apacible, que es de grande estima delante de Dios".* Este texto nos enseña dos condiciones que deben primar en el interior de una mujer que profesa piedad y que verdaderamente teme a Dios y estas condiciones o cualidades espirituales son "la afabilidad" y la "apacibilidad".

El espíritu "afable" nos describe un corazón "manso", una cualidad especial que adorna a la mujer en quien Cristo se ha forjado, pues Él nos dice que debemos seguir su ejemplo y ser mansos y humildes de corazón para que nuestras almas hallen descanso (Mt. 11:28).

Es en Cristo Jesús donde encontramos el espíritu "afable" y "apacible", pues la mansedumbre y la humildad de Cristo cuando son puestas en práctica nos llevan a experimentar su "paz", la cual es verdadera (Jn. 14:27) y se va a reflejar en nuestro carácter en toda circunstancia y ante todo aquel con quien tengamos que lidiar en esta vida.

La preocupación inmediata

La preocupación inmediata de una mujer sujeta al Espíritu de Dios es lograr estas virtudes en su vida, analizar cuál es el espíritu que la gobierna, para que, si no encuentra estas virtudes señaladas en la Palabra de Dios, se disponga a cambiar y a reformar su vida interior. Cada mujer cristiana es la llamada a escudriñar su interior procurando ser semejante a Cristo.

Oremos al Señor, humillémonos delante de su presencia y tratemos por todos los medios de lograr que nuestro corazón sea puro y santo y que nuestro andar diario muestre lo que hay en nuestro interior.

PROFESANDO LA PIEDAD

Definición de la piedad

La piedad es la disposición de ánimo de cada individuo que le lleva a dar a Dios el supremo lugar en su vida espiritual. Vivir una vida piadosa es todo lo contrario de vivir una vida impía. En Biblia también se establece que la piedad es una virtud que tiene promesa para esta vida y para la venidera; 1 Timoteo 4:8 nos dice: *"... porque el ejercicio corporal para poco es provechoso, pero la piedad para todo aprovecha, pues tiene promesa de esta vida presente, y de la venidera"*. Esto debe motivarnos a vivir poniendo a Dios en primer lugar de nuestra vida.

También debemos seguir las enseñanzas del apóstol Pablo en Colosenses 3:2-3: *"Poned la mira en las cosas de arriba, y no en las de la tierra. Porque habéis muerto, y vuestra vida está escondida con Cristo en Dios"*. Este texto corrobora que todo creyente debe enfocarse en lo eterno y no en lo temporal. Una mujer piadosa pondrá mayor énfasis y todo su esfuerzo en cuidar su casa celestial más que la terrenal, procurará hacer tesoros en los cielos y comprenderá que todo lo de esta tierra es vano y temporal.

Profesando la piedad

El texto termina diciendo: *"Sino con buenas obras, como corresponde a mujeres que profesan piedad"* (reverencia o temor a Dios). La idea de profesar piedad significa que una mujer piadosa proclama con su vida que está viviendo con sabiduría y sujeta a Dios y a su Palabra. No hay otra cosa que hable más alto que nuestro testimonio y nuestro comportamiento, por lo que, si una mujer cristiana quiere vivir acorde con la piedad que predica, debe ocuparse de buenas obras y andar decorada o ataviada con pudor y modestia, así es como profesará la piedad.

Un mensaje para concluir

Para concluir, volveremos a citar a Proverbios 31:30: *"Engañosa es la gracia, y vana la hermosura; la mujer que teme a Jehová, esa será alabada"*. Este texto nos muestra cuál debe ser el énfasis que toda mujer creyente debe darle a su vida si es que quiere ser alabada y bendecida. Su motivación será agradar a Dios, disponerse a ser piadosa y santa y buscará cada día la pureza interior y la belleza más importante y de más valor que es la santidad interna.

Además de todo esto, toda mujer cristiana se ocupará de buenas obras por medio de las cuales enseñará al mundo que es una hija de Dios, así se manifestará en su exterior su condición interior.

Una mujer que desea ser un "modelo de belleza femenina" para agradar a su marido, no a los demás, será una mujer que sabrá escoger su atavío de la forma más piadosa, sabrá cuidar su cuerpo, no solo porque es templo vivo del Espíritu Santo, sino porque también le pertenece a su marido, y se adornará con buenas obras y con un espíritu afable y apacible. De esta manera agradará a Dios en la medida en que cultive su corazón y sea un ejemplo de mujer piadosa sujeta al Espíritu y agradará a su marido.

18

PADRE QUE INSTRUYE

El primer mandamiento que Dios les dio a Adán y a Eva fue: *"...fructificad y multiplicaos; llenad la tierra"* (Gn. 1:28). Desde este momento, la paternidad ha sido esencial en la vida del esposo y ha sido fuente de gran bendición a las familias de aquellos hombres que han tomado con seriedad su papel.

Ser padre y maestro demanda enseñanza o instrucción. Aunque la filosofía del mundo lleva a no aceptar esta responsabilidad, en el corazón de un creyente deben prevalecer las palabras del salmista en Salmos 127:3-5: *"He aquí, herencia a Jehová son los hijos; cosa de estima el fruto del vientre. Como saetas en mano del valiente, así son los hijos habidos en la juventud. Bienaventurado el hombre que lleno su aljaba de ellos; no será avergonzado cuando hablare con los enemigos en la puerta"*.

Instruir es enseñar según nos dice Proverbios 22:6: *"Instruye al niño en su camino, y aun cuando fuere viejo no se apartará de él"*. Y de esta misma forma en Proverbios 1:8-9 se les aconseja a los hijos a seguir la instrucción de su padre al decir: *"Oye, hijo mío, la instrucción de tu padre, Y no desprecies la dirección de tu madre; Porque adorno de gracia serán a tu cabeza, Y collares a tu cuello"*.

Instruir bíblicamente es la responsabilidad que tenemos de llevar a nuestros hijos al conocimiento y aplicación de la Palabra de Dios, moldeándolos a través de la enseñanza y el ejemplo como nos enseña Deuteronomio 6:4-9: *"Oye, Israel: Jehová nuestro Dios, Jehová uno es. Y amarás a Jehová tu Dios de todo tu corazón, y de toda tu alma, y con todas tus fuerzas. Y estas palabras que yo te mando hoy, estarán sobre tu corazón; y las repetirás a tus hijos, y hablarás de ellas estando en tu casa, y andando por el camino, y al acostarte, y cuando te levantes. Y las atarás como una señal en tu mano, y estarán como frontales entre tus ojos; y las escribirás en los postes de tu casa, y en tus puertas".*

LA INSTRUCCIÓN BÍBLICA

Definición del término en el Antiguo Testamento

La Palabra instrucción aparece cincuenta veces en el Antiguo Testamento, la mayoría de las veces en el libro de Proverbios. Este concepto también implica "comprender", "enseñar", "castigar", "disciplinar" y "amonestar". El Antiguo Testamento se vale de muchos verbos para subrayar la necesidad de una respuesta adecuada a la instrucción: "oír, obedecer, amar, recibir, obtener, captar, defender, guardar". Se usa por primera vez en Deuteronomio 11:2 donde dice: *"Y comprended hoy, porque no hablo con vuestros hijos que no han sabido ni visto el castigo de Jehová vuestro Dios, su grandeza, su mano poderosa, y su brazo extendido".*

Asimismo, el rechazo de la instrucción queda evidente mediante diversos términos relacionados con esta palabra: "rechazar, odiar, obviar, no amar, detestar, abandonar". Cuando no se obedece la instrucción que se imparte, viene como resultado el "castigo" o la "disciplina", así lo vemos en el texto siguiente: *"La necedad está ligada en el corazón del muchacho; Mas la vara de la corrección la alejará de él"* (Pr. 22.15).

Uno de los propósitos principales de la literatura sapiencial es enseñar sabiduría (Pr. 1:2). Por esto, cuando se habla de instrucción se habla de disciplina y algo más. Con la disciplina se motiva a vivir correctamente en el temor del Señor, para que el sabio aprenda la lección y se mantenga firme cuando lo tienten o pongan a prueba: *"Miré, y lo puse en mi corazón; lo vi, y tomé consejo"* (Pr. 24:32). Se trata de una disciplina que tiene impacto para toda la vida; de ahí la importancia de prestar atención a la instrucción.

Definición del término en el Nuevo Testamento

En el Nuevo Testamento, diferentes palabras dan a entender los conceptos de instrucción y disciplina. En Efesios 6:4 se puede traducir como entrenar o amonestar y encierra la idea de consejo bíblico de los padres hacia los hijos.

Abarca:

- Una base bíblica para la instrucción - 1 Corintios 10:11; Colosenses 3:16.
- Una relación de amor - Hechos 20:31; 1 Corintios 4:14; 2 Tesalonicenses 3:15.
- Sabiduría - Colosenses 1:28, 3:16.
- Ejercicio de la paciencia - Hechos 20:31, 1 Tesalonicenses 5:14.
- El objetivo de ver a todo hombre perfecto en Cristo - Colosenses 1:28.
- Atención personal - Hechos 20:31; 1 Tesalonicenses 5:14; 2 Tesalonicenses 3:15.
- La responsabilidad implícita de un líder espiritual - 1 Tesalonicenses 5:12.

El concepto de instrucción también forma parte del significado de enseñanza. Por eso definimos la instrucción como la responsabilidad que tenemos de llevar a nuestros hijos al conocimiento y aplicación de la Palabra de Dios, moldeándolos a través de la enseñanza, la disciplina y el ejemplo - Colosenses 1:28, 3:1.

LA EFECTIVIDAD DE LA INSTRUCCIÓN

La efectividad de la instrucción vendrá cuando nosotros como padres la fundamentemos con nuestro ejemplo. Esta efectividad será evidenciada por medio de la sabiduría y el discernimiento aportándonos diferentes habilidades:

Habilidad para distinguir entre:

Hechos y opiniones: Es importante que todo padre cristiano que se involucra en el proceso de la enseñanza y la instrucción sepa distinguir con sabiduría entre los hechos y las opiniones. No es lo mismo evaluar un hecho que evaluar una opinión, o hacer algo u opinar sobre algo. Esto aumenta nuestra criticidad y podemos ayudar a nuestros hijos a basar su fe en hechos y no creer ciegamente en opiniones de hombres.

Verdad y ficción: También es sumamente necesario buscar sabiduría para poder distinguir entre lo que es verdad y lo que es ficción; principalmente en un mundo como el que nos ha tocado vivir, en el cual, a través de los diferentes medios de comunicación, así como en la multitud de filosofías y teorías se ha querido confundir la ficción y hacerla ver como una verdad. Por ejemplo, tenemos el tema de la ciencia ficción la cual ha llevado aun a muchos cristianos a considerar la existencia de seres extraterrestres, o de dar el beneficio de la duda a teorías falsas, como, por ejemplo, la teoría de la evolución.

Causa y efecto: Otro punto importante que aumenta la efectividad en la instrucción que damos a nuestros hijos es saber distinguir con sabiduría la diferencia entre causa y efecto. A veces hay cierta confusión para distinguir entre estos dos conceptos, pero la Biblia nos enseña que cada obra y cada decisión tienen su consecuencia. Veamos como ejemplo en Romanos 6:23: *"La paga del pecado es la muerte, mas la dádiva de Dios es vida eterna en Cristo Jesús"*. En esta misma línea tenemos la obra de Jesucristo en la cruz del Calvario como causa de nuestra salvación, y el poder que tenemos de su Espíritu que nos ayuda en nuestra santificación es el efecto que produce esa causa.

Habilidad para diagnosticar los problemas y buscarles soluciones

Todo padre cristiano tiene que aprender a saber cómo diagnosticar los problemas que llegan a su vida y a la vida de sus hijos con la sabiduría que proviene de Dios.

Pero no solamente el padre cristiano debe saber diagnosticar los problemas, sino que debe saber buscar las soluciones apropiadas para resolverlos.

Muchos padres existen en el mundo ejerciendo el rol de maestro y no tienen idea de lo que significa diagnosticar y mucho menos tienen la sabiduría para buscarles soluciones apropiadas a los problemas de la vida llevando así a sus familias al caos y a la confusión y olvidan el consejo que nos ofrece Santiago 1:5: *"Y si alguno de vosotros tiene falta de sabiduría, pídala a Dios, el cual da a todos abundantemente y sin reproche, y le será dada".*

Habilidad para discernir espiritualmente

Esta habilidad consiste en establecer en nuestras vidas los valores bíblicos y espirituales apropiados para vivir por ellos de una manera ética.

Evaluar si nos inclinamos a las cosas eternas o a las pasajeras o temporales *"...no mirando nosotros las cosas que se ven, sino las que no se ven; pues las cosas que se ven son temporales, pero las que no se ven son eternas"* (2 Co. 4:18).

Evaluar si tendemos al deseo de criticar o disminuir a los demás en vez de usar nuestras palabras para edificar: *"Ninguna palabra corrompida salga de vuestra boca, sino la que sea buena para la necesaria edificación, a fin de dar gracia a los oyentes"* (Ef. 4:29).

Evaluar la motivación para hacer nuestro trabajo y el grado de humildad que tenemos: *"Nada hagáis por contienda o por vanagloria; antes bien con humildad, estimando cada uno a los demás como superiores a él mismo"* (Fil. 2:3).

Evaluar una oposición activa a la maldad y una posición diligente hacia la bondad *"Porque el que se cree ser algo, no siendo nada, a sí mismo se engaña. Así que, cada uno someta a prueba su propia obra, y entonces tendrá motivo de gloriarse sólo respecto de sí mismo, y no en otro; porque cada uno llevará su propia carga. El que es enseñado en la palabra, haga partícipe de toda cosa buena al que lo instruye. No os engañéis; Dios no puede ser burlado: pues todo lo que el hombre sembrare, eso también segará. Porque el que siembra para su carne, de la carne segará corrupción; más el que siembra para el Espíritu, del Espíritu segará vida eterna. No nos cansemos, pues, de hacer bien; porque a su tiempo segaremos, si no desmayamos. Así que, según tengamos oportunidad, hagamos bien a todos, y mayormente a los de la familia de la fe"* (Gá. 6:3-10).

Valores bíblicos y espirituales éticos:

Tratar a aquellos con los que vivo y trabajo con respeto y honor, teniendo cortesía y preocupación por ellos.

Trabajar todo el tiempo por el dinero que recibimos, no queriendo ganar más con menos esfuerzo.

Ver la calidad y cantidad de mi trabajo como algo primario que refleje mi creencia en Cristo, siendo un obrero serio y diligente.

Habilidad para poder lograr una vida personal devota, buscando la santidad de mi alma a través de mi vida de oración; la lectura de la Palabra; buscando la voz de Dios; andando en el Espíritu y poniendo al servicio de la iglesia los dones que he recibido del Espíritu Santo.

Habilidad en la dedicación al servicio a Dios y a los demás.

Habilidad para crecer diariamente, sabiendo que solos no tenemos esta capacidad si no dependemos totalmente de Dios.

Habilidad para procurar una relación interpersonal con otros, evangelizando al perdido y edificando al creyente.

2 Timoteo 2:15 - Nos muestra la instrucción:

"Procura con diligencia presentarte a Dios aprobado, como obrero que no tiene de qué avergonzarse, que usa bien la palabra de verdad".

2 Timoteo 3:17 - Nos muestra la aplicación.

"...a fin de que el hombre de Dios sea perfecto, enteramente preparado para toda buena obra".

LA APLICACIÓN DE LA INSTRUCCIÓN

Instruyamos a nuestros hijos:

- En el camino que deben seguir y no en el camino que ellos quieren seguir.
- Con toda ternura, afecto y paciencia.
- Persuadiéndolos constantemente ya que ellos dependen de nosotros como su autoridad.
- Con un pensamiento claro y basado en la Palabra de Dios. El alma de nuestros hijos es lo más importante.
- Con la Biblia y enseñémosles a depender de ella como su única regla de fe y práctica.
- En el hábito de orar.
- En el hábito de congregarse y de trabajar en la obra.
- En el hábito de la fe.
- En el hábito de la obediencia.
- En el hábito de hablar siempre la verdad, aunque esto les traiga consecuencias negativas.
- En el hábito de redimir el tiempo.

- En el temor constante a la sobre indulgencia; para que no oculten sus faltas y pecados.
- Recordándoles constantemente cómo Dios instruye a sus hijos.
- Influenciándolos con nuestro propio ejemplo.
- Recordándoles siempre el poder del pecado.
- Recordándoles siempre las promesas de Dios en su Palabra.
- Para que estén agradecidos a Dios, por lo que son y por lo que tienen.

TIPOS DE HIJOS QUE INSTRUIMOS

Hijos fáciles

Estos son hijos adaptables a todo lo que se les enseña desde su nacimiento; son personas llevaderas y aparentemente fáciles de instruir, pero necesitan igualmente dedicación, atención y cariño.

Los padres de estos hijos generalmente cometen errores porque piensan que como sus hijos tienden a la obediencia y son fáciles de enseñar, no tienen que invertir tiempo en ellos, porque ellos aprenderán sin que como padres hagamos mucho esfuerzo.

Es una realidad que estos hijos, por su temperamento o por las circunstancias que les rodean, así como por otras causas, son considerados como fáciles de educar, pero no debemos descuidarlos, pues siempre tendremos una simiente pecaminosa a la cual atacar.

Hijos de reacción lenta

Son hijos que con dedicación, amor y paciencia después de un tiempo de dificultad y contrariedad llegan a adaptarse a la instrucción.

Este tipo de hijos requieren mucha paciencia y mucho más tiempo de enseñanza de sus padres y es importante entender que son hijos especiales y que como tal, tenemos que instruirlos.

Con esto no queremos decir que debemos sobreprotegerlos, sino por el contrario, ellos deben ser tratados con toda normalidad, incluirlos en todos los aprendizajes, darles las disciplinas que requieren, pero sí sabiendo como padres que tenemos que instruirles con mayor cuidado y de una manera especial.

Hijos difíciles

Este es el tipo de hijo que tiende a ser negativo e impredecible, necesita frecuentemente cuidado, atención y corrección, además de un estudio de las causas que originan sus actitudes y reacciones negativas, por lo cual le llamamos hijo difícil.

En su primera infancia pueden ser tenidos como niños insoportables y aún sus propios padres les cuesta el reto que significa corregirlos e instruirlos.

Estos hijos necesitan de mucha paciencia y conciencia de sus padres, así como de capacitación especial para tratarlos en el proceso de instrucción, ya que, si se desesperan y se apresuran en disciplinas desmedidas, pudieran causarles mucho daño. Proverbios 19:18 nos da un excelente consejo para este caso: *"Corrige a tu hijo en tanto que hay esperanza; mas no se excite tu alma para destruirlo".*

La tarea de instruir no es fácil, ni rápida; demanda sacrificio, dedicación y todo el tiempo del mundo que sea posible invertir en la vida de nuestros hijos. Recordemos que lo que no enseñemos a nuestros hijos, otros se lo enseñarán y tal vez será de una manera inadecuada.

El hombre controlado por el Espíritu Santo y que desea colocar a su familia bajo la cruz de Cristo obedece lo que la Palabra de Dios le demanda. En Efesios 6:4 y Colosenses 3:21 se nos muestra cuál es la responsabilidad de un padre: *"Y vosotros, padres, no provoquéis a ira a vuestros hijos, sino criadlos en disciplina y amonestación del Señor".* *"Padres, no exasperéis a vuestros hijos, para que no se desalienten".*

Una familia bajo la cruz de Cristo se logra enseñando día tras día a su descendencia por precepto y por ejemplo todo el consejo de Dios y llevándola a ponerlo en práctica en amor.

19

MADRE Y MAESTRA

No hay papel más influyente y poderoso en la vida de los hijos que el de la madre. Las figuras públicas, religiosas, educativas, militares, políticas son significativas, pero nada se compara con el impacto ejercido por las madres. Sus palabras nunca se olvidan completamente, sus caricias dejan una impresión indeleble y el recuerdo de su presencia dura toda la vida.

Aquel que ha sido bendecido con una buena madre cosechará los beneficios por el resto de sus días. Si una madre descuida las necesidades de los hijos o falla en apoyar a su esposo, también dejará una huella. Para bien o para mal, la marca que deja la madre es permanente.

La sociedad de hoy se ha dedicado a rebajar el rol de la madre, pero sabemos que esto es fruto del pecado en que vivimos y los bajos ideales de la humanidad. Las mujeres que se quedan en sus casas para cuidar a sus hijos han sido ridiculizadas y menospreciadas por años. Las mujeres que encuentran su realización en apoyar a sus maridos y en ser madres que alientan a sus hijos suelen ser materia de chistes y sórdido humor.

Muchas madres permiten que esa propaganda negativa les afecte y comienzan a abrigar sentimientos de desencanto en lo que debe ser el rol para el cual Dios las ha diseñado (1 Ti. 2:15). Pero a pesar de aquellas que sucumben en esta hermosa tarea dejándose influenciar por la frustración de nuestra sociedad, todavía tenemos mujeres que han sabido ser verdaderas madres desempeñando el papel más digno, el más influyente y el más recompensado del mundo.

Analicemos lo que Dios demanda a cada mujer dentro de este rol tan importante y tan atacado actualmente. Acabemos con las opiniones populares y las tendencias de la sociedad de destruir lo que Dios recomienda y más cuando vemos la bendición que nos revela el Salmos 127:3 al decir: *"Herencia de Jehová son los hijos; cosa de estima el fruto del vientre"*.

REGRESEMOS A LA BIBLIA

Edificando - estableciendo y afirmando el hogar

Como hemos visto en tantos textos bíblicos, la labor de la madre es de gran importancia para la edificación de un hogar, sin madres no tuviésemos hogares.

Tanto al padre como a la madre Dios les declara que deben edificar el hogar. Un texto que nos sirve para afianzar esta idea es Proverbios 24:3-4*: "Con sabiduría se edificará la casa, y con prudencia se afirmará; y con ciencia se llenarán las cámaras de todo bien preciado y agradable"*. Este texto no hace referencia al martillo y los clavos, ni a una carretilla de mezcla ni a los bloques de cemento, tampoco el pasaje se refiere a los elementos decorativos de una edificación, sino que describe las herramientas que servirán para edificar nuestros hogares con la sabiduría de Dios.

El hogar se edifica con tres herramientas primarias:

La sabiduría: Es la habilidad de ver con discernimiento, es decir, ver la vida como Dios la percibe.

La prudencia: Es la destreza para responder con inteligencia teniendo como base el conocimiento de Dios (Pr. 9:10).

La ciencia: Es esa escasa cualidad de aprender perceptivamente: descubriendo y creciendo.

La importancia de este rol

Es una realidad que el papel de la madre tiene una importancia fundamental en el desarrollo del hijo más que cualquier otro, ya que la madre tiene el privilegio de sentir y conocer al niño mucho antes de que los padres podamos ponerle siquiera la mano.

El impacto de la responsabilidad directa con el niño nos golpea a nosotros los padres cuando vemos la pequeña criatura por primera vez, pero cuando esto ocurre, ya hace nueve meses que la madre ha sentido el vuelco del niño, los síntomas de su presencia y ha sido parte de sus hábitos de alimentación.

Desde que se inicia el embarazo las madres deben comenzar a ejercitarse en los principios de "sabiduría, prudencia y ciencia". Ya cuando el niño nace las madres sabias pueden entender y saber cómo responder instintivamente a las necesidades de sus criaturas.

La influencia de la madre

Un texto puntual que nos habla de la influencia de las madres está en 2 Timoteo 1:3-5 el cual hace referencia de la labor de la abuela y de la madre de Timoteo en la formación de su carácter: *"Doy gracias a Dios, al cual sirvo desde mis mayores con limpia conciencia, de que sin cesar me acuerdo de ti en mis oraciones noche y día; deseando verte, al acordarme de tus lágrimas, para llenarme de gozo; trayendo a la memoria la fe no fingida que hay en ti, la cual habitó primero en tu abuela Loida, y en tu madre Eunice, y estoy seguro que en ti también"*.

Por otros pasajes bíblicos podemos notar la manera en que una madre puede influenciar la vida de una criatura aparte de la transmisión natural que se adquiere por los genes directos de los padres (Pr. 1:8b; 23:22b). La influencia de la madre en la vida de su hijo comienza desde que el niño nace, esto ocurre por la manera íntima en que ambos se relacionan. Un niño percibe el olor de la madre; ambos tienen reacciones conectadas en cuanto al instinto de comer del bebé; cómo se altera o se aquieta al sonido de su voz y cuántos sentimientos más se forjan al pasar los años de su crecimiento y madurez. Es por esto por lo que debemos considerarla "madre y maestra" al mismo tiempo.

EL APORTE DE LA MADRE A LA VIDA DE LOS HIJOS

Fe no fingida – ternura transparente

Esta es una cualidad que cada uno ha percibido de nuestras madres, aunque no podemos dejar de reconocer que existen muchos padres tiernos, pero básicamente aprendemos de nuestros padres la diligencia (el valor del dinero, la importancia del trabajo, las técnicas de la economía, etc., etc.) pero de nuestras madres hemos aprendido la *"ternura transparente"*.

Esta es una cualidad que aporta mucho en la vida del ser humano, tanto de los hombres como de las mujeres. Podemos atestiguar de la ternura de nuestras madres cuando necesitábamos consuelo porque teníamos algún problema, o cuando teníamos alguna enfermedad, o cuando perdíamos una mascota muy querida, estas imágenes de ternura transparente no desaparecerán jamás de nuestras mentes.

Es importante resaltar algo del texto cuando dice: *"...trayendo a memoria la fe no fingida que hay en ti, la cual habitó primero en tu abuela Loida, y en tu madre Eunice, y estoy seguro que en ti también"*. Timoteo había aprendido esta ternura transparente que se traduce como "fe no fingida", producto de la enseñanza de una madre tierna y sincera, algo que Eunice a su vez aprendió de su madre Loida.

Espiritualidad auténtica

Dios espera que toda madre cristiana se ocupe de dar dirección a la vida espiritual de sus hijos tanto como le demanda al padre darle la instrucción espiritual a su familia (Pr. 1:8). En

Deuteronomio 6:4-9 aprendemos que esta es una labor ardua y persistente que debe iniciarse desde la cuna.

Si seguimos analizando el texto de 2 Timoteo 1, notamos también el impacto espiritual que han tenido la madre y la abuela, el cual ha producido una *"fe no fingida"* en su hijo. Todos sabemos que la palabra sincera significa sin error. Si transliteramos el vocablo griego, se leería "anhupocritos", o sea, estas mujeres mantenían un testimonio de fe "no hipócrita".

Lo que el apóstol Pablo está evocando de la vida de Timoteo en este texto es su testimonio cristiano transparente, pensaba en un hombre que no era "hipócrita", cualidad que aprendió de su madre y ésta de la suya, lo cual nos indica la transmisión maternal de esta virtud.

Testimonio evidente

Este pasaje nos deja ver algo importante y es la seguridad que manifiesta el apóstol Pablo de lo que hicieron estas dos madres en la vida de sus descendientes y que se manifiesta en el testimonio de Timoteo: *"...trayendo a memoria la fe no fingida que hay en ti, la cual habitó primero en tu abuela Loida, y en tu madre Eunice, y estoy seguro que en ti también"*. Esta expresión: *"...y estoy seguro que en ti también"* nos muestra que Timoteo fue la evidencia tangible del trabajo de esta madre y de esta abuela, cosechando en él la virtud de una fe no fingida, sin olvidar que todo don perfecto viene de Dios y que Timoteo aceptó esta gracia para su vida.

Es importante que entendamos que una iglesia, una escuela cristiana, un círculo de amistades creyentes pueden influir considerablemente el carácter de nuestros hijos, pero no habrá otro testimonio en el mundo que les influya más que la vida de sus padres. Es por esto por lo que toda madre tiene que ser transparente y santa, capaz de impactar con su fe a sus hijos, tal como quiere Dios. Es probable que la sinceridad o la hipocresía causen un efecto positivo o negativo en el carácter futuro de nuestros hijos.

EL APORTE DE DIOS A UN HIJO CRIADO POR UNA MADRE BÍBLICA

Cobardía no - poder de Dios sí

Otro consejo que notamos en la epístola del apóstol Pablo a Timoteo es el que vemos en (1:6-7): *"Por lo cual te aconsejo que avives el fuego del don de Dios que está en ti por la imposición de mis manos. Porque no nos ha dado Dios espíritu de cobardía, sino de poder, de amor y de dominio propio"*. El término "dinamis" (poder, energía) significa fuerza inherente, poder interior. Oremos no solo para que nuestros hijos se conviertan a Cristo, sino para que desarrollen un carácter revestido con el poder que tenemos en Él y no les den lugar a actitudes cobardes, o se sientan inferiores a personas y grupos que no profesan piedad, ya que han entendido que más poderoso es el que está en nosotros que el que está en el mundo (1 Jn. 4:4).

Cuando Timoteo llegó a su edad adulta y empezó su ministerio en Éfeso lo hizo con confianza, sin miedo, sin timidez ni sentimientos de inferioridad. El mayor privilegio que una madre puede tener en esta vida es ver a su hijo convertido a Cristo y andando en el poder del Espíritu Santo de Dios. Aunque sabemos que el don de la fe viene de Dios, no nos cansemos de orar para que nuestros hijos vengan a Cristo.

Está establecido aún por la Psicología que los niños aprenderán y forjarán su carácter en sus primeros siete años de vida y esto que aprenderán en estos años es lo que los dominará por toda su vida, por lo que es la madre quien tendrá mayor influencia en esta etapa y podrá marcar la dirección por donde sus hijos deberán conducirse.

Amor no egoísta

"Porque no nos ha dado Dios espíritu de cobardía, sino de poder, de amor y de dominio propio". La clase de amor que Dios da por su Espíritu es el amor que procura el supremo bien de la otra persona. Timoteo tenía que recordar que este tipo de amor era el necesario para guiar a la grey que estaba en sus manos.

El carácter de una persona que exhibe amor no egoísta proviene en gran medida de la influencia de una madre creyente que ha derramado este tipo de amor para con sus hijos. Este amor:

- Es el que ama cuando algo nos duele,
- Es el que nos alienta cuando estamos exhaustos,
- Es el que ama cuando disciplina,
- Es el que ama a través del servicio en las tareas de lavar, planchar, cocinar, aun cuando fueran duras y parezcan interminables, sin enrostrarles en la cara a los hijos cuánto cuesta servirles.

Dios sabe que nuestras fuerzas tienen límites y comprende que hay momentos en la vida en que casi desfallecemos o llegamos al hastío y a la desesperación, oremos para que el Señor nos dé nuevas fuerzas para continuar amando con amor no egoísta.

La madre que se ama a sí misma antes que a sus hijos dará hijos sedientos del amor abnegado; las madres sumamente cuidadas, que su mayor énfasis está en su belleza y cuidado externo, estarán enviando a su familia un mensaje de vanidad y frivolidad y puede que sus hijos sean frágiles y egoístas. Pero las madres seguras de sí, generosas y amorosas serán coronadas por hijos íntegros y sanos que sabrán amar a los demás con el amor de Dios.

Dominio propio

Por último, el apóstol Pablo dice a Timoteo: *"Porque no nos ha dado Dios espíritu de cobardía, sino de poder, de amor y de dominio propio".* Toda madre cristiana es una persona con el vital elemento de control disciplinado, elemento que le llevará a mantener perseverancia continua y equilibrio básico para la labor que debe desempeñar en su hogar y como ejemplo a sus hijos. Nos estamos refiriendo al espíritu de dominio propio tan apropiado para la crianza.

Dios no quiere saber de las madres histéricas que sean un manojo de nervios y que no puedan controlar ni siquiera los instintos de su personalidad y de sus emociones. Por el contrario, Dios quiere personas seguras de su salvación que exhiban el poder que hay en Cristo para lograr ese dominio propio que Él da y lo manifieste como fruto del Espíritu Santo que está en cada creyente.

El dominio propio de las madres beneficia a los hijos con grandes dividendos. Este texto conocido es importante que lo citemos:

- Si un niño vive siendo criticado, aprende a condenar.
- Si un niño vive hostilizado, aprende a pelear.
- Si un niño vive ridiculizado, aprende a ser tímido.
- Si un niño vive avergonzado, aprende a sentirse culpable.

Por el contrario,

- Si un niño vive siendo tolerado, aprende a ser paciente.
- Si un niño vive siendo alentado, aprende a confiar.
- Si un niño vive siendo elogiado, aprende a apreciar.
- Si un niño vive con equidad, aprende justicia.
- Si un niño vive con seguridad, aprende a tener fe.
- Si un niño vive siendo aprobado, aprende a quererse.
- Si un niño vive siendo amado aprende a amar.

BENEFICIOS DE LA MATERNIDAD

Una vida llena de satisfacciones

Podemos señalar múltiples beneficios de la maternidad responsable, y más cuando comprobamos en la Palabra de Dios el efecto en la crianza de un hijo que ha sido enseñado bajo los parámetros divinos.

Esta es la expresión de un hijo agradecido de la enseñanza de una madre bíblica:

QUERIDA MAMA:

Te debo...tu tiempo: día y noche.

Te debo...tu ejemplo: consistente y confiable.

Te debo...tu apoyo: estimulante y desafiante.

Te debo...tu humor: chispeante y veloz.

Te debo...tu consejo: sabio y callado.

Te debo...tu humildad: genuina y generosa.

Te debo...tu hospitalidad: sonriente y cálida.

Te debo...tu penetrante percepción: aguda y honesta.

Te debo...tu flexibilidad: paciente, alegre.

Te debo...tus sacrificios: numerosos y rápidamente olvidados.

Te debo...tu fe: sólida y segura.

Te debo...tu esperanza: incesante e indestructible.

Te debo...tu amor: decidido y profundo.

Madre, después de Dios, te debo todo.

Qué gran satisfacción hay en la vida de un hijo que haya tenido una madre con cualidades tan excepcionales que le lleva a expresarse de esta manera; es maravilloso ver la honra que brota de estas palabras que han salido de un corazón agradecido.

La satisfacción del deber cumplido

Es una pena lo que será el final de aquellas madres que no han sabido hacer las cosas como Dios ha ordenado, qué triste será la vejez, qué penosos serán sus días, cuánta soledad le acompañará en su vejez.

Es lastimoso escuchar el sentimiento de esos hijos que han sido abandonados por sus madres desde pequeños, hijos que han sido tirados y encontrados en un zafacón lleno de hormigas a punto de morir.

Podemos preguntarnos: "¿dónde está la conciencia de estas madres?"

"¿Dónde está el amor que Dios quiso derramar en ellas y ellas no lo han ejercitado? Estamos seguros de que en estos casos nunca veremos lo que llamamos la satisfacción del deber cumplido.

Un aliento final

El texto de Gálatas 6:7-9 nos brinda un gran consuelo para la vida de aquellas mujeres que hacen el esfuerzo de ser verdaderas madres: *"No os engañéis; Dios no puede ser burlado: pues todo lo que el hombre sembrare, eso también segará. Porque el que siembra para su carne, de la carne segará corrupción; más el que siembra para el Espíritu, del Espíritu segará vida eterna. No nos cansemos, pues, de hacer bien; porque a su tiempo cegaremos, si no desmayamos".*

Principalmente la última oración de este versículo nos da un gran aliento:

"Porque a su tiempo segaremos, si no desmayamos". Una madre que está dispuesta a involucrarse en la ardua tarea de la enseñanza es una madre que está dispuesta a enseñar; está dispuesta a dar ejemplo con su propia vida; está dispuesta a dedicar toda su vida a esta tarea y a buscar en Dios toda la paciencia y el amor para lograr su objetivo. Sabemos que es en la Biblia, la inefable e inmutable Palabra de Dios, donde encontramos el verdadero consuelo y la ayuda para poder dar a nuestros hijos lo que les ha de forjar como creyentes verdaderos.

20

PASTOR DE LA FAMILIA

El papel más descuidado por los esposos y padres es el de proveer instrucción espiritual aun cuando sabemos que esta falta de interés en el área espiritual de la familia llevará a los miembros de esta a un porcentaje de alta mortalidad espiritual.

Desde el principio, cuando Dios declaró a su pueblo las leyes y mandamientos para el buen orden espiritual de la familia, les dijo cuán importante era para Él que cumpliéramos con el mandamiento de pastorear a nuestra pequeña grey. En Deuteronomio 6:3-9 podemos darnos cuenta toda la responsabilidad que Dios puso sobre los padres en cuanto a que los hijos y su hogar guarden este gran mandamiento:

"Oye, pues, oh Israel, y cuida de ponerlos por obra, para que te vaya bien en la tierra que fluye leche y miel, y os multipliquéis, como te ha dicho Jehová el Dios de tus padres.

Oye, Israel: Jehová nuestro Dios, Jehová uno es.

Y amarás a Jehová tu Dios de todo tu corazón, y de toda tu alma, y con todas tus fuerzas.

Y estas palabras que yo te mando hoy, estarán sobre tu corazón; y las repetirás a tus hijos, y hablarás de ellas estando en tu casa, y andando por el camino, y al acostarte, y cuando te levantes.

Y las atarás como una señal en tu mano, y estarán como frontales entre tus ojos; y las escribirás en los postes de tu casa, y en tus puertas".

Hemos de entender entonces que no tenemos alternativa para optar por hacer otra cosa que no sea lo que Dios nos ha demandado en Su Palabra y que, de manera diferente como se da el mundo, que la mujer es la que se ocupa de promover los asuntos religiosos de la familia, vemos que Dios demanda al hombre esta responsabilidad.

Si tomamos en cuenta que Dios demanda al hombre como cabeza de su familia el cuido de la vida espiritual de la misma, tenemos que estar claros en el hecho de que somos llamados por Dios a ser hombres espirituales, pero para esto demanda cualidades que tenemos nosotros que cultivar.

NACIDO DE NUEVO

Un comienzo imprescindible

El primer paso de un padre de familia hacia la verdadera obediencia se inicia cuando nace de nuevo y recibe el Espíritu del Señor para ser salvo y poder guiar a su familia por el camino de la fe como se nos demanda en Juan 3:3. Nunca podremos enseñar a nuestros hijos a ser lo que deben ser si primeramente nosotros no experimentamos lo que deseamos ver en la vida de ellos.

Dios demanda que debemos nacer de nuevo para poder discernir espiritualmente. De hecho 1 Corintios 2:12-16 nos declara que todo hombre que no ha nacido de nuevo y por lo tanto no ha recibido el Espíritu de Dios, todo lo espiritual le es locura y no lo puede entender.

¿Cómo podemos pretender que una persona sin discernimiento espiritual pueda guiar y hacer la labor de pastor familiar? Aquel que lo pretenda se convertirá en un guía de ciegos, como dijo el Señor Jesucristo en Mateo 15:14 - *"Dejadlos; son ciegos guías de ciegos; y si el ciego guiare al ciego, ambos caerán en el hoyo"*.

Respetuosos del orden de autoridad

Uno que ha nacido de nuevo es uno que se somete a su cabeza espiritual que es nuestro Señor y Salvador Jesucristo y, por tanto, ha de ser guiado por su Espíritu a toda la verdad. Tenemos que recordar que Jesús mismo nos declaró en Juan 14:6: *"Yo soy el camino, y la verdad, y la vida; nadie viene al Padre, sino por mí"*. ¿Cómo puede entonces una familia llegar a Dios si no es conducida a través de Jesucristo?

Como pastor de mi familia yo tengo que sujetarme primeramente a Cristo y por ende al Espíritu Santo de Dios (Ef. 5:18). Cuando leemos 1 Corintios 11:3 notamos la importancia que Dios da a este orden de prioridad: *"Pero quiero que sepáis que Cristo es la cabeza de todo varón, y el varón es la cabeza de la mujer, y Dios la cabeza de Cristo"*.

Un pastor familiar tiene que sujetarse a Cristo y tiene que disponerse a guiar a su familia hacia la verdad a través de la Palabra y en el poder del Espíritu Santo, al cual debe estar sometido. Cristo dijo en Juan 15:4-5 que la marca de todo aquel que le ha aceptado es que da frutos y que se mantiene continuamente apegado a la Vid, por tanto, un padre debe mantenerse en comunión constante con Cristo y esto le dará el estímulo espiritual para guiar a su familia como pastor familiar: *"Permaneced en mí, y yo en vosotros. Como el pámpano no puede llevar fruto por sí mismo, si no permanece en la vid, así tampoco vosotros, si no permanecéis en mí. yo soy la vid, vosotros los pámpanos; el que permanece en mí, y yo en él, éste lleva mucho fruto; porque separados de mí nada podéis hacer"*.

Quienes pausan para tener comunión con su Salvador

Todo pastor familiar es uno que sabe que tiene que hacer pausa de las cosas de la vida para tener comunión orando sin cesar (1 Tes. 5:17), y hacer morar la Palabra de Dios en su corazón (Col. 3:16). Así también, su vida espiritual debe ser un ejemplo de vida piadosa que pone sus dones al servicio del Señor y no deja de congregarse como nos expresa Hebreos 10:25 al decirnos: *"no dejando de congregarnos, como algunos tienen por costumbre, sino exhortándonos; y tanto más, cuanto veis que aquel día se acerca"*.

El área del pastorado familiar tiene que estar caracterizada por estas prácticas porque de lo contrario seremos como fuentes sin agua que tratan de calmar la sed de los sedientos. Un pastor y cabeza de familia debe dirigir el altar familiar. Cada familia debe dedicar de forma unida un tiempo al Señor y debe ser el padre quien dirija la enseñanza bíblica que se provee a su familia.

El padre de familia es un sacerdote que cumple su misión con fidelidad y forja un cinto de protección espiritual que rodeará a sus hijos a lo largo de sus vidas como lo hacía el patriarca Job – *"Y acontecía que habiendo pasado en turno los días del convite, Job enviaba y los santificaba, y se levantaba de mañana y ofrecía holocaustos conforme al número de todos ellos. Porque decía Job: Quizá habrán pecado mis hijos, y habrán blasfemado contra Dios en sus corazones. De esta manera hacía todos los días"* *(1:5)*. El ministerio pastoral del padre es un refuerzo que toda familia necesita para fomentar el crecimiento espiritual de sus hijos.

INSTRUCTORES ESPIRITUALES

Fe en las promesas de Dios

Como pastor familiar e instructor espiritual de nuestra familia tenemos que ser ejemplos de fe, pues sin fe es imposible agradar a Dios (He. 11:6), así que cuando nos disponemos a guiar a nuestra pequeña grey tenemos que estar convencidos de aquello que pretendemos enseñar a los que están bajo nuestro cuidado.

No es lo mismo citar versículos como una cantaleta que enseñar y somos muchos los padres que nos pasamos la vida diciéndoles cosas a nuestros hijos sin tener la menor idea del efecto que estas palabras están teniendo para su condición espiritual. Sigamos el ejemplo del apóstol Pablo con su hijo en la fe Timoteo (2 Ti. 2:1-7)

La enseñanza demanda tiempo e intenso esfuerzo de nuestra parte. Transmitir a nuestros hijos las enseñanzas bíblicas para fortalecer su fe de forma sistemática demanda preparación y esfuerzo previo del padre. No basta con leer un devocional que viene en un librito o una porción de la Biblia, sino que el padre debe preparar ese encuentro espiritual de acuerdo con las necesidades de su familia.

Deseo de ser semejantes a Cristo

Otro dato importante para la labor efectiva de un pastor familiar que ha de instruir espiritualmente es "el ejemplo". Es importantísimo que seamos semejantes a Cristo y que de manera genuina vivamos la vida cristiana que deseamos que nuestros hijos vivan. En 1 de Pedro 2:21 el apóstol refuerza esta misma idea de que Cristo nos dejó ejemplo para que podamos seguir sus pisadas. También nuestros hijos estarán mirando nuestras huellas y nuestro ejemplo les hablará más alto que nuestras palabras: *"Pues para esto fuisteis llamados; porque también Cristo padeció por nosotros, dejándonos ejemplo, para que sigáis sus pisadas"*.

El mismo apóstol Pablo y otros escritores del Nuevo Testamento nos hablaron de la importancia de nuestro testimonio para poder reproducirnos en la vida de otros y para esto tenemos tremendas motivaciones bíblicas:

"Sed imitadores de mí, así como yo de Cristo". - 1 Corintios 11:1.

"Sed, pues, imitadores de Dios como hijos amados". – Efesios 5:1.

Si deseamos que nuestros hijos oren, enseñémosles a orar mediante la instrucción y el ejemplo. Si deseamos que lean la Biblia, debemos leerla y vivirla constantemente. Si deseamos que sean amables, dóciles y considerados, debemos evidenciar este mismo carácter. Recordemos que todo lo que nuestros hijos vean en nosotros es una lección muy poderosa que van a aprender, sea bueno o sea malo.

Jesús mismo dijo en Mateo 11:29 - *"Llevad mi yugo sobre vosotros, y aprended de mí, que soy manso y humilde de corazón; y hallaréis descanso para vuestras almas"*. Está claro que, si queremos ser efectivos pastores del rebaño, tendremos que imitar al Pastor de los pastores.

Instructores a tiempo y fuera de tiempo

Cuando el apóstol Pablo se despidió de Timoteo, su hijo en la fe le declaró en 2 Timoteo 4:1-2: *"Te encarezco delante de Dios y del Señor Jesucristo, que juzgará a los vivos y a los muertos en su manifestación y en su reino, que prediques la Palabra; que instes a tiempo y fuera de tiempo; redarguye, reprende, exhorta con toda paciencia y doctrina"*. Con estas indicaciones tendría la clave para instruir correctamente a los que venían tras él.

En la vida de todo hombre de Dios hay una lucha espiritual que sostiene entre la carne y el Espíritu y nosotros como pastores familiares tenemos que tomar muy en serio esta realidad, no sólo en nuestra vida, sino también en la vida de cada uno de aquellos que Dios ha puesto bajo nuestro cuidado. De hecho, en Romanos 7:15-25 el apóstol Pablo nos describe con su propia vida esta lucha y por eso recomienda a Timoteo que se ejercite para la piedad y usa esta analogía por el esfuerzo permanente que hacen los atletas para estar en forma: *"Ejercítate para la piedad; porque el ejercicio corporal para poco es provechoso, pero la piedad para todo aprovecha, pues tiene promesa de esta vida presente, y de la venidera"* - 1 Timoteo 4:7-8.

No obstante, la Palabra de Dios nos insta a seguir adelante y a no cansarnos sabiendo que esta es una labor ardua, pero tendrá recompensa en esta vida y en la venidera. Pablo nos anima con sus palabras: *"No nos cansemos, pues, de hacer bien; porque a su tiempo segaremos, si no desmayamos" (Gálatas 6:9).* Es por esto por lo que no podemos desmayar en esta demanda de Dios para nosotros.

PROVEEDORES ESPIRITUALES

Apacentadores de la grey

Un pastor no tiene otra labor que no sea apacentar la grey de Dios y nosotros como pastores familiares tenemos una grey a nuestro cuidado por la cual daremos cuenta delante del Señor en el día del tribunal de Cristo de lo que ha sido nuestro trabajo pastoral.

La palabra apacentar significa dar pasto al rebaño, enseñarle el camino a delicados pastos, traerlo de vuelta al establo, cuidarle y estar dispuesto a velar cada día por las ovejas; esto demanda un trabajo arduo y algunas características fundamentales como nos dice 1 Pedro 5:2-3: *"Apacentad la grey de Dios que está entre vosotros, cuidando de ella, no por fuerza, sino voluntariamente; no por ganancia deshonesta, sino con ánimo pronto; no como teniendo señorío sobre los que están a vuestro cuidado, sino siendo ejemplos de la grey. Y cuando aparezca el Príncipe de los pastores, vosotros recibiréis la corona incorruptible de gloria".*

Tenemos que recordar que quien escribe esta porción bíblica es el apóstol Pedro, a quien en Juan 21:15-19 el mismo Señor Jesucristo, el Príncipe de los Pastores, le demandó "pastorear y apacentar" sus ovejas con la misma solicitud y fidelidad con que en esta epístola él lo está demandando a cada uno de los pastores del rebaño de Dios en cualquier lugar donde estemos pastoreando, sea una iglesia local o sea nuestra propia familia.

Siervos disponibles

Son muchos los padres que fracasan en el pastorado de su familia porque nunca están para suplir las necesidades emocionales y espirituales de su casa, siempre están tan ocupados en cómo obtener mayores ingresos económicos o inmiscuidos en sus propios asuntos o en los problemas de otros que no tienen tiempo para pastorear su propia grey.

Un pastor familiar tiene que estar siempre disponible para su familia y debe colocarla en primer lugar dentro de la escala de valores de su vida (primeramente, su esposa y luego sus hijos), pues de otra manera, él podrá tener éxito en otros ámbitos, pero fracasará en la misión más importante que es pastorear a su familia.

Si no estamos disponibles para nuestros hijos, otro ocupará su lugar y cuando pretendamos rescatar lo perdido, ya será demasiado tarde para encontrarlo. Es por esta causa que los pastores familiares tenemos que "dedicarnos" y dar calidad de tiempo a los nuestros para que nuestra familia sea sana física, mental y espiritualmente.

Protectores del rebaño

Todo pastor familiar tiene que velar por el cuidado de los suyos y para esto sólo tenemos que oír las palabras del apóstol Pablo en la ciudad de Mileto, recogidas por Lucas en Hechos 20:28-32 donde les demanda a los pastores u obispos de esa ciudad a velar por cada una de las ovejas de la grey.

En este pasaje encontramos que la labor del pastor familiar no se circunscribe sólo a pastorear o a instruir, sino que también se nos demanda velar por las ovejas, para cuidarlas de los que querrán hacerles daño: *"Por tanto, mirad por vosotros, y por todo el rebaño en que el Espíritu Santo os ha puesto por obispos, para apacentar la iglesia del Señor, la cual él ganó por su propia sangre.*

Porque yo sé que después de mi partida entrarán en medio de vosotros lobos rapaces, que no perdonarán al rebaño.

Y de vosotros mismos se levantarán hombres que hablen cosas perversas para arrastrar tras sí a los discípulos.

Por tanto, velad, acordándoos que por tres años, de noche y de día, no he cesado de amonestar con lágrimas a cada uno.

Y ahora, hermanos, os encomiendo a Dios, y a la palabra de su gracia, que tiene poder para sobreedificaros y daros herencia con todos los santificados".

Cada pastor familiar tiene que saber todo sobre su esposa, tiene que saber todo sobre sus hijos y tiene que velar con respecto a todo lo que los puede amenazar, porque de otra manera, ellos serán arrastrados y no tendremos la capacidad para protegerlos y mucho menos para defenderlos de aquellos que los querrán destruir. Solo Dios puede ayudarnos en esta labor tan trascendental.

Todos queremos los beneficios divinos, pero pocos quieren trabajar para lograrlos.

Un pastor de familia tiene que trabajar ardientemente para mantenerse apegado a Dios y a su Palabra, ser constante en la oración, alerta a las tentaciones que quieran seducir a su familia hacia la impiedad y guiar a su pequeña grey hacia pastos verdes protegidos de lobos rapaces. Un verdadero pastor es el que da su vida por las ovejas - Juan 10:11b

204 - Una familia bajo la Cruz

Parte III

RESPONSABILIDADES BÍBLICAS DE LOS PADRES

206 - Una familia bajo la Cruz

21

DIRIGIR EL CORAZÓN DE NUESTROS HIJOS A CRISTO

Cuando hablamos de dirigir el corazón de nuestros hijos a Cristo tenemos que entender que ningún padre podrá lograr ese objetivo a menos que él a su vez no tenga su corazón en Cristo y manteniendo una relación permanente con Él.

Es por esto por lo que en este proceso de crianza debemos orar habitualmente mientras aprendemos y nos ejercitamos en las directrices bíblicas. Después del nacimiento de los hijos, aferrémonos al compromiso de seguir la Palabra de Dios para la preparación de cada hijo, de acuerdo con su edad y a sus necesidades formativas individuales. Algunos pasajes que nos servirán de fundamento para esta labor son:

- Salmo 37:4-5 - *"Deléitate asimismo en Jehová, y él te concederá las peticiones de tu corazón. Encomienda a Jehová tu camino, y confía en él; y él hará.*
- Proverbios 16:3 - *"Encomienda a Jehová tus obras, y tus pensamientos serán afirmados".*
- Proverbios 22:6 - *"Instruye al niño en su camino, Y aun cuando fuere viejo no se apartará de él".*
- Efesios 6:4 - *"Y vosotros, padres, no provoquéis a ira a vuestros hijos, sino criadlos en disciplina y amonestación del Señor".*
- 1 Tesalonicenses 5:17 - *"Orad sin cesar".*

Entendamos que *"... no tenemos lucha contra sangre y carne, sino contra principados y potestades, contra los gobernadores de las tinieblas de este siglo, contra huestes espirituales de maldad en las regiones celestes"* que lo único que desean es llevar a nuestros hijos al infierno eterno (Ef. 6:12), por eso entendamos la necesidad de estar apertrechados con la Armadura de Dios para que podamos resistir en el día malo - Efesios 6:10-20.

En todo este proceso tenemos que ser diligentes y no desmayar en ningún momento, porque sabemos que la tarea es ardua y la lucha cruenta, pero si entendemos que nuestra única fuerza vendrá cuando pongamos los ojos en Jesús y consideremos todo lo que él padeció, nuestro ánimo no se cansará hasta desmayar - Hebreos 12:1-3.

En esta ocasión deseamos poder ayudar a cada padre a lograr la victoria, victoria que solo la podemos hallar bajo el amparo del Omnipotente y en obediencia a su santa Palabra, por tanto, no perdamos de vista el galardón que en ella se nos promete, no perdamos de vista la meta a donde debemos llegar.

COMPROMETÁMONOS CON FIDELIDAD A ESTA TAREA

Padres comprometidos con el Señor

Se requiere del nuevo nacimiento espiritual para comprender los principios bíblicos para la crianza de los hijos. Si uno que inicia la carrera de la crianza no tiene el Espíritu de Dios, es imposible que pueda entender sus demandas como ya hemos citado en 1 Corintios 2:14 – *"Pero el hombre natural no percibe las cosas que son del Espíritu de Dios, porque para él son locura, y no las puede entender, porque se han de discernir espiritualmente".*

Como vimos en el capítulo anterior, los padres no sólo debemos convertirnos a Cristo experimentando el nuevo nacimiento, sino que debemos demostrar nuestro compromiso de amor al Señor al multiplicarnos en nuestros hijos: *"... para que andéis como es digno del Señor, agradándole en todo, llevando fruto en toda buena obra, y creciendo en el conocimiento de Dios"* - Colosenses 1:10.

De igual manera, para poder lograr la bendición de Dios y ser ejemplo en el proceso de crianza, debemos estar sujetos y llenos del Espíritu Santo para lograr el ejemplo que se requiere de modo que influyamos en nuestros hijos para seguir el camino de Dios - Efesios 5:18.

Padres comprometidos con la Palabra de Dios

La Escritura es la única autoridad para la vida, y es la base exclusiva por medio de la cual nuestros hijos pueden ser criados para agradar al Señor como nos dice el apóstol Pablo en 2 Timoteo 3:14-17: *"Pero persiste tú en lo que has aprendido y te persuadiste, sabiendo de quién has aprendido; y que desde la niñez has sabido las Sagradas Escrituras, las cuales te pueden hacer sabio para la salvación por la fe que es en Cristo Jesús.*

Toda la Escritura es inspirada por Dios, y útil para enseñar, para redargüir, para corregir, para instruir en justicia, a fin de que el hombre de Dios sea perfecto, enteramente preparado para toda buena obra".

De igual manera, debemos entender que por naturaleza el camino del hombre es totalmente contrario al plan de Dios. Proverbios 14:12 refuerza esta idea: *"Hay camino que al hombre le parece derecho; pero su fin es camino de muerte"*. Y también nos lo recuerda a través de Isaías 55:8-11.

Por esta razón, se requiere que los padres nos evaluemos continuamente y obedezcamos la Palabra de Dios fielmente para evitar el engaño espiritual tocante a nuestra relación con Dios y así evitar la hipocresía, porque de lo contrario seremos fariseos hipócritas como nos declara Mateo 7:1-5.

210 - Una familia bajo la Cruz

Padres comprometidos uno con el otro

Los padres creyentes debemos tener una sola mente y un mismo parecer. Aun si nuestro cónyuge no es creyente, Dios usará nuestro testimonio comprometido en la relación matrimonial para unificar nuestros criterios con respecto a la crianza de los hijos. La Palabra nos declara en 1 Corintios 7:10-14 la actitud que deben tener los cónyuges casados con incrédulos para ganarlos para Cristo y la influencia divina que pueden tener los creyentes en las vidas de sus hijos para ayudarlos en el crecimiento espiritual.

Como creyentes comprometidos con Cristo, cada padre debe someterse el uno al otro en el temor de Dios como nos aconseja el apóstol Pablo en Efesios 5:21. Debemos amarnos mutuamente estimando a nuestro cónyuge como superior a nosotros mismos como nos manda Filipenses 2:3-4.

Sin embargo, el padre, en un servicio de amor y como la cabeza del hogar, ha de tomar la responsabilidad del liderazgo en la crianza de los hijos. Cuando tratamos al esposo como cabeza del hogar declaramos la importancia de dedicar toda su vida a guiar a su familia con el propósito de colocarla bajo la cruz de Cristo viviendo en obediencia a su Palabra.

Padres comprometidos en las responsabilidades bíblicas

Los padres debemos cumplir con las responsabilidades que tenemos con nuestros hijos como siervos de Dios que somos, siguiendo el ejemplo del Señor Jesucristo el cual se nos revela en Mateo 20:25-28: *"Entonces Jesús, llamándolos, dijo: Sabéis que los gobernantes de las naciones se enseñorean de ellas, y los que son grandes ejercen sobre ellas potestad.*

Mas entre vosotros no será así, sino que el que quiera hacerse grande entre vosotros será vuestro servidor, y el que quiera ser el primero entre vosotros será vuestro siervo; como el Hijo del Hombre no vino para ser servido, sino para servir, y para dar su vida en rescate por muchos".

Debido a que una familia de creyentes es una unidad pequeña del cuerpo de Cristo, todos los involucrados (tanto padres como hijos) debemos cumplir las normas de la Palabra de Dios. También, como tratamos anteriormente, los padres debemos ser ejemplos bíblicos para nuestros hijos y mostrar siempre al Señor Jesucristo como el ejemplo supremo a seguir - Filipenses 2:5-8.

Los padres debemos estimar a nuestros hijos como superiores a nosotros mismos y debemos hacer a un lado nuestros propios intereses egocéntricos, obligándolos a servirnos o queriendo que estudien o logren metas que no pudimos lograr nosotros. Asimismo, debemos responderles con amor y proveer para ellos de manera que les sirvamos de modelo del Padre Celestial, el cual es el Dios de la provisión y Aquel que nos ama de tal manera que nos dio el más grande regalo para que alcanzáramos la vida eterna.

Padres comprometidos para traer paz a nuestro hogar

Es importante que los padres entendamos que no debemos ser contenciosos, ya sea el uno con el otro o con nuestros hijos. Por el contrario, debemos ser bondadosos, benignos y pacientes en todas las cosas. Los padres debemos enseñar la Palabra de Dios y también la práctica de esta en nuestra vida cotidiana. Además, debemos corregir a los hijos cuando infrinjan las normas bíblicas por medio de la Palabra de Dios y no a través de gritos, insultos, sino de manera sabia y compasiva como nos declara 2 Timoteo 2:24-26: *"Porque el siervo del Señor no debe ser contencioso, sino amable para con todos, apto para enseñar, sufrido; que con mansedumbre corrija a los que se oponen, por si quizá Dios les conceda que se arrepientan para conocer la verdad, y escapen del lazo del diablo, en que están cautivos a voluntad de él".*

Cuando los padres pecamos en contra de los hijos, debemos ser humildes y confesar nuestras transgresiones al

Señor, así como a nuestros hijos pidiéndoles perdón por el mal testimonio que les dimos, también debemos orar junto con ellos luego de haberles confesado nuestro pecado. Santiago 5:16 nos apunta diciendo: *"Confesaos vuestras ofensas unos a otros, y orad unos por otros, para que seáis sanados. La oración eficaz del justo puede mucho"*.

La Palabra de Dios hace énfasis en que los padres no provoquemos a ira a nuestros hijos, sino que, por el contrario, los criemos en disciplina y amonestación (instrucción) del Señor. Efesios 6:4; Colosense 3:21 son pasajes fundamentales para que como padres entendamos que es más productivo seguir el consejo del Señor que dejarnos llevar por nuestra carne. Debemos perseverar en ayudar a nuestros hijos a que lleguen a ser competentes, perfectamente equipados para toda buena obra, instruyéndolos en la justicia, a través de la enseñanza, la represión y la corrección como también nos aconseja el apóstol Pablo en 2 Timoteo 3:16-17.

Padres comprometidos a enseñar obediencia a la Palabra de Dios

Si queremos colocar a nuestra familia bajo la cruz de Cristo debemos estar seguros de que estamos criando a nuestros hijos de acuerdo con la instrucción del Señor, enseñándoles a obedecer la Palabra de Dios, la necesidad de hacerlo, y las consecuencias de vivir alejados de ella.

Debemos traer ahora a la memoria las palabras de Josué el gran líder de Israel cuando declaró: *"Ahora, pues, temed a Jehová, y servidle con integridad y en verdad; y quitad de entre vosotros los dioses a los cuales sirvieron vuestros padres al otro lado del río, y en Egipto; y servid a Jehová.*

Y si mal os parece servir a Jehová, escogeos hoy a quién sirváis; si a los dioses a quienes sirvieron vuestros padres, cuando estuvieron al otro lado del río, o a los dioses de los amorreos en cuya tierra habitáis; pero yo y mi casa serviremos a Jehová".

Los padres debemos hacer una declaración y un pacto como lo hizo Josué, mostremos a nuestros hijos una obediencia fiel al Señor con el ejemplo de nuestro andar cristiano sin importar lo que piense la gente, lo que haga, o lo que estén haciendo otros llamados "cristianos" que con sus hechos niegan la fe. Instruyamos a nuestros hijos en todo tiempo, cuando se levanten, cuando se acuesten, en el camino, en la casa o en cualquier lugar que estemos con ellos o durante el trajinar cotidiano de la vida como también se nos aconseja en 2 Timoteo 3:16.

De igual forma, incrementemos las responsabilidades de nuestros hijos en la medida que demuestren que están creciendo en sabiduría y capacidad.

Padres comprometidos a criar a nuestros hijos en la disciplina del Señor

Es una bendición entender lo que significa criar a nuestros hijos en la disciplina del Señor, es instruirlos con gentileza, represión y corrección. Como padres sabios establezcamos normas simples y claras con aplicación en la Palabra de Dios para que nuestros hijos estén conscientes que cuando desobedecen, están desobedeciendo primeramente a Dios y luego a sus padres.

Igualmente debemos enseñarles la bendición de obedecer y la maldición de no obedecer junto con las consecuencias que acarrearán a sus vidas, tal como lo hizo Dios al dirigir a su pueblo y que nos declara Deuteronomio 11:26-28: *"He aquí yo pongo hoy delante de vosotros la bendición y la maldición: la bendición, si oyereis los mandamientos de Jehová vuestro Dios, que yo os prescribo hoy, y la maldición, si no oyereis los mandamientos de Jehová vuestro Dios, y os apartareis del camino que yo os ordeno hoy, para ir en pos de dioses ajenos que no habéis conocido".*

Expliquémosles claramente las pautas de conducta basadas en la Biblia que regirán en nuestros hogares para evitar la confusión o los malentendidos. Enfaticemos que cada hogar establece sus propias reglas, aunque basadas en la Palabra, y que los hijos deben someterse a las de su propia casa y no protestar o comparar con los demás hogares. Llevemos a cabo la disciplina con amor para restaurar a nuestros hijos en tanto hay esperanza.

En Hebreos 12:5-11 encontramos el pasaje por excelencia donde Dios nos muestra el propósito de la disciplina y la manera en que debemos hacerles conciencia a nuestros hijos de la importancia de no menospreciarla. El texto citado nos dice: *"...y habéis ya olvidado la exhortación que como a hijos se os dirige, diciendo: Hijo mío, no menosprecies la disciplina del Señor, Ni desmayes cuando eres reprendido por él; Porque el Señor al que ama, disciplina, Y azota a todo el que recibe por hijo. Si soportáis la disciplina, Dios os trata como a hijos; porque ¿qué hijo es aquel a quien el padre no disciplina? Pero si se os deja sin disciplina, de la cual todos han sido participantes, entonces sois bastardos, y no hijos.*

Por otra parte, tuvimos a nuestros padres terrenales que nos disciplinaban, y los venerábamos. ¿Por qué no obedeceremos mucho mejor al Padre de los espíritus, y viviremos? Y aquéllos, ciertamente por pocos días nos disciplinaban como a ellos les parecía, pero éste para lo que nos es provechoso, para que participemos de su santidad.

Es verdad que ninguna disciplina al presente parece ser causa de gozo, sino de tristeza; pero después da fruto apacible de justicia a los que en ella han sido ejercitados. Por lo cual, levantad las manos caídas y las rodillas paralizadas".

Es bueno anexar aquí otros textos que también son importantísimos acerca de la necesidad de que los padres ejerzamos la disciplina bíblica en amor. Proverbios 6:23, 15:10,

19:18, 22:15, 23:13; 1 Corintios 13:4-8a; Hebreos 12:5-11; Apocalipsis 3:19.

En un capítulo posterior estaremos hablando de los métodos de disciplina y cómo debemos ejercerla en amor sabiendo que la disciplina no es más que un conjunto de reglas o normas cuyo cumplimiento de manera constante conducen a cierto resultado y como hemos visto, el principal resultado es participar de la santidad de Dios.

Padres comprometidos en ser firmes y consistentes en aplicar la disciplina que lleve al niño a Cristo

Tenemos que entender que la disciplina bíblica no es punitiva sino correctiva y debe ser firme y consistente, a la vez que tiene un único propósito de llevar el corazón y la voluntad de la persona a obedecer, a regresar y seguir el camino de Dios. Proverbios 15:10 nos llama a entender que, si no queremos la muerte espiritual de nuestros hijos, debemos disciplinarlos como Dios manda en su Palabra. Este pasaje nos dice: *"La reconvención es molesta al que deja el camino; Y el que aborrece la corrección morirá"*.

Si un hijo persiste en la necedad, demostrado por la desobediencia continua y la falta de respeto, debemos usar la vara de la corrección como un instrumento de disciplina para la restauración del muchacho, pero debemos tener cuidado de no abusar físicamente de él de forma que se añadan nuevos males. Proverbios 19:19 dice: *"El de grande ira llevará la pena; Y si usa de violencias, añadirá nuevos males"*. Como también nos aconseja Proverbios 22:15, 29:15 la vara es en ciertos casos necesaria, pero cuidemos de usarla en amor y no con ira.

Ahora bien, si el hijo después de haber cometido una falta se arrepiente, debemos poner en práctica la compasión misericordiosa como lo hace Dios con aquellos que pecan y se arrepienten. El Salmo 103:10-11 dice: *"No ha hecho con nosotros conforme a nuestras iniquidades, Ni nos ha pagado conforme a nuestros pecados. Porque como la altura de los cielos sobre la tierra, engrandeció su misericordia sobre los que le temen".*

Padres comprometidos en llevar el corazón de sus hijos a Cristo

La necesidad del nuevo nacimiento espiritual incumbe a todos, desde el momento en el que uno es capaz de comprender. De hecho, los niños son considerados muy amados por el Señor, así lo vemos en pasajes como Mateo 18:2-6; Marcos 9:35-37; Lucas 17:2. Es por tanto una responsabilidad de cada padre amar a sus hijos comprometiéndose en mostrarles el camino hacia Cristo.

Los padres debemos demostrar nuestro compromiso con el Señor a través de nuestra conducta, nuestras palabras y nuestras acciones, de forma tal que nuestros hijos deseen y anhelen vivir para Cristo.

Debemos ser ejemplos para ellos ganando así su respeto hacia nosotros como padres y así puedan honrarnos fácilmente cumpliendo lo que les demanda la Palabra de Dios en Éxodo 20:12; Proverbios 23:22; como resultado de un compromiso de agradar al Señor en todas las cosas - Colosenses 1:10.

La tarea de criar es difícil y comprometida, oremos al Señor que nos provea de su gracia y de su misericordia para poder lograr la victoria en esta tarea tan importante. Entendemos que para esta labor nadie es suficiente, sólo con la ayuda de Dios y nuestra fidelidad a Él podremos alcanzar la meta.

22
AMAR A NUESTROS HIJOS

En este momento es necesario que analicemos lo que es el verdadero amor, el cual viene de Dios y con el que debemos criar a nuestros hijos para llevarlos por el camino de la justicia. Tanto Efesios 6:4 como Colosenses 3:21 nos instruyen en la manera en que debemos ser cuidadosos y amorosos en el proceso de instrucción de nuestros hijos:

"Y vosotros, padres, no provoquéis a ira a vuestros hijos, sino criadlos en disciplina y amonestación del Señor". "Padres, no exasperéis a vuestros hijos, para que no se desalienten".

Examinaremos algunos aspectos del amor bíblico y verdadero hacia los hijos, amor que no consiste tan sólo en darles lo que ellos piden o en dejarles hacer toda clase de majaderías o permitirles toda clase de malacrianza, sino por el contrario, amor que sabe combinarse equilibradamente con la disciplina necesaria para una correcta y sabia corrección.

Jesús nos hace entender la importancia de un trato correcto y maduro hacia los hijos. En pasajes como Marcos 10:13-16 Jesús muestra la necesidad que tiene un niño de que:

- le miremos
- le escuchemos
- le abracemos
- le creamos
- le respetemos
- le hagamos sentir que es alguien preciado e individual para nosotros
- le reconozcamos sus buenas acciones con la misma intensidad con que lo reprendemos

- le proporcionemos seguridad y refugio en Dios y en nosotros
- le amemos con el amor con que Dios ama y describe a través de la Biblia.

Está claro que todo niño necesita amor y este lo buscará instintivamente en sus padres y si en ellos no lo haya, lo buscará en otros, aunque sea de manera equivocada, y si allí tampoco lo encuentra, se llenará de odio, ira, rencor y resentimiento hacia todo lo que se llame padres.

Hagamos un análisis de la escena que nos narra el evangelista Marcos y entendamos lo que significa el amor de los padres hacia sus hijos.

PADRES PREOCUPADOS POR SUS HIJOS

La actitud de estos padres

Al leer Marcos 10:13a vemos la escena del encuentro de Jesús y los niños: *"Y le presentaban niños para que los tocase"*, cuando observamos esta parte de la narración, llevamos nuestra imaginación al momento del hecho y encontramos allí a padres que conociendo todas las bendiciones que se desprendían del Hijo de Dios, deseaban que sus hijos las alcanzasen. Podemos imaginar la ternura y el amor con que Jesús tocaba a estos pequeños y la satisfacción de los padres porque sus hijos tuvieron un contacto con Jesús.

Estos padres estaban conscientes de quién era Jesús y deseaban que sus hijos viniesen a Él, que fuesen tocados por él, que le conociesen más íntimamente; lo que nos enseña que como padres debemos dedicar tiempo para que nuestros hijos conozcan a Jesús y deseen estar en comunión con Él a través de los medios que tenemos a nuestro alcance, como nuestro ejemplo de una vida consagrada y piadosa delante del Señor, la lectura de su Palabra y el tiempo de devoción familiar a través de la oración y alabanzas.

Su preocupación por proveer para lo espiritual

Nos cautiva la actitud de estos padres, que evidentemente estaban preocupados por la salud espiritual de sus hijos. Ellos estaban en la necesidad de que sus hijos se acercaran a Aquel que podía influir espiritualmente en la vida de sus pequeños, así como había influido en ellos.

Por otro lado, vemos cómo estos padres vencieron todo impedimento con tal de llegar donde Jesús; no se detendrían ante ningún obstáculo que se interpusiera delante de sus planes; vencerían todas las barreras que impidiesen que sus hijos se acercaran al Salvador.

Esta debe ser una gran enseñanza para nosotros los padres cristianos, en cuanto a la responsabilidad que nos toca de proveer espiritualmente alternativas para que nuestros hijos se acerquen a Jesús. Recordemos que es nuestra la responsabilidad de proveer.

El amor genuino de los padres

Como hemos explicado varias veces a lo largo de este libro, el amor es una acción y no un sentimiento meloso que lleva a nuestra autosatisfacción. Es una acción verdadera en la búsqueda del bien del objeto amado, que en este caso son nuestros hijos.

El amor bíblico de un padre cristiano para con sus hijos proviene de tener un amor genuino a la verdad revelada por Dios, para que ella pueda guiar la relación padre-hijo con el mejor trato posible.

Hoy en día, no sólo los cristianos estamos preocupados porque esta relación sea sana y fructífera, sino que aún sin saber cómo lograrlo, los padres del mundo, en vista de que están perdiendo a sus hijos, quieren encontrar soluciones para evitar lo que podemos denominar "el gran fracaso de la crianza humanista". Pero sabemos que la respuesta únicamente está en Jesús, como también lo sabían los padres de los niños referidos en el pasaje de Marcos 10.

EGOÍSMO E INCOMPRENSIÓN DEL HOMBRE

La actitud negativa de los discípulos

Como podemos observar en el pasaje, los discípulos tomaron la actitud de reprender a los que presentaban a los niños a Jesús. Esto es algo insólito en la actitud de los aprendices del maestro, el texto nos dice: *"...y los discípulos reprendían a los que los presentaban"*.

Decimos que esta es una actitud insólita, porque precisamente ellos tenían que haber visto en muchas otras ocasiones la actitud de Jesús para con los niños y sin embargo pensaron que en este momento estos molestarían a Jesús olvidando que el Evangelio es para todos: ancianos, adultos y niños.

Luego de la resurrección, el apóstol Pedro cuando pronunció su primer mensaje en Hechos 2:38-39 dijo: *"...arrepentíos, y bautícese cada uno de vosotros en el nombre de Jesucristo para perdón de los pecados; y recibiréis el don del Espíritu Santo.*

Porque para vosotros es la promesa, y para vuestros hijos, y para todos los que están lejos; para cuantos el Señor nuestro Dios llamare". Por lo menos Pedro aprendió la lección y entendió que el Evangelio es para todos.

El síndrome de adultismo

Este es un término inventado para definir aquella actitud que expresa, de palabras y de acción, la no participación del niño en los círculos de adultos. Este síndrome es practicado por aquel tipo de persona, que tal vez por su crianza o alguna frustración, no permite que los niños tengan ningún tipo de injerencia en una reunión o socialización entre adultos. En pocas palabras, son personas que excluyen a los niños o entienden que ellos deben actuar como adultos, por eso llamamos a esta actitud "adultismo".

Esta práctica caracterizó la crianza de nuestros antepasados y aun de muchos de nosotros, y se expresaban refranes o dichos vergonzosos para enfatizar que los niños metían la pata cuando estaban entre adultos o que su opinión no era válida.

Como dijimos anteriormente, este es un síndrome que no aparece en ningún libro y que no lo habrán oído antes y no porque no exista, sino por la sencilla razón de que son los adultos los que definen los nombres de los síndromes existentes, pero si dejáramos que fuesen los niños los que titulen los problemas de la personalidad del ser humano, de seguro que el primer síndrome que ellos describieran fuera el "adultismo".

No es que los niños tienen que estar interfiriendo en los asuntos de los adultos, pero los adultos tenemos que comprender que los niños necesitan un trato tierno y amoroso de parte de los que han pasado por esta etapa de la vida y si aún le fuéramos a pedir que vayan a jugar a sus habitaciones por cuanto se estarán tratando temas que no deberían escuchar, podemos hacerlo con un trato amable.

Egoísmo e incomprensión de los discípulos

Los discípulos actuaron con tanta intransigencia para con estas pequeñas criaturas, que manifestaron en su acción el egoísmo y la incomprensión con que muchos adultos tratan a los niños. Son muchos los adultos que todavía hoy en día actúan como estos discípulos, adultos quienes se interesan solamente por lo suyo y nada más; quienes son incapaces de sacrificar su tiempo y energías para brindarles un mañana mejor a sus propios hijos y sólo piensan en sí mismos, mostrando un corazón egoísta e incapaz de comprender a aquellos que son fruto de sus entrañas.

Por otro lado, es importante que recordemos aquellos sentimientos o actitudes que deseábamos y anhelábamos recibir de los adultos, y especialmente de nuestros padres, cuando éramos niños, como la comprensión, la empatía, el afecto en momentos de desolación. Pensemos en que nosotros tenemos en nuestras manos los tesoros de Dios, los cuales nos han sido dados por Él como herencia. Por tanto, debemos esforzarnos en comprenderlos y amarlos con el amor que Dios nos enseña.

TERNURA Y AMABILIDAD DE JESÚS

Jesús reclamó el derecho de los niños

Este pasaje también nos muestra la autoridad, la indignación y al mismo tiempo, la ternura que Jesús manifiesta: *"Viéndolo Jesús, se indignó, y les dijo: Dejad a los niños venir a mí, y no se lo impidáis; porque de los tales es el reino de Dios. De cierto os digo, que el que no reciba el reino de Dios como un niño, no entrará en él. Y tomándolos en los brazos, poniendo las manos sobre ellos, los bendecía"* - Marcos 10:14-16.

Pienso que no hay otro pasaje de la Biblia donde se puedan conjugar la autoridad e indignación que manifiesta Jesús frente a esta mala o equivocada actitud de los discípulos por no demostrar la ternura en el trato que ellos les debían a estos niños.

Es como diciendo: Los niños nunca importunan, de ellos es mí tiempo, es más "de los tales", agrega Jesús, es el reino de los cielos. Con esta expresión Jesús muestra la importancia que debe darle el adulto a todos los niños del mundo.

Jesús hizo ver la importancia de esa edad

Como hemos dicho, el adulto tiene que observar la actitud de un niño, principalmente su honestidad, su franqueza, su ternura, su ingenuidad y otras cualidades que perdemos en la medida en que la vida nos golpea, nos maltrata y nos endurece.

Dadas las cualidades que poseen los niños, Jesús declara enfáticamente en el versículo 15: *"De cierto os digo, que el que no reciba el Reino de Dios como un niño, no entrará en él"*. Jesús nos está enseñando a todos que es de suma importancia analizar cómo un niño, de manera ingenua y decidida, acepta todo lo que se le enseña de Dios, contrariamente a la actitud que mostramos los adultos de creer que le estamos haciendo un favor a Dios con oír de Él.

Por otra parte, los adultos, y principalmente los que sufren del síndrome de "adultismo", deben entender que, si no dejamos salir el niño interior que cada uno tiene y aprendemos a perdonar y a recibir de Dios la enseñanza para encontrar la vida eterna y practicarla, no tendremos parte en su reino.

Jesús dio un tremendo ejemplo del verdadero amor

Jesús se rebela frente a la actitud negativa de los discípulos (v. 16): *"Y tomándolos en los brazos, poniendo las manos sobre ellos, les bendecía"*. Si vamos a la introducción de este capítulo, podemos notar que todas y cada una de aquellas cosas que enumeramos como necesidades de los niños, Jesús las suplió en este momento.

Jesús satisfizo las necesidades emocionales y espirituales de estos niños, al tiempo que premió la persistencia de sus padres al dejarles satisfechos con su acción y con el deseo de permanecer apegados a Dios.

Por otro lado, Jesús dio a los niños el amor y la importancia que necesitaban como criaturas sensibles y creadas por Dios. Esto nos enseña que no debemos de ninguna manera menospreciar las actitudes de un niño, ni el deseo que manifiesta de recibir un poco de atención y amor de nosotros los adultos, y más cuando se trata de nuestros propios hijos, que son los que muchas veces más maltratamos. ¡Cuidemos esa herencia de Dios!

No creamos que amar a nuestros hijos es tan solo decirles palabras preciosas; debemos estar dispuestos a sacrificarnos por ellos, a dejar todo por ellos; invertir todo por ellos. ¡Amémoslos de corazón!

224 - Una familia bajo la Cruz

23

DISCIPLINAR Y AMONESTAR A NUESTROS HIJOS

La enseñanza demanda disciplina y amonestación del Señor. La disciplina es la actitud adecuada que nosotros como padres debemos desarrollar en cada uno de nuestros hijos para que logren un carácter santo que se manifieste en un comportamiento que glorifique el nombre de Dios.

La disciplina tiene que ver con el comportamiento y con los principios que forjan el carácter del individuo y que regirán la vida que Dios le proporcionará.

Como ya hemos visto, los dos únicos textos que encontramos en el Nuevo Testamento que nos hablan de la disciplina y la instrucción para con nuestros hijos son Efesios 6:4 y Colosenses 3:21, los cuales complementan la gran gama de enseñanza de este tema en el Antiguo Testamento.

"Y vosotros, padres, no provoquéis a ira a vuestros hijos, sino criadlos en disciplina y amonestación del Señor". "Padres, no exasperéis a vuestros hijos, para que no se desalienten".

Ambos textos se inician hablándoles a los "padres". Como podemos ver en ambos pasajes, el apóstol Pablo se dirige a los padres, entendiéndose aquí a los "cabeza" de los hogares, aunque en cierta forma se intuye a la madre como parte del cuerpo directivo del hogar. Por tanto, esta tarea es responsabilidad de ellos, no de ningún otro miembro o no miembro de la familia. Son muchos los padres que delegan esta responsabilidad a los maestros, a hermanos mayores, a tíos, a abuelos, a pastores, a líderes de jóvenes y a cuantos más que puedan aparecer en el panorama de su vida, como una forma de huir de la responsabilidad que como padres debemos tener y se nos demanda afrontar.

La Palabra de Dios enfatiza que el propósito de la disciplina bíblica es enseñarnos a seguir el camino de Dios en vez de nuestros propios caminos (He. 12:9-11). En el Antiguo Testamento la palabra primordial traducida como "disciplina", también se traduce como "entrenar" o "corregir". La represión en la disciplina es la manera en que Dios evita que nosotros y nuestros hijos nos extraviemos de su camino y caigamos en mayor pecado y desobediencia (Sal. 119:67; Pr. 5:23, 6:23, 10:17).

ASPECTO NEGATIVO DE LA DISCIPLINA

Consideremos el primer mandato

"No provoquéis a ira a vuestros hijos" (Ef. 6:4a). Veamos varias maneras en que los padres exasperamos a nuestros hijos, provocándoles a la ira en contra de la Palabra de Dios, evitando la armonía y el buen trato en nuestro hogar.

- Cuando abusamos físicamente de ellos (Pr. 19:18-19).
- Por el abuso psicológico.
- Por el abuso sexual.
- Cuando no cumplimos con lo prometido.
- Cuando les forzamos a aceptar valores y metas para sus vidas sin ningún tipo de explicación.
- Cuando no reconocemos delante de ellos nuestros errores.
- Cuando no reconocemos sus virtudes o logros.
- Cuando no le damos calidad de tiempo.
- Cuando no entendemos las cosas como ellos las entienden.
- Cuando le ponemos metas que ellos no pueden alcanzar.

- Cuando no le damos importancia a sus problemas.
- Cuando actuamos en hipocresía (Mt. 23:1-4).
- Cuando manifestamos favoritismo con otros hermanos.
- Cuando los desalentamos en sus empresas.
- Cuando no reconocemos el hecho de que están creciendo, y por tanto tiene ideas propias diferentes a las nuestras.
- Cuando le damos exceso de protección.

Podemos agregar muchas otras cosas más, pero entendamos que evitando situaciones como las anteriores mencionadas podremos iniciar el proceso de disciplina y de amonestación correcta y bíblicamente.

ASPECTO POSITIVO DE LA DISCIPLINA

Consideremos el segundo mandato

"Criadlos en disciplina y amonestación del Señor" (Ef. 6:4).

La disciplina es educación que corrige, forma, fortalece y perfecciona. Es la educación mediante reglas y normas, recompensas, y si es necesario, también el castigo.

Educar es enseñar a tener dominio propio y obediencia a las normas dadas en la Palabra de Dios. La disciplina es una educación completa cuando lleva a una meta definida. Esa meta es la madurez espiritual de la persona. La Disciplina de nuestros hijos debe imitar la disciplina de Dios en nosotros. Nuestros hijos deben saber que Dios:

- Nos disciplina porque nos ama (He. 12:6; Pr. 3:11-12).
- Aplica la disciplina para nuestro bien. (He. 12:9-10; Job 5:17; Sal. 119:47).
- Aplica la disciplina para conformarnos al patrón de Cristo (Pr. 19:18; Ef. 4:13).

La disciplina como tal debe ser parte integral dentro del proceso de la educación y crianza de nuestros hijos y como dijimos al principio, debe ser ejercida por los padres y únicamente por los padres a menos que estos falten y se delegue esta responsabilidad a alguien que entendamos que tiene la capacidad de ejecutar esta labor bíblicamente. Esta debe tener objetivos bíblicos (2 Ti. 3:16).

Amonestación o admonición

Amonestación o admonición es la acción formativa por medio de la palabra hablada, es como una advertencia para que el niño o el joven entiendan que, si no obedecen, tendremos que aplicarle otro método más fuerte disciplinario. Es primariamente lo que se le dice al hijo cuando deseamos que se ponga en el camino que ha dejado a un lado. Todo padre tiene que entender que esta es su responsabilidad, la cual Dios ha puesto sobre sus hombros y no sobre los hombros de los demás.

Parecería que la palabra "admonición" es una forma más suave que disciplina. Sin embargo, se requiere que la admonición sea intensa y firme, capaz de hacer reaccionar al muchacho. No puede ser una débil observación como la que vemos que hacía Elí el sacerdote con sus hijos, a los cuales decía sin ningún carácter: *"No, hijos míos, porque no es buena fama la que yo oigo; pues hacéis pecar al pueblo de Jehová".* (1 S. 2:24). Esto no era amonestación, por esa debilidad en su carácter de padre que disciplina Dios le manda a decir en 1 Samuel 3:13: *"Y le mostraré que yo juzgaré su casa para siempre, por la iniquidad que él sabe; porque sus hijos han blasfemado a Dios, y él no los ha estorbado".*

La admonición es, por tanto, esa clara advertencia que debemos hacer, una y otra vez, de manera intensa y firme, que haga entender al hijo que luego de esto vendrá una acción disciplinaria más fuerte y efectiva, procurando al mismo tiempo que se tema a lo dicho por los padres. Esto implica perseverancia y cumplimiento de parte de los padres en lo que establecen.

Del Señor

Todo padre cristiano tiene que aprender a corregir a sus hijos con *"amonestación del Señor"*, la cual requiere una condición espiritual correcta y llenura del Espíritu Santo, de tal manera que podamos amonestar como padres espirituales y no como carnales. Recordemos el consejo del apóstol Pablo en Gálatas 6:1 cuando le dice a esta iglesia: *"Hermanos, si alguno fuere sorprendido en alguna falta, vosotros que sois espirituales, restauradle con espíritu de mansedumbre, considerándote a ti mismo, no sea que tú también seas tentado"*.

Esto nos hace ver que la amonestación del Señor requiere una actitud espiritual de parte de aquel que la administra. Es por esto por lo que se plantea que, si en algún momento alguno que no es padre de algún niño o joven, se acerca a estos para corregir algún tipo de conducta indebida, estos deberán hacerlo tomando en cuenta los principios establecidos en la Palabra de Dios manteniendo un espíritu manso en la amonestación y haciéndolo de manera personal y privada para no avergonzar al que amonestamos.

Al ver esta enseñanza tenemos que entender que los gritos, las malas palabras, los golpes innecesarios y más los acompañados de ira, no resolverán nada, por el contrario, añadirán nuevos males al muchacho como nos dice Proverbios 19:18-19: *"Castiga a tu hijo en tanto que hay esperanza; Mas no se apresure tu alma para destruirlo. El de grande ira llevará la pena; Y si usa de violencias, añadirá nuevos males"*.

PRINCIPIOS PARA AMONESTAR EN EL SEÑOR

Algunas consideraciones importantes

- Dependamos del Señor constantemente para obtener sabiduría en el momento adecuado. "Cristo, a los padres sabios, les hará ser pacientes, firmes y tiernos".

- Exijamos y esperemos obediencia, y seamos inflexibles en las normas establecidas.
- Esperemos de ellos lo que es de su responsabilidad (1 Co. 10:13).
- Establezcamos solamente las reglas necesarias (Mt. 22:37-39).
- No estemos regañando todo el tiempo. Actuemos en los momentos precisos.
- Portémonos cortésmente con nuestros hijos y respetémoslos (1 P. 3:8 y Fil. 2:4).
- Enseñémosles que su libertad termina donde comienza la libertad del otro (Ro. 13:10).
- Enseñémosles a respetar toda autoridad (Ro. 13:1-4).
  - A nosotros sus padres
  - A sus abuelos
  - A sus hermanos mayores
  - A los que ayudan en la casa
  - A los pastores
  - A los hermanos de la fe
  - A los maestros
  - A los policías
  - Al presidente y autoridades del país.
- Seamos constantes recordando que Dios nunca cambia, es inmutable.
- Preparémonos para ayudarlos a que afronten sus fallos y sus fracasos.
- No castiguemos a nuestros hijos sin oírlos. Seamos justos.
- Formemos (padre y madre) un frente unido delante de nuestros hijos. Apoyémonos el uno al otro. Discutamos aparte nuestras diferencias.

- Si estamos a punto de perder el dominio propio, detengámonos y oremos al Señor por esto.
- Sometámonos al Señor para disciplinar y nunca disciplinemos sin revisar las reglas establecidas previamente.
- Aprendamos a distinguir el tipo de disciplina y amonestación que debemos aplicar en cada caso.

De acuerdo con Deuteronomio 6:7, ni el estado, ni la sociedad en general, ni aún la iglesia, es primariamente responsable de formar a nuestros hijos, aunque ellos tengan el interés y la prerrogativa de querer hacerlo. Sepamos que, bajo el gobierno de Dios, el hijo pertenece antes que nada a sus padres.

Somos nosotros los que debemos velar, hasta donde nos sea posible, para que las instituciones bajo quienes estarán educándose nuestros hijos sean cristianas y que la disciplina que les apliquen sea una disciplina bíblica y siempre con espíritu de mansedumbre.

La disciplina nunca ha sido, ni será fácil de aplicar ya que los sentimientos nos traicionan. Cuántas veces hemos llorado aplicando una disciplina a un hijo nuestro; pero sabemos por la promesa de Dios que luego da fruto apacible de justicia cuando en ella nos ejercitamos. El centro mismo de la disciplina cristiana es el de conducir el corazón de nuestros hijos al Señor, para que estén enteramente preparados para toda buena obra.

232 - Una familia bajo la Cruz

24

MÉTODOS DE DISCIPLINA

En los tiempos en que vivimos se ha desechado el consejo bíblico y se ha optado por poner atención a los métodos humanistas que los profesionales de la conducta han dictaminado en su propia sabiduría, olvidando que Dios demanda a todo padre a buscar de Su sabiduría para poder desempeñar el rol que necesitamos ejercer en cuanto a la crianza de nuestros hijos.

En Santiago 3:13-18 se nos explica la diferencia de ambas sabidurías y el fruto evidente de cada una de ellas:

"¿Quién es sabio y entendido entre vosotros? Muestre por la buena conducta sus obras en sabia mansedumbre.

Pero si tenéis celos amargos y contención en vuestro corazón, no os jactéis, ni mintáis contra la verdad; porque esta sabiduría no es la que desciende de lo alto, sino terrenal, animal, diabólica.

Porque donde hay celos y contención, allí hay perturbación y toda obra perversa.

Pero la sabiduría que es de lo alto es primeramente pura, después pacífica, amable, benigna, llena de misericordia y de buenos frutos, sin incertidumbre ni hipocresía.

Y el fruto de justicia se siembra en paz para aquellos que hacen la paz".

De la lectura de estas enseñanzas podemos aprender el por qué los hijos de hoy, criados conforme al mundo, no respetan a sus padres, viven para sí mismos y son sabios en su propia opinión. Evidentemente, han sido criados bajo la sabiduría terrenal y no bajo la sabiduría de Dios.

Por tanto, debemos entender que el que no obedece a Dios y busca de su sabiduría, no podrá cosechar en sus hijos el fruto que se obtiene al criarlos bajo la sabiduría que es de lo alto, la cual produce pureza, paz, amabilidad, misericordia y buenos frutos, sin incertidumbre ni hipocresía.

LA CORRECCIÓN

La corrección es la acción de corregir, enmendar, rectificar o reparar algo que se ha hecho mal; en nuestro caso, aquellas cosas que no van de acuerdo con el carácter bíblico que debe ser forjado en un hijo de padres creyentes.

La corrección va a ser efectiva a través de diferentes métodos de acuerdo con el área que debemos corregir o enmendar en la vida de un hijo, de acuerdo con su edad y a la consistencia con que la apliquemos.

La corrección viene como consecuencia de que el hijo no ha actuado correctamente y bajo las reglas establecidas por sus padres; los cuales de una manera consistente deben rectificar la vida de sus hijos en el proceso de instrucción. Somos los padres los llamados por Dios para ejercer la corrección adecuada y aplicar distintos métodos bíblicos para que nuestros hijos sean encaminados hacia la cordura y la sabiduría de Dios.

MÉTODOS BÍBLICOS DE CORRECCIÓN

Los métodos bíblicos de corrección para lograr la disciplina dentro del proceso de instrucción los podemos clasificar en:

El regaño verbal

El regaño verbal es la voz de advertencia que necesitamos dar a un hijo cuando veamos que este está tratando de transgredir las reglas que le hemos establecido. Es aquella voz por medio de la cual, luego de haber puesto las reglas claras a nuestros hijos, les damos una voz de alerta de que no están cumpliendo con lo establecido previamente. Esta voz de advertencia no debe ser dada para sólo prometer y no cumplir con lo que les espera si siguen dando paso a la desobediencia.

El dolor o la pela o uso de la vara de la corrección

Este método de disciplina debe ser inviolable, entendiendo que si el niño ha desobedecido y cae en necedad y rebeldía el paso a seguir es aplicar este método bíblico de disciplina.

Este método está establecido por la Palabra de Dios y destinado a corregir y enmendar las acciones de rebeldía de aquellos que no siguen las instrucciones de la autoridad (Pr. 10:13; 26:3; 22:15; 29:15).

Es necesario establecer aquí un balance importante en la aplicación de este método de disciplina, ya que en el transcurrir del tiempo muchos padres utilizaron y todavía utilizan este método de forma inadecuada y lo aplican con ira y frustración, de forma tal que lo que han hecho es maltratar a sus propios hijos añadiendo nuevos males como lo advierte Proverbios 19:18-19: *"Castiga a tu hijo en tanto que hay esperanza; Mas no se apresure tu alma para destruirlo. El de grande ira llevará la pena; Y si usa de violencias, añadirá nuevos males"*.

La aplicación de la disciplina sea cual sea, tiene que ser en amor y haciéndoles entender previamente a nuestros hijos que la estamos aplicando por su desobediencia, pero que es por amor a ellos y para su bien. Volvemos a citar a Hebreos 12:5-11, pasaje que nos habla de la aplicación de la disciplina en amor: *"...y habéis ya olvidado la exhortación que como a hijos se os dirige, diciendo: Hijo mío, no menosprecies la disciplina del Señor, Ni desmayes cuando eres reprendido por él;*

Porque el Señor al que ama, disciplina, Y azota a todo el que recibe por hijo.

Si soportáis la disciplina, Dios os trata como a hijos; porque ¿qué hijo es aquel a quien el padre no disciplina?

Pero si se os deja sin disciplina, de la cual todos han sido participantes, entonces sois bastardos, y no hijos.

Por otra parte, tuvimos a nuestros padres terrenales que nos disciplinaban, y los venerábamos. ¿Por qué no obedeceremos mucho mejor al Padre de los espíritus, y viviremos?

Y aquéllos, ciertamente por pocos días nos disciplinaban como a ellos les parecía, pero éste para lo que nos es provechoso, para que participemos de su santidad.

Es verdad que ninguna disciplina al presente parece ser causa de gozo, sino de tristeza; pero después da fruto apacible de justicia a los que en ella han sido ejercitados".

La rebeldía puede ser:

Pasiva: Cuando el niño no acepta y no quiere obedecer las reglas establecidas y lo manifiesta con la cara fea, sollozo y refunfuñes.

Activa: Cuando el niño la manifiesta abiertamente con rabietas, negación franca, reto y rechazo a la autoridad que exige obediencia (Pr. 10:13).

El dolor puede venir:

Por la pela: Dolor que produce la vara de la corrección (Pr. 22:15).

Este debe ser aplicado solamente cuando el niño ha cometido un acto de rebeldía violando conscientemente las reglas preestablecidas o ha cruzado los límites impuestos por su autoridad (Pr. 26:3).

Por consecuencias naturales: Es el dolor que experimenta el niño por medio de algún golpe el cual ha recibido durante su desobediencia y rebeldía (Pr. 29:15).

El dolor redirige el corazón del niño, pero no debe ser más allá de lograr su atención y de corregir su actitud rebelde y luego de analizar las causas que están produciendo su rebeldía. El dolor debe producirse en el niño con todo control de nuestras emociones, y como ya dijimos, después que él ha comprendido la mala acción que ha cometido (Pr. 19:18-19).

El castigo

Es la acción que todo padre debe ejercer como parte del proceso de instrucción dirigida únicamente para lograr disciplina en el "área de responsabilidad". Este método de disciplina llevará al hijo a lograr un sentido bíblico correcto como administrador. El castigo está dirigido a restaurar el daño causado creando un sentido total de responsabilidad.

El castigo puede catalogarse como:

Ilógico: Cuando con lo que hacemos no dirigimos la voluntad del niño a la responsabilidad.

Lógico: Cuando con lo que hacemos dirigimos al niño a obtener un sentido claro de su responsabilidad en el área donde ha sido irresponsable. De esta manera el niño aprenderá a aceptar las consecuencias de sus acciones.

El entrenamiento del no refuerzo

Este es un mecanismo de los niños de demanda hacia los padres, por lo cual NO lo debemos reforzar (principalmente entre 1 a 4 años). Los padres tenemos que evitar el reforzar las malas actitudes de nuestros hijos. Dígase que no podemos ceder a la demanda de un pedido de algo de parte del niño cuando lo hace a través de una rabieta o de un lloro sin sentido.

Si el niño no acepta la corrección del NO refuerzo; el padre debe recurrir al método del dolor o de la pela. Recordemos que cada vez que recurramos a un método correctivo, debemos hacer conciencia al niño de la violación de la regla preestablecida. Al ejercer nuestra autoridad con eficacia, esto dará seguridad a nuestros hijos.

Luego que el niño acepta o reconoce su mala acción, entonces debemos aplicar el método correctivo apropiado. Por último, debemos abrazarlo y orar con él, haciéndole ver que lo amamos y que por esto lo corregimos para que sea un niño disciplinado.

La motivación

Este es un elemento básico para obtener y reforzar la disciplina en nuestros hijos. Es la acción de motivarlos de forma adecuada para que amen andar, con la ayuda del Espíritu Santo, bajo las reglas y mandamientos de la Palabra de Dios, y no es más que dar razones lógicas y atractivas por lo cual un hijo debe actuar, como lo hizo Dios a su pueblo al declararles los mandamientos:

"Estos, pues, son los mandamientos, estatutos y decretos que Jehová vuestro Dios mandó que os enseñase, para que los pongáis por obra en la tierra a la cual pasáis vosotros para tomarla; para que temas a Jehová tu Dios, guardando todos sus estatutos y sus mandamientos que yo te mando, tú, tu hijo, y el hijo de tu hijo, todos los días de tu vida, para que tus días sean prolongados.

Oye, pues, oh Israel, y cuida de ponerlos por obra, para que te vaya bien en la tierra que fluye leche y miel, y os multipliquéis, como te ha dicho Jehová el Dios de tus padres" (Dt. 6:1-3).

La motivación puede ser dada en tres formas:

Afirmación: Es la acción que ejecutamos cuando le hacemos saber al niño que estamos complacidos y contentos porque él ha hecho una buena acción.

La afirmación puede ser: verbal, cuando usamos palabras de halagos para un hecho loable; y física, cuando usamos algún tipo de cariño físico para mostrar que estamos complacidos con su buena actitud. Ejemplo: besos, abrazos, mimos, etc.

El uso de recompensas: Es la motivación que usamos para lograr reforzar en el niño las buenas actitudes. Implica hacerle un regalo tangible con lo cual él vea que reconocemos sus buenas acciones.

La recompensa nunca debe confundirse con el soborno. Ya que es responsabilidad del niño, joven o adulto el hecho de portarse bien. "El plato de oro" por ejemplo, es un elemento de recompensa que podemos usar para decirle a nuestro hijo: "hoy eres especial y queremos que lo sepas", porque haya hecho una labor loable por su propia cuenta o porque haya sobrepasado los límites de notas que esperábamos, o porque ese día es su día de cumpleaños, etc. Ese día especial cuando nos sentamos a comer, él comerá en un plato especial en la mesa donde todos estén sentados con sus platos comunes.

El incentivo para lograr metas: Este tipo de motivación va destinada a ayudar al niño a obtener nuevas y mejores metas que vayan en beneficio para su vida. También le llevará a alcanzar metas en su responsabilidad de obedecer por encima de las metas que haya alcanzado anteriormente. Un ejemplo bíblico del incentivo para lograr metas son las coronas que el Señor ofrece a los creyentes.

Recuerde que el niño debe ser recompensado porque es obediente y no para que sea obediente, porque de lo contrario se caerá en el soborno.

METAS DE LA DISCÍPLINA OBTENIDA

De acuerdo con Proverbios 3:1-7, extraemos cinco aspectos de la actitud de un niño disciplinado correctamente bajo el ejemplo de sus padres y bajo la Palabra de Dios.

- Un niño disciplinado va a poner atención a la instrucción y a los mandatos de sus padres (v. 1). *"Hijo mío, no te olvides de mí ley, Y tu corazón guarde mis mandamientos".*

- Va a conocer la verdad y va a tener el conocimiento pleno de ella como algo que verdaderamente le concierne a él. Aceptará sumiso la corrección y la instrucción (v. 3). *"Nunca se aparten de ti la misericordia y la verdad; Átalas a tu cuello, Escríbelas en la tabla de tu corazón".*

- No pretenderá ser sabio en su propia opinión (v. 5). *"Fíate de Jehová de todo tu corazón, Y no te apoyes en tu propia prudencia".*

- Va a temer a Dios manteniendo un hábito de reverencia delante de Él (v. 7). *"No seas sabio en tu propia opinión; Teme a Jehová, y apártate del mal".*

- Va a apartarse del mal constantemente en el temor a Dios (Pr. 8:13). *"El temor de Jehová es aborrecer el mal; La soberbia y la arrogancia, el mal camino, Y la boca perversa, aborrezco".*

Esperamos en Cristo Jesús nuestro Señor y Salvador que todo aquel que aplique estos principios de la Palabra de Dios pueda lograr colocar a su familia bajo la Cruz de Cristo como es el deseo de quien ha diseñado la familia; y que a través de nuestra dedicación podamos gozarnos en el fruto alcanzado y prometido por Él a los que le obedecen.

25

PREPARAR A NUESTROS HIJOS EN SU ETAPA DE CRECIMIENTO

Los padres debemos prepararnos antes de que nuestros hijos entren en la etapa de los cambios propios y naturales de la niñez a la juventud; es aquí donde debemos buscar todo el consejo de Dios para aliviar las presiones que nuestros hijos han de experimentar en esta etapa de sus vidas, de tal manera que estos puedan amar a Dios y servir a su propia generación.

Como padres tenemos que entender que la vida piadosa no es solamente para nosotros los padres, sino también para nuestros hijos, en el sentido de que muchos piensan que la juventud es una edad para vivirla sin ningún tipo de regla o sin ningún tipo de parámetro y mucho menos parámetros concernientes a la piedad.

Es por esto por lo que debemos entender nuestra responsabilidad de ayudar a nuestros hijos a desarrollar un carácter piadoso que les permita servir a Dios y a sus contemporáneos, y minimizar las presiones que por sí misma trae la edad de la juventud.

Se han identificado diferentes áreas donde sabemos que la juventud experimenta presiones propias de esa edad y que nosotros, como padres, debemos conocer para guiar a nuestros hijos que pasan de la niñez a la vida de adultos tratando de que durante este tiempo ellos logren el carácter piadoso que Dios espera de sus vidas.

En este capítulo trataremos las consecuencias que trae a la juventud el tener un mal corazón y cómo nosotros como padres debemos ayudar a nuestros hijos a que rindan sus vidas a Dios, sabiendo que el corazón es lo más importante para cumplir los propósitos divinos.

Oremos a Dios para que nuestros hijos puedan conocer de Su gracia y podamos sembrar la Palabra de Dios en ellos de tal manera que ellos puedan creer y convertirse al Dios de los cielos para que su etapa juvenil y luego de adultos sea bendecida y puedan consagrase para la gloria de Dios, experimentando esa transformación a través de la renovación de su entendimiento y de esta manera puedan comprobar cada día de su vida cuál es la voluntad de Dios agradable y perfecta (Ro.12:1-2).

GUIEMOS SU CORAZÓN A LA SALVACIÓN

Conozcamos el corazón de nuestros hijos

Notemos lo que les dice el Señor Jesucristo a los religiosos de su tiempo en Mateo 15:18-20: *"Pero lo que sale de la boca, del corazón sale; y esto contamina al hombre.*

Porque del corazón salen los malos pensamientos, los homicidios, los adulterios, las fornicaciones, los hurtos, los falsos testimonios, las blasfemias. Estas cosas son las que contaminan al hombre; pero el comer con las manos sin lavar no contamina al hombre". Esta enseñanza de Jesús nos evidencia lo que hay en nuestro corazón y en el de nuestros hijos.

Como podemos ver en este pasaje de la Escritura, el corazón del hombre, por tanto, el corazón de nuestros hijos tiene una causa del porqué debemos cuidarlo, pues de manera natural el hombre ha caído por causa del pecado y es lo que trae la contaminación propiamente dicha al alma de cada individuo. Nunca debemos pensar que nuestros hijos son buenos e incapaces de hacer nada malo.

Por esta causa, mientras más crecen nuestros hijos, más problemas tendrán con respecto a las exigencias de su corazón contaminado por el pecado, y más cuando no sea un corazón gobernado por la piedad. Seamos cristianos o no, está claro que el corazón es una mina de maldad cuando está dominado por la carne.

No vacilemos en enseñar a nuestros hijos a guardarse de sí mismos viviendo por el Espíritu de Dios y no por los deseos carnales que batallan en su vida. Ellos deben estar convencidos del pecado y la caída del hombre, pero que el que es de Cristo ha crucificado su carne con sus pasiones y deseos (Ga. 5:24) y eso sólo se logra cuando estamos convertidos a Cristo y llenos del Espíritu Santo.

Conozcamos el peligro que les amenaza

Dios es el que ha creado el corazón de nuestros hijos, pero también les ha dado libre albedrío para tener su Palabra como el tesoro más valioso, el cual debe ser guardado y cuidado. Un corazón sin la Palabra de Dios morando en abundancia está lleno de inmundicia.

En esta porción lo que se nos indica es que el corazón del hombre natural y por tanto de nuestros hijos no convertidos, es una fuente de contaminación permanente y se convierte en un elemento sumamente peligroso, ya que como vemos, de él salen los malos pensamientos, los homicidios, los adulterios, las fornicaciones, los hurtos, los falsos testimonios, las blasfemias, etc. y si todo esto sale de aquí es porque el mismo es capaz de albergar grandes pecados.

Oremos para que Dios les transforme por su Palabra

La oración es poderosa, es la fuente de poder del cristiano cuando se trata de la transformación del corazón de nuestros hijos. Recordemos las palabras del apóstol Pablo en Efesios 6:18 cuando dice: *"Orando en todo tiempo con toda oración y súplica en el Espíritu, y velando en ello con toda perseverancia y súplica por todos los santos"*.

Todo padre cristiano debe ser perseverante en la oración por el arrepentimiento y la salvación de sus hijos si estos no han conocido al Señor y por la perseverancia en la gracia de Dios por aquellos que, si le han conocido, de tal manera que cada día estos puedan crecer a la estatura de la plenitud de Cristo y puedan ser ejemplo de vida en su amor a Dios y en su servicio a los demás.

Es bueno recordar las palabras del rey David cuando oraba por su hijo Salomón, este no pidió riquezas, ni fama, ni gloria de hombres para su hijo, solamente pedía a Dios que su hijo fuera un hombre piadoso de corazón, perfecto ante los ojos de Jehová. *"Asimismo da a mi hijo Salomón corazón perfecto, para que guarde tus mandamientos, tus testimonios y tus estatutos, y para que haga todas las cosas, y te edifique la casa para la cual yo he hecho preparativos"* - 1 Crónicas 29:19.

GUIEMOS SU CORAZÓN A LA ADORACIÓN

Asegurémonos de que su corazón este en el culto

Todo padre cristiano debe asegurarse de que la mente y el corazón de sus hijos estén particularmente atentos en el culto de adoración a Dios. Es por tanto inconcebible que los padres permitan que sus hijos se queden en sus hogares o que estando en el culto de adoración estén distraídos en otra cosa que no sea siguiendo el mensaje expuesto o que participen de otras muchas actividades en el tiempo designado para la adoración a Dios.

Recordemos las palabras de Moisés en Deuteronomio 31:11-12: *"...cuando viniere todo Israel a presentarse delante de Jehová tu Dios en el lugar que él escogiere, leerás esta ley delante de todo Israel a oídos de ellos. Harás congregar al pueblo, varones y mujeres y niños, y tus extranjeros que estuvieren en tus ciudades, para que oigan y aprendan, y teman a Jehová vuestro Dios, y cuiden de cumplir todas las palabras de esta ley"*. Lo que nos indica que los padres debemos insistir y buscar los medios de gracia junto a nuestros hijos para que sean reverentes, tengan la edad que tengan.

¿Cómo podemos hacerlo? Preguntemos en la casa luego de que participamos en el culto de lo que dijo el predicador, discutamos con ellos las verdades bíblicas planteadas en el mensaje. Recordemos que la mente del hombre es fácilmente distraída y vaga sin cesar; si no la disciplinamos en buenas costumbres, no nos permitirá edificar nuestro corazón. Debemos hacerles saber a nuestros hijos cuando no estén atentos al mensaje, pero regocijarnos junto a ellos cuando evidencien que pudieron aprender de las enseñanzas que Dios nos proveyó.

Asegurémonos de que tomen notas del sermón

Para poder lograr esto, tenemos nosotros mismos que ejercitarnos en la práctica de una atención selectiva, de tal manera que por el ejemplo podamos enseñar a nuestros hijos a aprovechar al máximo lo que Dios tiene para nosotros a través del predicador. De igual manera, esto nos permitirá compartir y discutir en nuestros hogares los temas que se han predicado para que estos sean aprovechados al máximo por todos.

No permitamos que nuestros hijos se entretengan durante el culto, se duerman o estén distraídos con cualquier cosa que no les permita escuchar lo que el predicador está declarando y que será de beneficio para su alma. Procuremos que sean reverentes a Dios y los medios de la gracia por el bien de su corazón y para amar a Dios con toda nuestra mente. Provoquemos y ayudémosles a que su corazón sea conquistado por las enseñanzas de la Palabra de Dios, porque de esto depende la salud de sus almas.

Tratemos por todos los medios de inculcar en nuestros hijos por precepto y, por ejemplo, que el lugar de adoración es santo, preparado para la adoración a Dios y para mantener por tanto la reverencia necesaria a fin de que Dios se complazca con nosotros. Enseñémosles que el templo no es un parque para jugar, ni una feria para estar en él con actitudes de irreverencia o irrespeto, recordemos que Cristo defendió celosamente el templo y dijo que su casa era para la oración y no una cueva de ladrones.

GUIEMOS SU CORAZÓN AL SERVICIO DE DIOS

Dios ha creado el corazón de nuestros hijos

Entendemos que Dios es el que tiene la potestad de permitir que un pecador pueda tener un corazón capaz de apartarse del pecado. Por tanto, si tenemos hijos creyentes, debemos dar gracias a Dios por lo que ha permitido en la vida de nuestros hijos, pero debemos saber sobre la responsabilidad que tenemos de guiar sus corazones por el camino de la fe.

Debemos recordar lo que nos dice el rey David en el Salmo 51:10 cuando reconoce su pecado delante de Dios: *"Crea en mí, oh Dios, un corazón limpio, y renueva un espíritu recto dentro de mí"*. Este sentir genuino en el corazón de David debe ser el deseo de cada padre con respecto a su corazón y con respecto al corazón de sus hijos.

Ahora bien, David también entendía que su corazón había sido creado por Dios y que solamente Dios podía crear en él la limpieza necesaria para cumplir con su propósito. Dios declaró que David tenía un corazón conforme a su corazón (1 S. 13:14; 16:7). Esto significa que nosotros debemos cumplir con la parte que nos corresponde.

Dios tiene un propósito expreso para ellos

Si nos vamos a Marcos 12:29-30 podemos darnos cuenta del deseo de Dios cuando nos recuerda cuál es el primer y gran mandamiento: *"Jesús le respondió: El primer mandamiento de todos es: Oye, Israel; el Señor nuestro Dios, el Señor uno es. Y amarás al Señor tu Dios con todo tu corazón, y con toda tu alma, y con toda tu mente y con todas tus fuerzas. Este es el principal mandamiento"*.

Como podemos analizar, el deseo de Dios al haber creado nuestro corazón y el de nuestros hijos es para que le amemos y le sirvamos. Este es el único propósito de Dios al poner en cada ser humano el corazón, por esto debemos ayudar a nuestros hijos a descubrir ese verdadero propósito. Notemos las palabras de Salomón en Proverbios 4:20-23: *"Hijo mío, está atento a mis palabras; Inclina tu oído a mis razones.*

No se aparten de tus ojos; Guárdalas en medio de tu corazón; Porque son vida a los que las hallan, Y medicina a todo su cuerpo.

Sobre toda cosa guardada, guarda tu corazón; Porque de él mana la vida".

Dios requiere de ellos amor total y no amor parcial o compartido

El texto de Marcos 12:30 que acabamos de citar en el acápite anterior nos indica que Dios requiere una atención total y no compartida con otro Dios u otra prioridad que nuestros hijos puedan interponer entre su corazón y Dios. Un corazón piadoso pone a Dios en primer lugar.

Desde el monte Sinaí Dios le declaró a su pueblo el deseo de un amor total y pleno hacia Él. Debemos recordar Éxodo 20:3-6 donde expresa por primera vez el mandato que se resume en nuestro texto de Marcos 12:30. Es por esto por lo que todo padre cristiano tiene que orar sin cesar para que Dios cumpla sus propósitos en el corazón de sus hijos.

En resumen, podemos decir que Dios nos ha provisto un regalo al darnos a cada hijo, y que nosotros somos responsables de hacer lo que tenemos que hacer, pero que también debemos entender de manera clara que solamente es Dios el que puede hacer la obra ellos y en nosotros para poder guiarles por los medios de gracia para fortalecer su fe sustentados en Dios y en su Palabra.

Lo más importante para nosotros debe ser el destino del corazón de nuestros hijos, por tanto, debemos de trabajar en sus corazones de tal manera que los podamos ganar para el Señor. No quisiéramos pensar que en el día de su muerte ellos pidan en el infierno que Dios mande a sus padres a mojar la punta de su lengua para que les alivie de las llamas, sino que a tiempo podamos pastorear el corazón de nuestros para arrebatarlos del fuego y puedan ir a los brazos del Señor a gozarse eternamente.

26

DOBLEGAR LA VOLUNTAD FIRME DE NUESTROS HIJOS

Ya hemos hablado de cómo los padres debemos amar el corazón de nuestros hijos y cómo debemos ayudarlos ante las presiones que experimentan en el paso de la niñez a la juventud, de tal manera que estos puedan amar a Dios y ser de bendición para otros en el contexto en que se desarrollan.

Analicemos ahora cómo podemos doblegar el área de la voluntad, un área sumamente importante en el desarrollo de cada ser humano porque ha de regular muchos otros aspectos de su personalidad y de su comportamiento como hijos de Dios.

Entendamos que la voluntad no doblegada se convierte en impedimento para creer en Dios. Es por esto una tremenda prioridad el que nosotros los padres trabajemos arduamente para que cada hijo entienda que su voluntad debe ser doblegada por la obediencia, primeramente, a Dios y luego a nosotros.

Esta labor tiene que comenzar desde los primeros días del nacimiento de nuestros hijos. Los padres que no toman la decisión de implementar un esquema disciplinario por medio del cual su hijo pueda ver a sus padres como a su autoridad puesta por Dios sobre él habrán perdido la batalla antes de comenzar la guerra.

Dios nos llama a utilizar Su Palabra, para de esta manera poder lograr el éxito espiritual esperado en cuanto a la transmisión de la fe que Él nos plantea. Deuteronomio 32:46 nos dice: *"Y les dijo: Aplicad vuestro corazón a todas las palabras que yo os testifico hoy, para que las mandéis a vuestros hijos, a fin de que cuiden de cumplir todas las palabras de esta ley".*

Este texto nos indica que el mandato de Dios es que nosotros como padres tomemos de Su Palabra los principios necesarios para que podamos aplicarlos a la instrucción de nuestros hijos, de tal manera que su voluntad sea doblegada, se conviertan a Cristo para ser salvos y puedan servir a Dios todos los días de su vida.

LA RESPONSABILIDAD DE LOS PADRES

Creemos convicciones en nosotros mismos

Dios nos demanda a todos los padres cristianos a crear primeramente en nosotros mismos, convicciones espirituales que nos transformen y nos capaciten para ejercer con responsabilidad la labor de enseñanza en la vida de nuestros hijos.

Ampliando lo que acabamos de citar en Deuteronomio 32, el versículo 47 nos dice: *"Porque no os es cosa vana; es vuestra vida, y por medio de esta ley haréis prolongar vuestros días sobre la tierra adonde vais, pasando el Jordán, para tomar posesión de ella".* Si no tenemos las convicciones propias que doblequen primero nuestro corazón, ¿cómo pretendemos crearlas en nuestros hijos?

No es solamente este texto de la Palabra de Dios que nos hace este requerimiento, sino que en otros muchos textos nos enseña que nosotros tenemos que experimentar nuestro propio encuentro con la Palabra de Dios y permitir que ella doblegue nuestra voluntad, para entonces colaborar para que ella doblegue la voluntad de nuestros hijos. Aquí está el principio de enseñar por medio de nuestro ejemplo que tanto hemos explicado a lo largo de este libro - 2 Corintios 10:1-6.

Seamos responsables de crear esas convicciones en nuestros hijos

Notemos algo interesante en Deuteronomio 32:46-47, ya que no solamente nos manda como padres a crear convicciones que dobleguen nuestra voluntad a Dios, sino que esto tiene un propósito: *"Para que las mandéis a vuestros hijos"*.

La idea que se presenta aquí es la de transmitir de manera fiel lo que nosotros hemos aprendido y a su vez ha creado convicciones claras en nuestras vidas, de forma que nuestra voluntad sea dirigida a amar y a servir a Dios dentro de nuestro contexto social y eclesiástico. Cuando nosotros como padres hemos aprendido a doblegar nuestra voluntad y a ponerla al servicio de Dios, entonces podemos dirigir todo nuestro esfuerzo para ayudar a nuestros hijos a que ellos dobleguen su voluntad.

Si lo antes dicho no es una realidad en nosotros, ¿con qué fuerza moral podremos crear convicciones en nuestros hijos para que su voluntad sea quebrantada y puedan cumplir con toda la Palabra de Dios, si nosotros no hemos hecho ni siquiera el intento para lograrlo?

Debemos entender la importancia de este mandato

Como acabamos de ver, el versículo 47 nos dice el por qué debemos darle importancia a esta demanda de Dios: *"Porque no os es cosa vana; es vuestra vida, y por medio de esta ley haréis prolongar vuestros días sobre la tierra adonde vais, pasando el Jordán, para tomar posesión de ella"*.

Dios nos está haciendo aquí una advertencia bien clara, ya que por desgracia son muchos los que desoyen su mandato y todo lo que cosechan son vidas sujetas a pecados escandalosos y sujetos a una muerte temprana como vemos que nos enseña el apóstol Pablo en Romanos 1:18-32 cuando nos expone la triste experiencia de todos aquellos que han detenido con injusticia la verdad y no han logrado doblegar ni su propia voluntad, ni mucho menos la de sus hijos.

Dios declara que debemos darle mucha importancia a este mandamiento, porque esto es imprescindible para prolongar nuestra vida y la vida de nuestros hijos en esta tierra. Es *"vuestra vida"* nos dice el pasaje, por lo que no podemos descansar en poner estas enseñanzas por obra. Lo primero no es lo que tu hijo va a estudiar o lo rico que va a ser, ni la posición social que ha de alcanzar, sino que tema a Dios y guarde sus mandamientos.

Como un ejemplo de fallar en la transmisión de la fe y el temor a Dios y no enseñar a sus hijos a doblegar su voluntad pecaminosa lo tenemos en el sacerdote Elí, que perdió su vida y a sus hijos a temprana edad porque no temieron a Dios.

LA FORMA DE EJERCER ESTA RESPONSABILIDAD

Rectitud, amor y misericordia al dirigirnos a nuestros hijos

No importa cuál sea la edad de nuestros hijos, tenemos que hacerles entender que, frente a sus superiores, (en sus hogares - los padres; en la escuelas - sus directores y maestros; en la iglesia - sus pastores y líderes; en su nación - su presidente, sus autoridades civiles y militares) tienen que doblegar su voluntad.

El demandar en nuestros hijos la autoridad que nos corresponde como padres con el fin de doblegar su voluntad requiere de un espíritu de bondad, de ternura y misericordia, con el propósito de recomendarles que hagan lo bueno delante de Dios. Dios no acepta que nadie ejerza esta demanda con despotismo, con irracionalidad, crueldad o tiranía.

No podemos mandar en la vida de nuestros hijos haciéndoles exigencias en nuestra condición de jefes o autoridad, sino con un ejemplo de palabra y hechos que respalden un liderazgo sano, bíblico y santo delante de ellos. No hacemos nada reclamando que somos quienes mandamos en el hogar si no hemos sembrado el respeto hacia nuestra autoridad con palabras y reforzada con nuestro buen ejemplo.

Debemos enseñarle el temor a Dios

Enseñemos a nuestros hijos que la voluntad es más corrupta que la mente, por eso todo padre cristiano tiene que entender que la voluntad de sus hijos está corrompida por causa del pecado y que a menos que ellos no aprendan a someter su voluntad en el temor de Dios, no habrá nada que los diferencie de los incrédulos.

Notemos lo que nos dice el Señor Jesucristo en Mateo 7:21: *"No todo el que me dice: Señor, Señor, entrará en el reino de los cielos, sino el que hace la voluntad de mi Padre que está en los cielos"*. Lo que nos deja saber, que si un hombre cree en su mente que Dios es su Señor y sin embargo su voluntad no está doblegada y su persona no está sometida al señorío de Jesucristo, esa persona no es creyente.

Entonces, nuestros hijos no serán creyentes genuinos por más que sepan versículos o teología, sino cuando hayan doblegado su voluntad delante de Dios para hacer lo bueno. Por tanto, todo padre cristiano tiene que insistir, principalmente en el período de la juventud, para que sus hijos reflexionen sobre la necesidad de someter su voluntad en el temor de Dios y asegurar así su salvación (Gá. 5:24).

Del sometimiento depende el control de su vida

Todo hijo debe estar preparado para entender y para dominar su voluntad, pues de lo contrario su vida caerá en los más viles vicios que existen en el mundo contra los cuales él no podrá triunfar, ni mucho menos evitar en su vida: el sexo, las drogas, la corrupción, el dinero, etc.

Un hijo que sobrepase la etapa de la niñez sin haber aprendido a doblegar su voluntad es un candidato seguro para la degeneración y la ruina espiritual de su vida. Proverbios 16:32 dice: *"Mejor es el que tarda en airarse que el fuerte; Y el que se enseñorea de su espíritu, que el que toma una ciudad"*.

Este pasaje nos declara sobre la importancia del control de la voluntad y más cuando sabemos que esta está sometida a Dios. Enseñemos a nuestros hijos que la voluntad carnal y no regenerada es su peor enemigo, ya que, aunque su cerebro les diga que no harán tal o cual cosa, por su voluntad no doblegada, no podrán lograrlo.

PELIGROS - PROPÓSITOS Y BENDICIONES

Peligro que amenaza a los hijos de voluntad no doblegada

Se ha dicho que los hombres sin Cristo hacen su propia voluntad en proporción a los pensamientos irracionales de sus mentes. Es, por tanto, que dejar que nuestros hijos hagan su propia voluntad es entregarlos a su destrucción, es no darles la oportunidad de poder tomar en el futuro decisiones capaces de ir en pos del bien de sus vidas.

Otro gran peligro que trae el que nuestros hijos hagan su propia voluntad es limitarlos a tomar el lado real y beneficioso de sus vidas, pues al no doblegar su voluntad, optarán por tomar el lado más fácil de la vida y cuando sean adultos tendrán problemas con sus diferentes autoridades, perderán sus trabajos por cualquier cosa o perderán sus matrimonios por no tener una voluntad disciplinada para soportar cualquier adversidad que puedan enfrentar.

Otro peligro que demanda control y sometimiento de la voluntad de nuestros hijos es para que no sean en el mañana reos del infierno. En la medida de lo posible, los padres debemos restringir y disciplinar la voluntad de nuestros hijos. Estos deben aprender a pedir permiso, a tener horarios reglamentados, a tener asignaciones en el hogar, de tal manera que entiendan lo que será el vivir para otros y no para sí mismos complaciendo al yo egoísta que los llevará al infierno en la medida en que quieran vivir solo para sí, a menos que no se sometan a lo que Dios demanda.

Propósito de doblegar la voluntad

El mayor propósito de doblegarles la voluntad a nuestros hijos debe ser este: Enseñemos a nuestros hijos que lo más importante en el mundo es el reino glorioso de nuestro Señor Jesucristo, de lo contrario estaremos criando hombres y mujeres condenados a la infelicidad.

Proverbios 25:28 nos dice: *"Como ciudad derribada y sin muro es el hombre cuyo espíritu no tiene rienda"*. Dicho de otra manera, podemos decir, "como ciudad destruida y sin defensa, (en tiempo de guerra) es el hombre cuyo espíritu no tiene una voluntad doblegada". El principio aquí es el siguiente: El que no se posee a sí mismo, no posee nada, aunque lo tenga todo.

El propósito primordial de cada padre al tratar de doblegar la voluntad de sus hijos, principalmente de sus hijos pequeños, es y debe ser, que ellos puedan conquistar su voluntad con la ayuda de Dios y puedan servirle de todo corazón, alcanzando las bendiciones que ofrece el reino de los cielos.

Bendiciones de una voluntad doblegada

Todo aquel que gobierna su voluntad y la somete a Dios podrá ganar toda batalla, porque tendrá defensa contra los enemigos de su alma, podrá tenerlo todo y disfrutarlo en la medida en que Dios se lo permita. ¿De qué le sirve a un incrédulo tener posesiones y bienes y no poder tener el dominio de su voluntad para disfrutarlo? Todo lo que posea, le durará poco.

El que doblega su voluntad podrá luchar con los enemigos de su alma y podrá vencer, porque ha aprendido y ha entendido lo que es la voluntad de Dios sobre su vida, y podrá prosperar y glorificar el nombre de Dios y podrá asimismo lograr bendiciones para sus hijos.

Las bendiciones de un hijo al tener un corazón doblegado y conquistado por Dios serán sobreabundantes. Y podrá conquistar las más difíciles metas que se proponga para su vida, ya que tendrá continuamente la ayuda de Dios para vencer las más difíciles dificultades o los más grandes obstáculos. Será bienaventurado como el varón del Salmo 1 que todo lo que hace prosperará.

Los hijos, por su parte, deben oír y prestar atención a lo que les dicen sus padres y no deben rebelarse contra ellos cuando les pongan sobre sus hombros el yugo de Cristo, porque en la medida en que se rebelen a ellos, se están revelando contra Dios. Recuerden lo que dice Proverbios 3:11-12 - *"No menosprecies, hijo mío, el castigo de Jehová, Ni te fatigues de su corrección; Porque Jehová al que ama castiga, Como el padre al hijo a quien quiere"*.

Amados padres, no dejemos a nuestros hijos sin control, no permitamos que hagan deporte cuando quieran, no permitamos que ellos vistan como quieran, no permitamos que vean televisión o viajen por el internet a su criterio o a la hora que quieran, no permitamos que por cualquier causa dejen de venir a los cultos, enseñémosles que ellos no son el centro del universo, sino que el centro del universo es Dios y ellos tienen que someterse a lo que Dios ha decretado, de esta manera estaremos trabajando en doblegar la voluntad de nuestros hijos y será medicina para su alma.

27

CULTIVAR EL DOMINIO PROPIO DESDE LA NIÑEZ

Es para nosotros los creyentes una necesidad el conocer las enseñanzas de la Palabra de Dios que hablan sobre el dominio propio para el tiempo de la juventud si queremos que nuestros hijos logren un carácter piadoso que honre a Dios nuestro Creador.

Como seres humanos caídos, sabemos que tenemos una simiente pecaminosa con la cual tenemos que luchar día a día. En Romanos capítulo 7 el apóstol Pablo nos hace una descripción bien cruda de la realidad de su lucha, lucha que libramos todos los creyentes aun cuando estemos llenos del Espíritu Santo.

Pero la Palabra de Dios nos da las herramientas que necesitamos para hallar la victoria. El libro de los Proverbios nos da a conocer los principios fundamentales para obtener un carácter en el cual predomine la piedad. Si nos vamos al capítulo 1, encontramos en los versículos iniciales las razones por lo cual el sabio rey Salomón dejó escrito estas verdades: *"Los proverbios de Salomón, hijo de David, rey de Israel. Para entender sabiduría y doctrina, Para conocer razones prudentes, Para recibir el consejo de prudencia, Justicia, juicio y equidad; Para dar sagacidad a los simples, Y a los jóvenes inteligencia y cordura. Oirá el sabio, y aumentará el saber, Y el entendido adquirirá consejo, Para entender proverbio y declaración, Palabras de sabios, y sus dichos profundos"* - Proverbios 1:2-6.

Este pasaje nos muestra la necesidad de fortalecer el carácter de nuestros hijos en esta etapa de su vida, los cuales debemos entrenar bíblicamente para que se conviertan en instrumento de piedad.

Leamos Proverbios 23:15-35 y analicemos los principios más importantes con los cuales podremos nosotros enseñar y aprender a dominar nuestro ser, para la gloria de Dios.

DEFINICIÓN DE DOMINIO PROPIO

Significado del término

Es aquel control que uno ejerce sobre nuestro propio ser. Es poder y señorío sobre uno mismo. Viniendo a ser lo contrario de tener un espíritu indisciplinado, sin restricciones, compulsivo, adicto a vicios.

Relación con el Evangelio

Es el ingrediente esencial del mensaje del evangelio, ya que es una virtud indispensable para lograr una vida piadosa a través de la santidad en el temor de Dios, lo cual forja el carácter del creyente - 2 Pedro 1:6.

El dominio propio es el conductor y regulador de todos los elementos de nuestra vida cristiana. Es la sabia que corre por el árbol de la piedad y que controla el carácter para que cada enseñanza o consejo de Dios se aplique a las áreas correspondientes para así producir un fruto correcto. Es parte esencial del fruto del Espíritu, el cual se traduce como templanza en Gálatas 5:23.

FUNDAMENTOS PARA LOGRAR EL DOMINIO PROPIO

Para lograr el dominio propio es necesario enseñar los fundamentos siguientes:

Temor a Dios

En Proverbios 23:17 nos da un contraste: *"No tenga tu corazón envidia de los pecadores; Antes persevera en el temor de Jehová todo el tiempo"*. Sabemos que temer a Dios es la clave de un buen fundamento para una vida controlada y sabia.

Sabiduría para elegir lo correcto

Proverbios 9:10 nos agrega un detalle importante para aumentar nuestro dominio propio, es obtener sabiduría e inteligencia, elementos de nuestro carácter que nos ayudan a escoger el camino del bien. *"El temor de Jehová es el principio de la sabiduría, y el conocimiento del Santísimo es la inteligencia"*.

Reconocimiento de Dios como dador de la sabiduría

Otro detalle lo encontramos en Proverbios 2:5-6 donde notamos que solo por el conocimiento de la Palabra de Dios es que podemos recibir la sabiduría para temer a Jehová, lo cual se convierte en un freno en nuestras vidas para rechazar el pecado: *"Entonces entenderás el temor de Jehová, Y hallarás el conocimiento de Dios. Porque Jehová da la sabiduría, Y de su boca viene el conocimiento y la inteligencia"*.

Respeto a la guía y a la autoridad paterna

Estamos en tiempos en que los jóvenes no respetan a los padres y mucho menos a los mayores, por lo cual debemos recordar el 5to. mandamiento declarado en Éxodo 20:12: *"Honra a tu padre y a tu madre, para que tus días se alarguen en la tierra que Jehová tu Dios te da"*.

El apóstol Pablo muestra en Colosenses 3:20 la demanda a los hijos de respetar a sus padres: *"Hijos, obedeced a vuestros padres en todo, porque esto agrada al Señor"*.

Ahora veamos en el libro de los Proverbios el llamado a los hijos para observar el respeto y el consejo de los padres:

Proverbios 1:8 *"Oye, hijo mío, la instrucción..."*
Proverbios 2:1 *"Hijo mío, si recibieres..."*
Proverbios 3:1 *"Hijo mío, no te olvides de mi ley..."*
Proverbios 4:1 *"Oíd, hijos, la enseñanza de un padre..."*
Proverbios 5:1 *"Hijo mío, está atento a mi sabiduría..."*
Proverbios 6:1 *"Hijo mío, si salieres..."*
Proverbios 7:1 *"Hijo mío, guarda mis razones..."*

Des asociación con el impío

Esta es otra raíz que servirá de fundamento para una vida piadosa. Desde los tiempos en que Dios se manifestó a su pueblo, les demandó el apartarse de aquellos que no llevaran una vida de piedad. Vemos este mandato tanto en el Pentateuco, en Josué, así como en Nehemías 13:22-26 donde nos da detalles de lo que tuvo que hacer este líder en aquellos días para librar a su pueblo de la contaminación idolátrica, producto de las asociaciones que habían hecho con mujeres de pueblos paganos.

El libro de Proverbios también se hace eco de este mandamiento de Dios:
Proverbios 22:24 *"No te entremetas con el iracundo..."*
Proverbios 23:20 *"No estés con los bebedores de vino, ni con los comedores de carne..."*
Proverbios 24:21 *"Teme a Jehová, hijo mío, y al Rey; no te entremetas con los veleidosos..."*

Definitivamente, sabemos que el que se junta con impíos será quebrantado y poco a poco se irá insensibilizando en la fe y conformándose a este mundo. Santiago 4:4 nos dice que la amistad con el mundo es enemistad contra Dios.

Siendo estos los fundamentos principales del árbol de la piedad, veamos algunas aplicaciones sobre el dominio propio y qué parte vital representa o en qué área debe operar para tener una vida que glorifique a Dios.

ÁREAS DONDE DEBE OPERAR EL DOMINIO PROPIO

Área del apetito

En Proverbios 23:17-21 encontramos por lo menos cuatro áreas donde se nos demanda tener un control de nuestros apetitos carnales para que podamos glorificar a Dios sin impedimento ni ataduras.

Apetito de la bebida - (vv. 20, 21 y Pr. 20:1

Apetito de la comida - (vv. 20, 21 y Pr. 23:1-3) (anorexia nerviosa).

Apetito de sueño - (v. 21)

Apetito de sexo - (v. 27 y Pr. 22:14 - masturbación)

Los padres tenemos que entender que el apetito debe ser controlado desde la niñez, porque si no es así, el apetito dominará al joven durante toda su vida. Si no lo acostumbramos a dominar las cosas pequeñas, ¿cómo pretendemos que luego domine las grandes?

Área de las emociones

Debemos ayudar a nuestros jóvenes a desarrollar dominio propio en el área de las emociones para que sean hombres y mujeres estables. Es importante saber que el joven tiene derecho a expresar sus emociones, pero de manera controlada:

- Jesús lloró, pero no se puso histérico - Juan 11:35.
- Jesús se airó, pero no pecó - Marcos 3:5.
- Jesús tuvo miedo, pero oró al Padre - Lucas 22:39-46.

Es dañino para el desarrollo emocional de la persona el reprimir las emociones, lo importante es saberlas controlar y expresarlas correctamente. Pablo nos dice airaos, pero no pequéis. Si no hay control emocional en la niñez, en sus vidas adultas serán personas que se les dificultará mantener relaciones sanas con otros y manejar sus propios sentimientos - Efesios 4:26; 6:4 y Proverbios 22:14.

Área de la lengua

La lengua es un gran problema para los hombres y aún para los cristianos, principalmente cuando no está sometida al poder controlador del Espíritu de Dios como nos dice Santiago 3:1-12.

Con la lengua ofendemos a otros y herimos sentimientos, o caemos en el pecado de la mentira y las malas palabras o palabras deshonestas como lo llama el apóstol Pablo en Colosenses 3:8-10, Efesios 4:29; 5:12.

De igual manera, la lengua es la que utilizamos para involucrarnos en el chisme. Un chisme es todo aquello que compartimos con otros acerca de una tercera persona, sin que seamos parte de la solución de este problema. La Palabra de Dios reprende fuertemente este pecado por el daño que causa a todos los involucrados. Proverbios nos habla muchas veces de los chismosos: 16:28; 17:9, 27-28; 18:7-8; 18:13; 19:5-6 y 20:19.

Área del tiempo

Eclesiastés 3:1-8 nos habla del dominio propio en el área del tiempo y nos recuerda que cada cosa de nuestra vida tiene su tiempo. El éxito estriba en aprender a tener sentido de propósito y prioridades en la vida, recordando que en la vida de piedad Dios ocupa el primer lugar.

Debemos evitar el uso casual del tiempo y debemos de igual manera aprovecharlo, redimirlo, porque el mismo no se recupera. Debemos seguir el consejo que nos da el apóstol Pablo en Colosenses 4:5: *"Andad sabiamente para con los de afuera, redimiendo el tiempo"*.

Los padres tenemos que ser diligentes en controlar el uso adecuado del tiempo de nuestros hijos y estar atentos en qué lo invierten.

Área de las posesiones

Debemos enseñar a los jóvenes que sus posesiones les han sido provistas para que las administren correctamente y que ellas son primeramente de Dios, después de sus padres y luego de ellos.

Debemos hacerles comprender que el dinero cuesta y es difícil conseguirlo para que no se acostumbren al dinero fácil; 1 Timoteo 6:10 nos dice: *"...porque raíz de todos los males es el amor al dinero, el cual codiciando algunos, se extraviaron de la fe, y fueron traspasados de muchos dolores"*. También deben conocer el valor de sus pertenencias para que no anhelen lo mal habido como nos expresa Proverbios 20:21-24: *"Los bienes que se adquieren de prisa al principio, No serán al final bendecidos. No digas: Yo me vengaré; Espera a Jehová, y él te salvará. Abominación son a Jehová las pesas falsas, Y la balanza falsa no es buena. De Jehová son los pasos del hombre; ¿Cómo, pues, entenderá el hombre su camino?*

Área de las amistades

La Biblia insiste en esta área para lograr una vida de piedad contraria a la asociación con el impío. Hay un proverbio del mundo que dice que: "Una manzana dañada contamina todas las que estén en la canasta, por más sanas que sean las demás".

Varios pasajes de la Palabra de Dios nos dan el mandato de apartarnos de las malas compañías. Proverbios 23:20-22 y 1 Corintios 5:11-13 nos dan esta advertencia:

"No estés con los bebedores de vino, Ni con los comedores de carne; Porque el bebedor y el comilón empobrecerán, Y el sueño hará vestir vestidos rotos. Oye a tu padre, a aquel que te engendró; Y cuando tu madre envejeciere, no la menosprecies".

"Más bien os escribí que no os juntéis con ninguno que, llamándose hermano, fuere fornicario, o avaro, o idólatra, o maldiciente, o borracho, o ladrón; con el tal ni aun comáis.

Porque ¿qué razón tendría yo para juzgar a los que están fuera? ¿No juzgáis vosotros a los que están dentro?

Porque a los que están fuera, Dios juzgará. Quitad, pues, a ese perverso de entre vosotros".

Hemos revisado seis áreas de las más importantes concernientes al dominio propio, las cuales tenemos que reforzar en nuestras vidas y en la vida de nuestros hijos para lograr una vida piadosa que agrade a Dios.

Recordemos esta fórmula: FE + AMOR + DISCIPLINA = SANTIDAD.

Y que el árbol no crece en un solo día, por tanto, la paciencia y la constancia serán el éxito junto a la ayuda del Espíritu Santo. Oremos por este propósito para que Dios nos dé la sabiduría necesaria para desarrollar el dominio propio.

28

FORTALECER EL AMBIENTE EN NUESTRO HOGAR

En esta oportunidad entramos en el análisis donde nuestros hijos encuentran presiones aún dentro de nuestros propios hogares y donde los padres debemos poner todo esfuerzo para lograr que ellos puedan alivianar esas presiones. Es muy triste ver hogares donde los padres se pelean, discuten y aún llegan a hablar de separación y de divorcio delante de sus hijos, lo cual trae tremendas inseguridades en su vida.

Debemos recordar el versículo clave que hemos estado tomando como argumento para el estudio de estos capítulos: *"Y vosotros, padres, no provoquéis a ira a vuestros hijos, sino criadlos en disciplina y amonestación del Señor"* - Efesios 6:4. La experiencia nos dice lo corto que nos encontramos para poder considerarnos perfectos en cuanto a la labor de criar a nuestros hijos, lo padres no sabemos cuántas inseguridades les provocamos y cuán responsables somos de este desasosiego cuando olvidamos nuestra función de ser padres protectores.

Hay hijos que manifiestan desvíos en su conducta que los mismos padres nos preguntamos, ¿de dónde saca esta actitud este muchacho? Tal vez la realidad es que en el carácter de ninguno de los padres se manifiesten actitudes como las que sus hijos están manifestando, pero lo cierto es que no podemos darnos cuenta de que la unión de los caracteres de ambos padres unidos a las circunstancias que prevalecen en el hogar, son las razones que hayan llevado a ese hijo a presentar esas características que son extrañas a los padres porque aparentemente ellos no manifiestan dicha conducta, ni suponen que puedan presentarse en su hogar.

¿Cuál es la dirección que debe tomar los padres con respecto a esta realidad, para producir un clima de seguridad en el hogar, de tal manera que la inseguridad sea disminuida y los hijos sean beneficiados?

Hay tres grandes direcciones dentro de las que nosotros como padres debemos trabajar.

PROTEJAMOS NUESTRO MATRIMONIO

Procuremos que nuestra relación conyugal esté por encima de nuestra relación de padres

Cuando decimos que debemos proteger nuestro matrimonio, lo primero a considerar es el hecho de que nuestra relación de pareja va primero que nuestra relación de padres. La familia está en sentido genérico formada por el esposo y la esposa. Los hijos la alargan o la acortan en la medida del número que tengamos, pero la familia comienza con el esposo y la esposa.

Todos los padres debemos recordar que el énfasis que la Palabra de Dios da a la familia, lo da en cuanto a la relación de pareja. Si leemos Efesios 5:22-6:4 nos daremos cuenta de que doce versículos hablan de la relación de pareja y cuatro versículos hablan de la relación de padres e hijos. Con esto no estamos diciendo que la relación de padres e hijos no sea importante, sino que la relación de pareja es más importante aún.

La cabeza de un cuerpo es lo que dirige a ese cuerpo, y en la familia los esposos son los llamados a dar instrucción y dirección al mismo, de modo tal que es a esta relación a la que debemos dedicarle más esfuerzo para que esté en armonía y se desarrolle en el vínculo del amor verdadero, de tal forma que el hogar en que habiten nuestros hijos sea fuerte y estable en su relación.

Procuremos una comunicación honesta como la base de una relación matrimonial fuerte

La base o zapata de una relación fuerte entre marido y mujer o entre los creyentes en sentido general, debe ser la comunicación honesta y transparente. Leyendo el capítulo cuatro de la Epístola a los Efesios, nos daremos cuenta de que el apóstol Pablo antes de establecer la relación entre esposo y esposa, padres e hijos y siervos y amos, trata sobre la comunicación entre las relaciones humanas.

Efesios 4:22-24 nos da una exhortación general a que andemos como es digno de una persona que ha nacido de nuevo, despojándonos del viejo hombre; luego, en Efesios 4:25 y subsiguientes se nos habla de los mandamientos particulares que se desprenden de la exhortación general. Notemos que el v. 25 inicia diciendo: *"Por lo cual..."* lo que nos indica que una relación entre dos personas, y en este caso entre marido y mujer, se inicia hablando con honestidad, con la verdad. Notemos lo que dice el texto: *"...desechando la mentira, hablad verdad cada uno con su prójimo; porque somos miembros los unos de los otros"*. Entonces la base de una relación íntima y fuerte es la honestidad y la transparencia en su comunicación.

Procuremos que la boca no se convierta en la maldición de nuestras familias

En Efesios 4:25-32 se nos enseña a hablar la verdad, a no airarnos, a no dar lugar al diablo, a no dejar salir ninguna palabra corrompida de nuestra boca, a no contristar el Espíritu, a no permitir ninguna raíz de amargura, enojo, ira, maledicencia y malicia, además de saber perdonar, siendo benignos y misericordiosos. Y es luego en Efesios 5:21 donde Dios nos enseña cómo los esposos debemos someternos unos a otros en el temor de Dios.

Muchos hijos de padres cristianos viven manifestando características negativas en sus vidas y muchos muestran la desesperación de salir de sus hogares y de las presiones que estos les generan por la relación ácida de sus padres y las palabras que se gritan. Tienen una boca solo para hablar maledicencia. El control de la lengua y saber escuchar son la imagen y la esencia de la sabiduría, lo cual producirá en nuestros hijos el debido respeto hacia nosotros y deseo de contar con nuestros consejos y opiniones (Pr. 17:28; Pr. 18:13).

Santiago 3:13-18 nos declara el contraste entre la sabiduría del mundo y la sabiduría que viene de lo alto. Notemos lo que nos dice el texto con respecto a la sabiduría terrenal. *"Pero si tenéis celos amargos y contención en vuestro corazón, no os jactéis, ni mintáis contra la verdad"* (v. 14). *"Porque donde hay celos y contención, allí hay perturbación y toda obra perversa"* (v. 16). Esto nos indica que nuestra comunicación debe desechar esta sabiduría y por el contrario seguir actuando con la sabiduría de lo alto, esta es la base que nos lleva a comunicarnos con amabilidad, pureza y honestidad con nuestra pareja.

BUSQUEMOS UNA IDENTIFICACIÓN HONESTA CON NUESTROS HIJOS

Evitar la parcialización con alguno de nuestros hijos

Algunos padres se parcializan con algunos de sus hijos en particular, de tal manera que provocan en los demás un sentimiento de menosprecio en su contra, produciendo en su corazón ira para con sus padres y contra sus hermanos que son más apreciados.

La Palabra de Dios nos llama a que seamos imparciales en todo lo que nosotros hagamos o vayamos a juzgar. Citemos 1 Timoteo 5:21 donde dice: *"Te encarezco delante de Dios y del Señor Jesucristo, y de sus ángeles escogidos, que guardes estas cosas sin prejuicios, no haciendo nada con parcialidad"*. Aunque este texto nos habla sobre la actitud de los pastores, nosotros como siervos de Dios en nuestros hogares debemos atender tal exhortación.

La idea principal es que procuremos por todos los medios de tratar a nuestros hijos de la misma manera. Aunque algunos sean más afines a nuestro temperamento, o nos respondan con más deferencia que otros, o sean más obedientes, no permitamos que esto nos parcialice en cuanto al amor y al trato que debemos a los que actúan distinto, por el contrario, entendamos que todos son diferentes y que ahí está la bendición. Ya conocemos las parcialidades que mostraron Isaac y Rebeca con sus hijos y todo lo que esto trastornó la crianza y la relación de sus hijos Esaú y Jacob.

Tratando de salvar la distancia generacional

En capítulos anteriores hemos hablado del complejo de adultismo que experimentan muchos padres al no poder bajarse a la edad de sus hijos, en cuanto a poder ver la vida como la veíamos en el tiempo en que teníamos sus edades, sino que, por el contrario, pretendemos que ellos siempre reaccionen como adultos.

Esta es una de las razones más comunes del porqué los hijos se sienten con tanta presión en sus hogares. Aunque debemos dejar aquí una nota aclaratoria para que nadie mal entienda el concepto que queremos expresar. Esto de ninguna manera indica que estamos diciendo que los padres no deben darse a respetar, o que los padres no deben corregir y tratar de doblegar con amor y mansedumbre la voluntad de sus hijos, o que los hijos tendrán una vida desordenada porque están en la etapa más vulnerable que es la adolescencia y juventud.

Lo que tan solamente queremos puntualizar es el hecho de que nuestros hijos necesitan sentirse comprendidos por nosotros y que de alguna manera tratemos de hacer cosas con ellos de tal forma que puedan sentir nuestro deseo de divertirnos con ellos y que sientan que en algún momento papi y mami son sus aliados y sus amigos, sin dejar de conservar nuestra dignidad paternal.

Demostrar a nuestros hijos cuán importantes son para nosotros

Cuando no les demostramos a nuestros hijos cuán importantes son para nosotros, ellos se sentirán desamparados y tenderán a asociarse con cualquiera que les demuestre que ellos son importantes y decidirán abandonarnos, aunque en poco tiempo vuelvan arrepentidos y convencidos de que esto no les suplió su necesidad de ser aprobados por sus padres.

Honremos a nuestros hijos poniendo atención a lo que ellos consideran como sus problemas, no desestimemos lo que ellos nos quieran comunicar como algo importante, no importando cuál sea su edad, de tal manera de que se sientan comprendidos y atendidos por nosotros sus padres.

Dediquémonos a desarrollar una comunicación entre nosotros y nuestros hijos lo más transparente posible, de tal manera que ellos no tengan que ir a donde ninguna otra persona extraña a buscar consejo o a manifestarle sus intimidades o necesidades de afecto. Ellos irán fortaleciendo su confianza hacia nosotros y sabrán que nadie aparte de sus padres los amará más y les podrá aconsejar lo que es mejor para sus vidas.

INVOLUCRÉMONOS EN LOS ASUNTOS DE NUESTROS HIJOS

Conservemos nuestra dignidad paternal

Debemos involucrarnos en los asuntos de nuestros hijos, principalmente, estamos hablando de las presiones a las cuales estos están sometidos y dentro de las cuales necesitan tomar posturas que los llevan a cuestionar su fe y a elegir entre lo que agrada a Dios y lo que agrada al mundo. Recordemos que la juventud vive de manera apasionada los momentos de su edad, pero los padres debemos conservar el buen juicio que nos han provisto los años para poder ser previsivos con nuestros hijos.

Todo padre cristiano tiene la responsabilidad de estar trabajando para lograr entender la mecánica de la juventud, pero conservando la dignidad que como padre le califica para poder dar un consejo a su hijo con el suficiente peso para que lo considere como una opinión digna de seguir.

Lo que estamos diciendo es que debemos involucrarnos en los asuntos de nuestros hijos sin que caigamos en situaciones que nos lleven a que ellos nos falten el respeto. Ahí hay una línea muy estrecha. Sabemos de padres que se van a beber tragos con los hijos para que los hijos les tengan confianza. No, esto es perder la dignidad que como padres debemos conservar. Lo que estamos diciendo es que estemos atentos a las necesidades de nuestros hijos y enterados de sus actividades para que podamos ayudarlos a tomar decisiones en momentos difíciles.

Ayudémosles a entender lo que es provechoso

La juventud se deja manejar por sus pasiones y sus gustos, ven algo que les gusta y lo desean y hacen lo que sea por adquirirlo, piensan que en la variedad está el gusto, ponen en su mente que la satisfacción está en el cambio, y lo experimentan en cuanto a los amigos, las actividades y las relaciones que pueden entablar.

Es bueno recordar que los padres estamos puestos por Dios para enseñar a nuestros hijos que la satisfacción solamente está en Cristo y no en las cosas pasajeras que desaparecen con el tiempo y que nunca les darán una llenura plena, enseñémosles a poner sus necesidades bajo el prisma de las cosas eternas y no en las cosas pasajeras. Motivémosles a que tomen en cuenta el buen juicio que sus padres pueden aportar a sus decisiones, para que puedan ser librados de las consecuencias de tomar decisiones afectadas por la pasión.

El paso de la niñez a la juventud es una etapa en que nuestros hijos se creen maduros, pero aún no lo son, por lo tanto, nosotros los padres debemos tratar de hacerles entender sobre lo que le es provechoso en sus decisiones, tratándoles como lo que son, jóvenes que están en camino a la adultez y por eso debemos darles razones y no pretender llevarlos en base a imposiciones, sino que ellos entiendan que el buen juicio debe imponerse a las pasiones. Un hijo que se haga acompañar del buen juicio de sus padres estará abocado a ser un adulto sabio.

Enseñémosles a tener sentido común, buen juicio y sabiduría

Para concluir con estas exhortaciones, vayamos al Salmo 119:100-103 donde se nos enseña algo que debemos considerar: *"Más que los viejos he entendido, Porque he guardado tus mandamientos; De todo mal camino contuve mis pies, Para guardar tu palabra. No me aparté de tus juicios, Porque tú me enseñaste. ¡Cuán dulces son a mi paladar tus palabras! Más que la miel a mi boca"*.

Una de las causas por las cuales los hijos experimentan inseguridad en sus hogares es cuando tienen que tomar sus propias decisiones sin que estas estén acompañadas de la ayuda de la sensatez y del buen juicio de sus padres. Cuando nuestros hijos, en cualquier edad, tengan que tomar decisiones importantes para sus vidas, en cuanto a su carrera, a su pareja o en cuanto a las cosas más relevantes de su vida, busquen ese consejo paternal de nosotros sus padres.

Ahora bien, el Salmo 119 nos brinda un camino todavía más excelente, y es el camino de la Palabra inefable de Dios. El principio que aprendemos aquí es el siguiente: "El entendimiento o sano juicio conseguido por los preceptos de la Palabra de Dios es mejor que el obtenido por una larga experiencia acumulada por los años". Lo que nos dice que debemos motivar a nuestros hijos a escudriñar, estudiar y guardar la Palabra de Dios para que sea la lámpara que guíe sus pisadas y la fuente de su sabiduría. No hay consejos que podamos darles que superen a todo el consejo de Dios.

Para concluir este tema, veamos unos principios que muestran que solo la Palabra de Dios podrá de manera perfecta lograr los mejores consejos para nuestros hijos:

Los mandamientos de Dios son más exactos.
Nuestra experiencia sólo puede alcanzar pocos casos. La Palabra de Dios puede alcanzar todos los casos que conciernen a la verdadera felicidad.

La Palabra de Dios es el camino más exacto para aprender la sabiduría.
La experiencia de muchos años no nos asegura sabiduría. Hay personas que, a pesar de la edad, tienen poca sabiduría, mientras que otros pueden tener menos años y por la Palabra tener mucha sabiduría.

El aprendizaje por la experiencia es muy largo, mientras que por la Palabra de Dios es muy corto.
Como dijo el salmista David, el éxito está en andar sobre la experiencia de los que han guardado los mandamientos de Dios. Esto es lo que da inteligencia y sabiduría, Salmos 119:104a.

274 - Una familia bajo la Cruz

29

CUIDAR A NUESTROS HIJOS DE LAS MALAS COMPAÑÍAS

En este capítulo trataremos sobre las presiones a que están sometidos nuestros hijos por el medio social en el cual se encuentran, y la manera en que los padres debemos ayudar a que las mismas sean aliviadas, de tal manera que estas no se conviertan en tropiezo que les impidan seguir el camino de Dios y se aparten de la fe.

Citamos por última vez el texto utilizado como base de esta sección de nuestro libro: *"Y vosotros, padres, no provoquéis a ira a vuestros hijos, sino criadlos en disciplina y amonestación del Señor".*

En sentido general, hemos visto el ejemplo como una gran fuerza para enseñar, es más poderoso aprender por medio de la vista que por medio del oído, por el testimonio y las acciones de personas que nos impactan es que forjamos nuestras creencias e ideologías. Conocer los personajes de la Biblia y otros héroes de la fe puede ser un gran elemento de motivación para quererles imitar.

Pero lo que pasa es que vemos que la enfermedad se contagia, pero la salud no, lo malo se pega rápidamente, pero lo bueno nos da mucho trabajo hacerlo. Se dice que el que anda con cojo aprende a cojear, pero difícilmente el sano enseña al cojo a andar sin cojear.

Es por esto por lo que el impío tendrá más poder para dañar al virtuoso que el virtuoso para mejorar al impío. Las

Escrituras nos dicen que un poco de levadura leuda toda la masa. Isaías 6:5 nos declara como él se había convertido en un ser inmundo de labios por habitar dentro de un pueblo de labios inmundos.

Hoy día nuestros hijos enfrentan una presión de grupo tremenda que los quiere atrapar y conducir por el camino que lleva a la perdición y los padres tenemos que estar conscientes de esta realidad diabólica.

El llamado "BULLYING" es un anglicismo que no forma parte del diccionario de la Real Academia Española (RAE), pero cuya utilización es cada vez más habitual en nuestro idioma. El concepto refiere al acoso social y a toda forma de maltrato físico, verbal o psicológico que se produce entre los grupos, generalmente en los años escolares, de forma reiterada y a lo largo del tiempo para ridiculizar a aquellos niños o jóvenes que son diferentes y tienen una forma de ser, o de vivir diferente a la de los que les acosan de forma maligna.

Es por esta y muchas otras razones que tenemos que saber quiénes son los que están siendo compañeros de nuestros hijos y velar por que esas compañías les sumen y no les resten. Veamos pues, lo que como padres debemos conocer para poder ayudar a nuestros hijos en esta etapa de su vida.

PELIGROS DE LAS MALAS COMPAÑÍAS

Las malas compañías afectan el carácter de los hombres

El mal penetra más rápido de lo que penetra el bien, Proverbios 22:24-25 dice: *"No te entremetas con el iracundo, Ni te acompañes con el hombre de enojos, No sea que aprendas sus maneras, Y tomes lazo para tu alma"*. Es una realidad que el mal está en el interior de cada hombre y sólo Dios puede evidenciarlo. Solamente el Espíritu Santo puede dar convicción de pecado y solución para este gran mal a aquellos que albergan la maldad.

Esto hace sumamente peligroso el que permitamos que las malas compañías minen nuestras almas y aprendamos su forma de ser y de comportarse. Por esto es importante que los padres sembremos convicciones en nuestros hijos para que escojan sabiamente los que han de acompañarlos durante el transcurso de su vida, de tal manera que junto con aquellos que serán sus compañeros, puedan fortalecer su alma y no dañarla.

El mal se mide por medio de los efectos dañinos causados al alma de ser humano, es por esto por lo que las malas compañías afectarán lo más valioso que posee un hombre, el alma, y por tanto su carácter. El carácter se hace valioso con respecto a su relación con la eternidad, por tanto, los padres que amen a sus hijos y que deseen la vida eterna para ellos deben orar y aconsejar con respecto a sus amigos, principalmente en la etapa de la juventud. Proverbios 13:20 dice: *"El que anda con sabios, sabio será; Mas el que se junta con necios será quebrantado"*.

Las malas compañías adormecen y destruyen el sentido moral de sus compañeros

La conciencia es la facultad que nos convierte en ser personas morales, es la capacidad que tenemos de juzgar las cosas y determinar si estas son buenas o malas. Los hombres y sus hechos son agencias morales, sea para glorificar a Dios o sea para servir al diablo. A partir de esto podemos clasificar a las personas en morales o inmorales.

La fortaleza de nuestro carácter depende de nuestro amor o de nuestro aborrecimiento de los principios morales establecidos por Dios en su Palabra desde el día que dio a conocer la Ley. Jehová dijo a Josué:

"Nadie te podrá hacer frente en todos los días de tu vida; como estuve con Moisés, estaré contigo; no te dejaré, ni te desampararé" - Josué 1:5.

"Solamente esfuérzate y sé muy valiente, para cuidar de hacer conforme a toda la ley.

Nunca se apartará de tu boca este libro de la ley, sino que de día y de noche meditarás en él, para que guardes y hagas conforme a todo lo que está escrito; porque entonces harás prosperar tu camino, y todo te saldrá bien" - Josué 1:7- 8.

Dios está diciendo a Josué: "quiero que sepas que si no tienes el poder para cultivar mis mandamientos y fortalecer tus valores morales por los cuales puedas juzgar las cosas de esta vida, vas a caer y no vas a prosperar". Es propio de un joven con valores morales fortalecidos, el indignarse antes que regocijarse cuando está en un lugar y oye palabras obscenas o ve escenas inmorales. Amos 3:3 dice: *"¿Andarán dos juntos, si no estuvieren de acuerdo?"* Las malas compañías adormecen y destruyen el sentido moral de las personas. Este es el caso de Lot por vivir en Sodoma, tanto su familia, como él mismo, ya estaban contaminados moralmente por el ambiente pecaminoso de ese pueblo.

El apóstol Pablo da a Timoteo un gran consejo al respecto de las compañías: *"Huye también de las pasiones juveniles, y sigue la justicia, la fe, el amor y la paz, con los que de corazón limpio invocan al Señor"* - 2 Timoteo 2:22.

Las malas compañías adormecen el sentido de la vergüenza lentamente

Cuando lo malo es cometido, la conciencia expresa la condenación de este hecho por medio de un sentido de vergüenza. Es por esto por lo que las personas sienten en su corazón por medio del sentido de la vergüenza que sus hechos son condenables. Recordemos lo que ocurrió al pueblo de Israel por desoír a Dios y oír a aquellos a quienes debieron de destruir, Salmos 106:34-38.

"No destruyeron a los pueblos que Jehová les dijo; Antes se mezclaron con las naciones, Y aprendieron sus obras, Y sirvieron a sus ídolos, Los cuales fueron causa de su ruina.

Sacrificaron sus hijos y sus hijas a los demonios, Y derramaron la sangre inocente, la sangre de sus hijos y de sus hijas, Que ofrecieron en sacrificio a los ídolos de Canaán, Y la tierra fue contaminada con sangre".

Si aplicamos esto al tema que nos ocupa, vemos que por los padres no hacer lo que se les mandó (v. 34), sus hijos se mezclaron con malas compañías (v. 35) y esto los llevó a aprender lo malo (v. 36), lo que provocó la ruina de Israel (vv. 37-38).

Este sentido de vergüenza se hace patente en la vida de los hombres por medio de dos vías:

- Por una conciencia sensibilizada ante la corrección de la Palabra de Dios y
- Por la buena compañía.

Esta es la labor que se le demanda a la iglesia en favor de los pecadores cuando dice el apóstol Pablo en 1 Timoteo 5:20 - *"A los que persisten en pecar, repréndelos* (avergüénzalos) *delante de todos, para que los demás también teman".* Si la iglesia o los creyentes nos ayudamos unos a otros a velar unos por otros, salvaremos a muchos de ser avergonzados.

Con estas acciones bíblicas se busca que la iglesia pueda sensibilizar la conciencia de los que pecan, de tal manera que estos al ser avergonzados, puedan apartarse del mal que han practicado, además de buscar el temor en los que no han caído en este pecado, para que no tengan que ser avergonzados.

Cuando por el contrario tenemos malas compañías, estas invertirán el proceso, de tal manera que poco a poco nos irán acostumbrando que lo malo que hacemos no sea nada, y lentamente adormeceremos nuestras conciencias. Por esto, velemos por las compañías que elegimos.

EFECTOS QUE PRODUCEN LAS MALAS COMPAÑÍAS

Las malas compañías llevan a otros a adquirir vicios y malos hábitos

Hay un proverbio popular que mencionamos anteriormente y dice que muchas naranjas buenas no pueden arreglar a una dañada, pero una dañada si puede podrir todas las buenas, por tanto, el consejo será sacar la naranja dañada y alejarla de las buenas.

Todos quisiéramos que las malas compañías fuesen corregidas por las buenas, de hecho, el mundo trabaja para lograr esto dentro de su concepto de moralidad, pero la realidad es que cuando los creyentes se introducen dentro de la esfera de los incrédulos, terminan conformándose a ellos y sus vicios y malos hábitos ya no les son de tropiezo.

Por ejemplo, aquellos jóvenes que representan malas compañías muchas veces son los escarnecedores que llevan a cabo el famoso "BULLYING" convirtiéndose en acosadores de jóvenes que tienen el rol de acosados. Así, en el primer caso, estas son las principales señas de identidad que definen al acosador:

- El acosador es alguien que necesita tener el dominio sobre otro para sentirse poderoso y así ser reconocido.
- Carece de habilidades sociales y no muestra ningún tipo de capacidad de empatía.
- Por regla general, es alguien que suele tener problemas de violencia en su propio hogar.
- No tiene capacidad de autocrítica y manipula a su antojo la realidad.

En el segundo caso, el del acosado, las características que le suelen identificar son:
- Es alguien sumiso.

- Tiene baja autoestima y además no posee una personalidad segura.
- Presenta una incapacidad absoluta para defenderse por sí mismo.
- Se trata de una persona muy apegada a su familia y que no tiene autonomía.
- Suele presentar algún tipo de diferencia con el resto de sus compañeros de clase en lo que se refiere a raza, religión, físico, etc.

Es por esto por lo que nuestros hijos deben reforzar los valores espirituales para que ellos no sean amedrentados por estos acosadores malvados. Es poco probable que este tipo de personas dejen esta conducta indeseable o que un drogadicto deje la droga, o que un borracho deje el alcohol, a menos que no sea con la ayuda de Dios. Lo que sí es común es que un creyente sea contaminado al compartir a menudo con estos acosadores.

Las malas compañías llevarán a tus hijos a apartarse de los medios de gracia

Otra triste realidad que se palpa sobre los efectos que una mala compañía produce en nuestros hijos es el descuido y desgano hacia los medios de gracia, como son el congregarse, el desear la Palabra de Dios, la alabanza, la oración y la relación con amigos piadosos.

Muchas veces vemos grupos de jóvenes, aún hijos de creyentes, que no aprecian los medios de la gracia de Dios, los cuales son una marca de una vida piadosa. Utilizan el tiempo de adoración para escarnecer y mofarse de los piadosos, reírse en medio de una oración o pasar papelitos en medio de un mensaje para desviar el corazón de otros que están atendiendo, que pudieran ser nuestros propios hijos.

Los padres debemos tratar, por todos los medios, de estar junto a nuestros hijos mientras se está ministrando su alma a través de un medio de gracia, de tal manera que podamos controlar estos focos de contaminación que les puedan afectar, a menos que nos aseguremos que nuestro hijo está siendo de influencia positiva para estos irreverentes y no al contrario.

Oremos para que nuestros hijos puedan exclamar como el salmista en el Salmo 119:115: *"Apartaos de mí, malignos, pues yo guardaré los mandamientos de Dios"*. Aquí notamos cuán convencido estaba el salmista de lo que era su meta, "guardar los mandamientos de Dios", de igual manera, vemos cuál fue la determinación que tomó este hombre de Dios para lograr esa meta, "apartar de él a los malignos". Él sabía que los malignos no iban a permitir que él pudiese lograr lo que tanto anhelaba.

Las malas compañías llevan a otros a condenarse con el mundo

Muchos padres sufren porque sus hijos se han ido al mundo y no han perseverado en la gracia de Dios. Debemos recordar las palabras dichas en 1 Juan 2:19: *"Salieron de nosotros, pero no eran de nosotros; porque si hubiesen sido de nosotros, habrían permanecido con nosotros; pero salieron para que se manifestase que no todos son de nosotros"*.

No por el hecho de que nuestros hijos sean hijos de creyentes vendrán a salvación. Cada persona es individual y les corresponde a nuestros hijos hacer su decisión personal por Cristo. Pero es nuestra responsabilidad como padres que nos ocupemos de enseñarles la Palabra de Dios y que ellos aprendan a apreciar los medios de gracia que Dios ha puesto a su servicio para nutrirse y fortalecerse en el tiempo en que hemos de esperar la venida del Señor. Entendamos que para que esto sea una realidad, debemos ayudarlos a identificar las malas compañías que los arrastrarán hacia el mundo perdido.

Muchos argumentan que sus hijos serán salvos porque hay una promesa que lo sustenta, pero no se han cerciorado del contexto. Esta promesa está en Hechos 16:31 y es dada al carcelero de Filipos cuando Pablo y Silas le dijeron: *"Cree en el Señor Jesucristo, y serás salvo, tú y tu casa"*. Pero en los versos subsiguientes se declara que los discípulos fueron y predicaron el evangelio para la salvación a los de la casa del carcelero y todos creyeron y fueron bautizados.

AYUDAS PARA PROTEGERLOS DE LAS MALAS COMPAÑÍAS

Enseñémosles a nuestros hijos cuál es su principal bien

Nuestras metas, propósitos y fines son las causas motoras que dirigen nuestros pasos y orientan nuestro andar. Por ejemplo: Si tu meta es ir a Europa, entonces si eres sabio decidirás ir por la línea aérea que te lleva a tu destino y no por otra que te llevará para Indonesia u otro destino equivocado, lo que nos indica que, si tenemos las metas claras, entonces sabremos escoger las direcciones correctas para llegar a ellas.

Si nosotros sabemos considerar cuál es nuestro principal bien y tenemos claro cuáles son las metas, propósitos y fines para preservarlo, de seguro, tenderemos a orientar y a dirigir nuestros pasos por la senda correcta. Veamos lo que dice Hebreos 11:24-26: *"Por la fe Moisés, hecho ya grande, rehusó llamarse hijo de la hija de Faraón, escogiendo antes ser maltratado con el pueblo de Dios, que gozar de los deleites temporales del pecado, teniendo por mayores riquezas el vituperio de Cristo que los tesoros de los egipcios; porque tenía puesta la mirada en el galardón"*.

Este texto nos indica que todo padre que desea lograr en sus hijos metas espirituales correctas, en este caso la vida eterna, no se descuidará en poner la vista en ese galardón, no cesará de hacer todo el esfuerzo que tenga que hacer y no se apartará de dar todos los consejos que tenga que dar a sus hijos, de tal manera que pueda lograr ver que ellos alcancen este galardón. Moisés prefirió vivir alejado de lo que en el mundo era preciado, que perder lo más preciado para Dios, Hebreos 11:24-26, de igual manera, nuestros hijos tienen que valorar como precioso al Señor y poner su mirada en las cosas de arriba.

Enseñémosles a escoger buenas compañías, así como a desechar las malas

De acuerdo con lo establecido en el punto anterior, como padres cristianos tenemos que tener clara nuestra responsabilidad de cuidar de las compañías que tienen nuestros hijos, asimismo debemos proveer amistades que puedan servirles de ayuda en alcanzar su misma meta, "lograr obtener el galardón". Esto no quiere decir que vamos a obligarles a ser amigos de tal o cual persona, sino que les orientaremos para que sepan escoger a los que hagan la voluntad de Dios como sus mejores amigos.

Sepamos que es una necesidad del ser humano tener amistades, así como Cristo fue amigo de sus más íntimos colaboradores. Pero es bueno recordar aquí, que no estamos diciendo que nuestros hijos deben ser cuidados solamente de compañías de impíos, sino que debemos cuidarlos también de aquellos que no tienen su vista puesta en el galardón.

Recuerden que:

Adán tuvo a un Caín,

Noé tuvo a un Cam,

Samuel tuvo a un Joel y a un Abías,

David tuvo a un Absalón,

Esto nos indica que no por ser hijos de creyentes nuestros hijos o los de otros creyentes escogerán el camino de salvación. Pero esto no es de nosotros, pues es don de Dios. Mientras nuestros hijos estén bajo nuestro cuidado, debemos enseñarles a escoger las buenas compañías, así como a saber evitar las malas. Tratemos por todos los medios de esforzarnos en buscar compañías para nuestros hijos que sus padres tengan las mismas metas que nosotros, lograr obtener el galardón, de tal manera que juntos puedan edificarse y tener una comunión que glorifique a Dios. Recordemos el consejo del apóstol Pablo a Timoteo: *"Huye también de las pasiones juveniles, y sigue la justicia, la fe, el amor y la paz, con los que de corazón limpio invocan al Señor"* (2 Ti. 2:22).

Cuidémoslos de sus compañeros

No es que pretendamos espantar las malas compañías de nuestros hijos, sino por el contrario, cuidemos de que sus compañeros sean ayudados por nosotros, así como cuidamos a nuestros hijos, de tal manera que nos propongamos participar de sus actividades y a lograr junto con ellos alcanzar las metas que Dios nos ha propuesto, obtener el galardón.

Ni siquiera nos preocupemos por querer espantar las malas compañías de nuestros hijos, solamente dediquémonos, junto con ellos, a alcanzar la meta propuesta y de seguro que las malas compañías o se convierten, o se apartarán de nuestros hijos y de nosotros. Hay experiencias en la vida que confirman este hecho. Dediquemos, pues, todo nuestro esfuerzo en vivir piadosamente junto a nuestros hijos y atraeremos a los que quieran alcanzar el galardón.

Hay padres que se pierden en estas cosas, pues piensan que, con hablarles mal a sus hijos de sus amigos, estos se alejarán de ellos, provocando todo lo contrario. Pero no se dan cuenta de que si sus hijos se juntan y se complacen de las compañías de aquellos a quienes estos padres juzgan como malas compañías, es porque sus hijos son iguales. Procuremos entonces crear convicciones en nuestros hijos que los lleven a desechar a aquellos que no buscan la piedad y a relacionarse con aquellos que si la desean.

Para lograr todo lo que hemos expuesto debemos tener claras convicciones y una vida de oración constante para que podamos sostener la resolución de velar y cuidar de las compañías de nuestros hijos y de esta forma poder ayudarles sustentados en la Palabra de Dios. Si nosotros no estamos convencidos de esta verdad o no nos ocupamos de llevar a cabo las medidas necesarias, lejos estará de nosotros lograr junto a nuestros hijos el mejor ambiente espiritual.

Oremos para que el Espíritu de Dios nos ayude a lograr primeramente en nosotros estas convicciones (Jn. 18:8) y luego poner fe en la Palabra de Dios de tal manera que tengamos certeza de que Dios aconseja no contaminarnos con las costumbres de los impíos para nuestro bien (Pr. 1:10-19). Con esto lograremos la victoria. Recordémosles siempre a nuestros hijos cuál fue el final de Judas Iscariote, cuando pensando que tenía todo ganado, terminó en el infierno, Jesús dijo de él: *"Mejor le hubiese no haber nacido"*.

30

AYUDAR A NUESTROS HIJOS A DOMINAR LAS PASIONES JUVENILES

Quiero de manera especial tomar la introducción del último capítulo de este libro que hemos titulado *"Una familia bajo la cruz"*, para testificar que, para nosotros como padres, criar ha sido una de las etapas más hermosa de nuestra vida.

En el año de 1975 cuando contraje matrimonio con mi amada esposa Yoli, no éramos creyentes y no sabíamos nada de la Palabra de Dios para poder tener la esperanza de que nuestros hijos iban a ser criados bíblicamente y alcanzasen las bendiciones que Dios promete a los que le obedecen.

Es por eso por lo que en ese tiempo no podíamos hablar de este tema de acuerdo con lo que la Palabra de Dios nos ha enseñado en estos años, porque realmente no teníamos ningún tipo de pruebas con lo cual pudiera decir: *"He aquí la evidencia del producto de lo que he sembrado conforme a Dios durante todos estos años"*.

Hoy podemos darle las gracias a Dios porque ha transcurrido todo este tiempo, nuestros hijos están convertidos a Cristo, ya están casados con creyentes, y se involucran en el servicio al Señor. Producto de su unión tenemos ya 9 nietos que los vemos crecer en disciplina y amonestación del Señor y podemos certificar que no hemos disfrutado de otro tiempo de sus vidas como hemos disfrutado el tiempo de su crianza, en la etapa de su niñez, la de su juventud y ahora de su vida de adultos, al tiempo que podemos decir: todas las etapas de la crianza de nuestros hijos fueron maravillosas, pero principalmente, la juventud fue el período de la vida de nuestros hijos de mayor bendición. En este período fue donde escogimos como lema las palabras del apóstol Pablo a su hijo en la fe Timoteo: *"Huye también de las pasiones juveniles, y sigue la justicia, la fe, el amor y la paz, con los que de corazón limpio invocan al Señor"* - 2 Timoteo 2:22.

Tal vez podemos argumentar que Timoteo no era un jovencito cuando Pablo le escribió este consejo, pero aun no siendo así, lo que veremos aquí nos dará la clave de la victoria para convertir el período de la juventud de nuestros hijos, del cual muchos se lamentan, en un tiempo de gran bendición.

La mayor preocupación que los padres tenemos para con nuestros hijos es precisamente el tratar con la época en que ellos transcurren por este período, época que, para algunos, no solamente es un tiempo de grandes problemas, sino un tiempo en el cual, antes de ganarse a sus hijos, lo pierden.

Es realmente un gran reto entrar en este tema para concluir esta obra, pues estoy convencido que todos los períodos por los cuales transcurren nuestros hijos serán de mucha bendición para nuestras vidas, en la medida en que podamos dedicarnos a ellos y sembrar en ellos lo que la Palabra de Dios nos demanda como padres.

Son muchos los padres que dicen: "Hijos pequeños, problemas pequeños. Hijos grandes problemas grandes". Realmente los que dicen esto es porque no han tenido conciencia y dedicación a su responsabilidad de sembrar para llevar a sus hijos a través del tiempo hasta llegar al período de la juventud y disfrutar de la cosecha de aquello que han sembrado.

AYUDÉMOSLOS A HUÍR DE LAS PASIONES JUVENILES

Sentemos las bases

En la introducción hemos declarado que, para cosechar, tenemos que sembrar. Es por esta causa que este estudio está dirigido a aquellos padres que pueden criar a sus hijos en el Señor, ya que para aquellos que vienen con hijos jóvenes a Cristo solo les queda darles testimonio y orar por ellos para que se conviertan y Dios los ayude a vivir vidas santas resistiendo las tentaciones de los pecados cometidos hasta esta etapa de sus vidas.

Es por esto por lo que tenemos que comenzar con el principio planteado en Deuteronomio 6:6-7: *"Y estas palabras que yo te mando hoy, estarán sobre tu corazón; y las repetirás a tus hijos, y hablarás de ellas estando en tu casa, y andando por el camino, y al acostarte, y cuando te levantes".*

Debe estar claro que todo aquello que vamos a enseñar y de lo cual vamos a testimoniar debe primeramente gobernar nuestro corazón para luego ser transmitido a nuestros hijos. La Palabra de Dios es y tiene que ser la única fuente y base fundamental en la cual debemos comenzar a construir la educación y crianza de nuestros hijos.

Creándoles convicciones sobre las pasiones

La clave no está en que nos pasemos la vida repitiendo como papagayos todos los versículos de la Biblia a nuestros hijos como lo hizo el pueblo de Israel, quienes en la mayoría de los casos terminaron recitando la Palabra como letanías interminables sin poner sentido ni mostrar interés de obedecer las demandas de Dios - Mateo 23:3.

Lo que Dios quiere es que le demos convicciones a nuestros hijos, lo que quiere decir que ellos no deben vivir solamente por lo que les enseñamos de la Palabra, sino, además, que estas lleguen a ser sus propias convicciones.

Tener convicción implica creer, tener evidencia, estar firmes y seguros de lo que creemos que es bueno y necesario para nuestras vidas y para la vida de nuestros hijos. Las pasiones de la juventud están ahí, hemos pasado por ellas y las conocemos, tratemos por todos los medios de crear conciencia en nuestros hijos para que estas no le arrastren a una vida de perdición. Enseñémosle a huir de ellas compartiendo porciones de la Palabra que toquen los temas involucrados con las pasiones juveniles y orando con propósito para que sean librados de tentación.

Proveyéndoles un ejemplo de vida

No hacemos absolutamente nada con querer enseñar a otros aquello de lo cual nosotros no estamos convencidos y mucho menos si se trata de nuestros hijos, quienes a diario ven lo que practicamos y quienes se convertirán en nuestros analistas más severos. Si vamos a enseñarles a huir de las pasiones juveniles, procuremos que nos vean huyendo cada día de ellas.

Efesios 6:4 nos dice: *"Y vosotros, padres, no provoquéis a ira a vuestros hijos, sino criadlos en disciplina y amonestación del Señor"*. Este texto nos advierte que todo padre que pretenda educar o criar a sus hijos sin proveerles un ejemplo de vida del cual copiar e inspirar su obediencia, todo lo que hará es provocar a sus hijos a ira.

Es muy común conocer padres que quieren encontrar una iglesia o un colegio cristiano para que les arreglen a sus hijos y creen en ellos convicciones santas, pero sin querer aportar la cuota que les corresponde al darles un buen y santo testimonio, que sea aún más excelente que el que ellos esperan de sus hijos.

AYUDÉMOSLOS A SEGUIR LA JUSTICIA, LA FE, EL AMOR Y LA PAZ

Seguir la justicia

Siguiendo el ejemplo de Timoteo, es bueno no solamente enseñar a nuestros hijos lo que deben evitar en sus vidas, sino mostrarles ese camino más excelente que nos brinda la Palabra en 2 Timoteo 2:22: *"Huye también de las pasiones juveniles, y sigue la justicia, la fe, el amor y la paz, con los que de corazón limpio invocan al Señor"*. Este pasaje nos enseña que debemos tomar la senda que posee características individuales de santidad demandada a aquellos que transitamos por ella.

Se nos enseña aquí que la primera característica de la senda a seguir es "la justicia". La justicia en el Nuevo Testamento se entiende como aquella relación personal que podemos tener con Dios e implica fidelidad a Él y equivale al nuevo modo de vivir que nace de la fe en Cristo, Santiago 3:18; 1 Pedro 2:24; 1 Juan 2:29.

Es una responsabilidad de cada creyente estar atento a su actitud frente a lo que es justo y a lo que es la justicia de Dios. De hecho, debemos recordar lo que dijo el mismo Señor en Mateo 5:6 y 10 sobre nuestra actitud frente a la justicia: *"Bienaventurados los que tienen hambre y sed de justicia, porque ellos serán saciados"*. *"Bienaventurados los que padecen persecución por causa de la justicia, porque de ellos es el reino de los cielos"*.

Seguir la fe

Por otro lado, el pasaje nos da una segunda característica de la senda que debemos tomar junto con nuestros hijos para poder disfrutar con ellos de la vida cristiana, principalmente en el tiempo de la juventud cuando ellos quieren buscar su propia identidad.

La fe es definida en Hebreos 11:1 como: *"La certeza de lo que se espera, la convicción de lo que no se ve"*. Lo que nos indica que debemos orar para que nuestros hijos asimilen y confíen en aquello que por la gracia de Dios nosotros hemos confiado y para que dediquen su vida al servicio de Cristo Jesús y su obra.

Sabemos que la fe viene por gracia, que es un don de Dios, pero también sabemos que si somos padres de fe y tomamos la senda que se caracteriza por una vida de fe, nuestros hijos tendrán mayor oportunidad de lograr ser hombres y mujeres de fe.

Seguir el amor

Sobre el amor se ha filosofado mucho a través de los siglos, pero sabemos que un padre que ama es un padre que disciplina, Hebreos 12:6. Cuando estamos hablando de disciplina, estamos hablando de enseñanza en amor, que no es maltrato ni vejación, aunque dentro de este proceso debamos usar castigos y correcciones.

Un joven espera amor genuino de sus padres y cuando no lo encuentra en ellos, lo buscará de otros. La amistad es lo que más aprecia el joven en este período de su vida. Procuremos ser para ellos verdaderos amigos, que disfruten estar a nuestro lado, que compartamos hobbies y que ellos se convenzan de que nuestro amor es sincero y agradable.

El amor verdadero consiste en dar sin esperar para que cuando recibamos algo, por poco que sea, estemos satisfechos. Algunos padres chantajean a sus hijos para que estos les den amor, o viven reclamando afecto porque consideran que sus hijos deben amarlos, en ambos casos se convierten en mendigos de amor y sus hijos no se sienten cómodos. Por tanto, debemos transitar junto con nuestros hijos por la senda de Dios con un amor sacrificial que les muestre que los amamos bajo cualquier circunstancia.

Seguir la paz

La paz es la virtud del Espíritu más deseada por el ser humano y la que al mismo tiempo está más lejos de alcanzar. Sin embargo, el creyente ha encontrado la paz con Dios por medio de la justificación por la fe, Romanos 5:1. Por esto, todo aquel que ha sido justificado puede llenar su senda de paz.

En un hogar de incrédulos no puede haber paz y es por esta razón que los jóvenes buscan la primera oportunidad para escapar de sus casas porque están saturados de toda clase de pleitos y desavenencias.

Procuremos un hogar en paz para nuestros hijos jóvenes, brindémosles un ambiente en el que ellos deseen permanecer y no huir de él, procuremos que, por el contrario, ellos traigan a sus amigos a la paz que ellos tienen y que les brindamos.

AYUDÉMOSLOS A PERSEVERAR

No digamos solamente NO

El consejo ahora es: *"...con los que de corazón limpio invocan al Señor".* Son muchos los jóvenes que terminan abandonando el evangelio porque se sienten hastiados de que a todo digamos "NO". Pienso en el tiempo en que tuvimos la primera niña y la primera palabra que le oímos pronunciar fue precisamente la palabra "no" debido a que a todo le decíamos "no".

Recuerdo desde ese entonces la anécdota de aquella madre que corría desesperada detrás de su pequeño niño por toda la casa para quitarle un cuchillo que este sostenía en sus manitas, gritándole "no, dame acá ese cuchillo", hasta que al entrar una vecina a la casa y ver la situación, fue a la nevera y sacó una hermosa manzana, la ofreció al niño, quien, viendo tan apetitosa alternativa, soltó el cuchillo y fue corriendo a tomar la manzana.

Son muchos los padres que llegan a la etapa de la juventud de sus hijos y todavía viven diciéndoles que no a todo lo que ellos desean, sin buscarles ningún tipo de alternativa cuando vemos aun en el mismo texto que estamos tomando como base cómo Dios mismo nos busca alternativas que nos sirven de bendición.

Proveámosles alternativas santas

El texto nos dice: *"Huye..."* pero agrega: *"sigue... con los que de corazón limpio invocan al Señor".* Dios nos declara lo que debemos hacer con nuestros hijos jóvenes, él nos dice que debemos colaborar para proveerles de un ambiente con amigos que de corazón limpio invocan al Señor. Somos los padres los responsables de crear el ambiente necesario para que ellos disfruten de una buena comunión y confraternidad con jóvenes creyentes que amen al Señor.

Esto no vendrá solo, tenemos que trabajar para que sea una realidad en sus vidas como individuos y como parte de una comunidad. Es necesario que entendamos que esto es lo que Dios quiere y es por lo que tenemos que esforzarnos.

Involucrémonos en sus actividades

Hemos visto un gran mal en muchos padres; es el hecho de depositar a sus hijos en las manos de otros para que se los entretengan o se los adoctrinen. Esta es una de las razones que pueden causar daño en este período de la vida del joven. Existen casos de niños violados, niños pervertidos y maltratados por toda clase de vejaciones.

Son muy pocos los padres que se proponen vencer la barrera generacional que por naturaleza les separa de sus hijos, son muy pocos los que se dedican a ser compañeros y amigos de sus hijos jóvenes estando dispuestos a involucrarse en todas sus actividades.

Dios nos demanda dedicación. Nuestra presencia es insustituible en la vida de nuestros hijos. En la medida en que no estemos ahí, otros ocuparán nuestro lugar y nos estaremos perdiendo de disfrutar la edad más maravillosa de sus vidas en la cual podemos convertirnos en sus mejores amigos y compañeros.

Podemos concluir recordando que Dios nos provee de principios que nos ayudarán a que seamos parte integral de la vida de nuestros hijos jóvenes y que nos permitirá salvar al máximo la barrera generacional que de manera natural se levanta entre padres e hijos.

No pretendemos haberlo dicho todo, ya que este solo tema tomaría muchos estudios, pero no he querido concluir este material, sin antes haber testificado con todo el gozo espiritual: "Qué bueno que mis hijos fueron jóvenes y qué bueno que pudimos disfrutar tanto de esta maravillosa etapa de sus vidas". Realmente nos hicieron sentir como si no hubiésemos envejecido.

¡GRACIAS DIOS DEL CIELO, POR ESTA GRAN BENDICIÓN!

296 - Una familia bajo la Cruz

CONCLUSIÓN GENERAL

Amados lectores, es más que maravilloso tener en nuestras manos las Sagradas Escrituras, el manual de fabricante, cuando nos disponemos a tratar el tema de la familia y principalmente en tiempos como los que estamos viviendo donde el hombre no tiene temor de Dios ni le interesa en lo más mínimo volver a Él, tal vez por la decepción que han tenido en la vivencia de preceptos y mandamientos de hombres impartidas por religiones lejanas al verdadero Evangelio.

Estos tiempos son terribles para el pueblo de Dios que desea vivir bajo las alas del Omnipotente aplicando en su vida los mandamientos que desde el principio Él declaró a su pueblo para que tuvieran victoria en todo lo relativo a ese núcleo tan importante que habían de formar y que llamamos "la familia".

A través de estas humildes líneas, sólo he podido tratar algunas temáticas relevantes para poder formar una familia y colocarla bajo la cruz de Cristo, pero estas líneas son suficientes para crear en el corazón de cada persona la inquietud de escudriñar la Palabra de Dios antes de iniciar la vida matrimonial, para que como dice Efesios 4:14: *"... ya no seamos niños fluctuantes, llevados por doquiera de todo viento de doctrina, por estratagema de hombres que para engañar emplean con astucia las artimañas del error, sino que siguiendo la verdad en amor, crezcamos en todo en aquel que es la cabeza, esto es, Cristo, de quien todo el cuerpo, bien concertado y unido entre sí por todas las coyunturas que se ayudan mutuamente, según la actividad propia de cada miembro, recibe su crecimiento para ir edificándose en amor".*

Amados, el mundo sin Dios quiere enredarnos en sus filosofías humanistas e impías y ha llegado a un punto donde quiere convencernos de que "llueve de abajo para arriba y no de arriba para abajo" al presentarnos una distorsión tan grotesca e irracional como la diversidad de género y la inclusión en el santo matrimonio diseñado por Dios, la opción del matrimonio homosexual y el derecho de la adopción de niños para esos matrimonios, no tomando en cuenta el derecho que tiene todo ser creado de venir al mundo para ser criado por un padre (hombre) y una madre (mujer) bajo los estamentos del manual del fabricante para una crianza sana y en provecho de su salud mental, emocional y espiritual sobre la base de una instrucción bíblica correcta y basada en la inerrante Palabra de Dios.

Dios tenga misericordia de nosotros y ayude a permanecer firmes en obediencia a Aquel que nos ha dado salvación y vida eterna entregándose en esa Cruz ignominiosa bajo la cual debemos colocar nuestra familia. Esta es la razón por lo cual este libro ha sido titulado "UNA FAMILIA BAJO LA CRUZ".

José R. Mallén Malla

Bibliografía

Rice, S. *El Hogar Cristiano*. Moragas y Barret, 113, Terrassa, España. Editorial CLIE, 1979.

Duty, Guy. *Divorcio y nuevo matrimonio*. E. U. A. Editorial Betania, 1975

Smalley, Gary. El gozo del amor comprometido (Tomo I y II). Nashville, TN. E. U. A.: Editorial Caribe, 1986.

Wheat, Dr. Ed. *El amor que no se apaga*. Nashville, TN. E. U. A.: Editorial Caribe, 1984.

Smalley, Gary. *El amor es una decisión*. Nashville, TN. E. U. A.: Editorial Caribe, 1990.

Dobson, James. *Atrévete a disciplinar*. Wheaton, Ill. E.U.A.: Editorial Vida, 1978.

Tripp, Tedd. *Cómo pastorear el corazón de su hijo*. Miami, Fl. E. U. A.: Editorial Eternidad.

MacArthur Jr, John. *La Familia*. Santo Domingo, República Dominicana. Editorial Bíblico Dominicano, 1982.

Arocha, Oscar. *Sermones sobre cómo ayudar a la juventud*. Iglesia Bautista de la Gracia, Santiago, República Dominicana.

OTRAS OBRAS DEL AUTOR

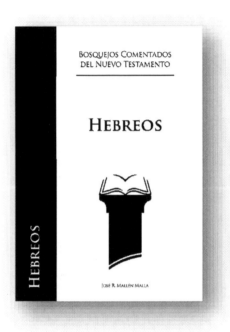

HEBREOS
José R. Mallén Malla

Como ocurre con muchos libros de la Sagrada Escritura, la literatura en castellano tocante a la Epístola a los Hebreos es sumamente limitada. No es fácil encontrar buenos comentarios y exposiciones que ayuden al lector de habla castellana, particularmente al creyente promedio, a tener una idea básica del argumento y de la teología de esta preciosa epístola.

El pastor José Mallén Malla ha hecho un esfuerzo importante para poner a la disposición de creyentes interesados en el estudio serio de la Palabra de Dios este Bosquejo Comentado de la Epístola a los Hebreos.

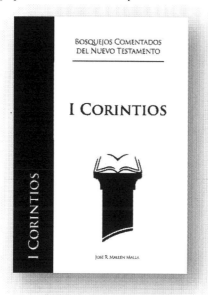

1 CORINTIOS
José R. Mallén Malla

Este material, debido a su formato de bosquejo es muy conciso, pero está excelentemente organizado y creo que aporta buenas ideas, así como esqueleto, con suficiente elegancia para el estilo seleccionado. Creo que el formato aquí es bastante diáfano y puede ayudar mucho a los predicadores puesto que presenta un esfuerzo ceñido al texto, fácil de seguir y reproducir, habiendo el pastor Mallén alcanzado con ello algo muy difícil de lograr.

De hecho, el material está hábilmente presentado en triadas, bosquejos de tres puntos, con tres subpuntos, y tres divisiones cada subpunto (con muy pocas excepciones aquí), esto así para cada cláusula en la que el autor divide el Texto Sagrado.

302 - Una familia bajo la Cruz

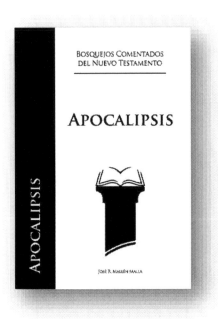

APOCALIPSIS
José R. Mallén Malla

El Apocalipsis está entre los libros de la Biblia del que menos comentarios encontramos disponibles para el público hispano parlante, entre otras razones debido a los retos que representa su correcta interpretación para teólogos y escritores cristianos. Pero la palabra Apocalipsis significa "revelación", e indica que Dios no deseaba mantener oculto su mensaje, sino darlo a conocer al mundo y especialmente a los creyentes.

El libro de BOSQUEJOS COMENTADOS sobre el Apocalipsis del Pastor José Rafael Mallén Malla está escrito en un lenguaje sencillo y fácil de entender a todo público, permite al lector seguir la secuencia de los eventos narrados en el mismo facilitando el entendimiento de su mensaje.

Made in the USA
Las Vegas, NV
13 October 2021